教育部人文社会科学研究青年基金项目"粤港澳大湾区金融合作的法津研究：理念、制度与进路"（19YJC820027）成果。

李莉莎　著

粤港澳大湾区金融
合作的法律研究

中国政法大学出版社

2024·北京

图书在版编目（ＣＩＰ）数据

粤港澳大湾区金融合作的法律研究/李莉莎著. —北京：中国政法大学出版社，2024.1
ISBN 978-7-5764-1331-1

Ⅰ.①粤… Ⅱ.①李… Ⅲ.①金融—区域经济合作—金融法—研究—广东、香港、澳门 Ⅳ.①D927.650.228

中国国家版本馆 CIP 数据核字 (2024) 第 030735 号

出 版 者	中国政法大学出版社
地　　址	北京市海淀区西土城路 25 号
邮寄地址	北京 100088 信箱 8034 分箱　邮编 100088
网　　址	http://www.cuplpress.com (网络实名：中国政法大学出版社)
电　　话	010-58908586(编辑部) 58908334(邮购部)
编辑邮箱	zhengfadch@126.com
承　　印	固安华明印业有限公司
开　　本	720mm×960mm　1/16
印　　张	16.25
字　　数	280 千字
版　　次	2024 年 1 月第 1 版
印　　次	2024 年 1 月第 1 次印刷
定　　价	76.00 元

目 录 //

第一章　粤港澳大湾区金融合作的现状与愿景 ················ 001

第一节　湾区经济概述 ·· 001

一、湾区经济的内涵与起源 ·································· 001

二、典型湾区的发展经验 ···································· 002

三、湾区经济的特色分析 ···································· 007

第二节　粤港澳大湾区的实践进展 ····························· 010

一、大湾区的历史沿革 ······································ 010

二、大湾区的发展状况 ······································ 014

三、大湾区的最新进展 ······································ 017

第三节　粤港澳大湾区金融合作的必要性与可行性 ············ 019

一、大湾区金融合作的现状与成就 ···························· 019

二、大湾区金融合作的战略意义 ······························ 022

三、大湾区金融合作的现实基础 ······························ 023

第四节　粤港澳大湾区金融合作的制度框架 ··················· 029

一、金融合作的重要保障：金融监管合作 ···················· 029

二、金融合作的两个层面：金融市场融合和跨境金融联通 ········· 031

三、金融合作的两个重点：金融科技和绿色金融 ··············· 033

第二章　粤港澳大湾区监管合作机制 ························ 036

第一节　粤港澳三地金融监管制度之差异 ······· 037

一、内地金融监管制度 ……………………………………………… 037

二、香港地区金融监管制度 ………………………………………… 038

三、澳门地区金融监管制度 ………………………………………… 039

四、大湾区三地金融监管制度的比较 ……………………………… 040

第二节 粤港澳大湾区金融监管合作面临的挑战 …………………… 042

一、监管模式兼容难度大 …………………………………………… 042

二、监管协调推进难度大 …………………………………………… 042

三、跨境金融服务和金融创新增加监管合作的难度 ……………… 043

四、金融数据缺乏互联影响监管合作效率 ………………………… 043

第三节 粤港澳大湾区金融监管合作的总体思路 …………………… 044

一、中央和地方多层次合作 ………………………………………… 044

二、政府和社会共同治理 …………………………………………… 045

三、立法、司法与执法多维协调 …………………………………… 045

第四节 粤港澳大湾区引入单一通行证制度 ………………………… 046

一、单一通行证制度的起源 ………………………………………… 046

二、大湾区建立单一通行证制度的需求 …………………………… 048

三、大湾区建立单一通行证制度的优势 …………………………… 049

四、大湾区单一通行证制度的构建思路 …………………………… 051

第三章 粤港澳大湾区金融市场融合机制 …………………………… 058

第一节 粤港澳大湾区存托凭证机制 ………………………………… 059

一、中国存托凭证的缘起与发展 …………………………………… 059

二、大湾区发行存托凭证的积极意义 ……………………………… 061

三、大湾区发行存托凭证的制度不足 ……………………………… 062

四、大湾区存托凭证的制度完善路径 ……………………………… 063

第二节 粤港澳大湾区私募股权投资监管机制 ……………………… 064

一、大湾区私募股权投资概况 ……………………………………… 065

二、大湾区私募股权投资监管机制的不足 ………………………… 067

　　三、大湾区私募股权投资监管机制的完善路径 ………………… 069

第三节　粤港澳大湾区股票市场融合机制 ………………………… 070

　　一、大湾区股票市场现状 ………………………………………… 071

　　二、大湾区股票市场融合的制度供给 …………………………… 072

　　三、大湾区股票市场融合的监管挑战 …………………………… 074

　　四、大湾区股票市场融合的监管完善路径 ……………………… 076

第四节　粤港澳大湾区标准化债权资产跨境发行机制 …………… 077

　　一、大湾区标准化债权资产跨境发行的现状 …………………… 077

　　二、大湾区债券跨境发行的相应机制 …………………………… 079

　　三、大湾区标准化债权资产跨境发行制度的不足 ……………… 084

　　四、大湾区标准化债权资产跨境发行制度的完善路径 ………… 086

第五节　粤港澳大湾区非标债权资产跨境交易机制 ……………… 088

　　一、大湾区非标债权资产跨境交易的概况 ……………………… 089

　　二、大湾区非标债权资产跨境交易的制度障碍 ………………… 092

　　三、大湾区推进非标债权资产跨境交易的对策建议 …………… 094

第六节　粤港澳大湾区债券市场融合机制 ………………………… 096

　　一、大湾区债券市场融合的制度供给 …………………………… 097

　　二、大湾区债券市场融合存在的问题 …………………………… 100

　　三、大湾区债券市场融合问题的对策建议 ……………………… 102

第四章　粤港澳大湾区跨境金融联通机制 ………………………… 106

第一节　粤港澳大湾区跨境理财通机制 …………………………… 106

　　一、大湾区跨境理财通的基本状况和制度安排 ………………… 107

　　二、大湾区跨境理财通机制的完善建议 ………………………… 109

第二节　粤港澳大湾区跨境人民币支付结算机制 ………………… 112

　　一、大湾区跨境人民币支付结算的发展状况 …………………… 113

　　二、数字人民币：大湾区跨境支付结算的新契机 ……………… 115

　　三、大湾区数字人民币跨境支付机制的初步构想 ……………… 122

第三节　粤港澳大湾区金融数据跨境流动治理机制 ……………… 124

　　一、大湾区金融数据跨境流动治理的现状分析 …………… 124

　　二、大湾区金融数据跨境流动治理的困境 ………………… 130

　　三、大湾区金融数据跨境流动治理的底层逻辑 …………… 132

　　四、大湾区金融数据跨境治理机制的构建思路 …………… 133

第四节　粤港澳大湾区跨境征信合作机制 ……………………… 137

　　一、大湾区三地征信体系的对比 …………………………… 138

　　二、大湾区建立征信合作机制面临的障碍 ………………… 142

　　三、推动大湾区建立征信合作机制的建议 ………………… 145

第五章　粤港澳大湾区金融科技合作机制 ……………………… 149

第一节　粤港澳大湾区金融科技的发展历程 …………………… 149

　　一、大湾区金融科技发展的必要性 ………………………… 149

　　二、大湾区金融科技发展的优势 …………………………… 152

　　三、大湾区金融科技发展的现状 …………………………… 154

第二节　粤港澳大湾区的金融科技监管及其机制 ……………… 156

　　一、大湾区金融科技监管的必要性 ………………………… 156

　　二、大湾区金融科技监管模式的选择 ……………………… 159

　　三、大湾区创新监管试点机制的框架 ……………………… 161

　　四、大湾区创新监管试点机制的困境 ……………………… 163

第三节　粤港澳大湾区金融科技监管机制的完善 ……………… 166

　　一、调整监管的理念与原则 ………………………………… 166

　　二、明确创新监管的具体机制 ……………………………… 168

　　三、对接三地现有配套制度 ………………………………… 170

第六章　粤港澳大湾区绿色金融合作机制 ……………………… 172

第一节　粤港澳大湾区绿色金融的发展 ………………………… 172

　　一、大湾区绿色金融发展的必要性和可行性 ……………… 172

　　二、大湾区绿色金融的发展现状及存在问题 ……………… 175

三、大湾区绿色金融的制度构建思路 …………………… 180

第二节 粤港澳大湾区碳排放权交易机制 …………………… 182

一、大湾区碳排放市场的缘起 …………………… 182

二、大湾区碳排放权交易存在的问题 …………………… 187

三、国外碳排放权交易的制度经验与启示 …………………… 189

四、构建大湾区碳排放权交易机制的建议 …………………… 192

第三节 粤港澳大湾区绿色债券机制 …………………… 196

一、大湾区绿色债券的发展背景 …………………… 196

二、发展绿色债券面临的机制困境 …………………… 199

三、大湾区绿色债券机制的构建路径 …………………… 206

第四节 粤港澳大湾区绿色信贷机制 …………………… 211

一、大湾区绿色信贷的发展历程 …………………… 212

二、绿色信贷的机制障碍 …………………… 219

三、构建大湾区绿色信贷机制的建议 …………………… 223

第五节 粤港澳大湾区绿色保险机制 …………………… 227

一、大湾区绿色保险的发展背景 …………………… 227

二、发展绿色保险面临的机制障碍 …………………… 229

三、绿色保险制度的国外经验与启示 …………………… 231

四、构建大湾区绿色保险机制的建议 …………………… 235

参考文献 …………………… 244

后 记 …………………… 251

第一章

粤港澳大湾区金融合作的现状与愿景

第一节　湾区经济概述

湾区经济是世界经济最为活跃的组成部分，世界银行数据显示全球 60% 的社会财富、75% 的大都市、70% 的工业资本和人口都集中于入海口。[1]依托海湾、港湾所形成的区域优势，顺应历史发展的潮流，结合自身的特色优势加强顶层设计、规划战略，湾区创新引领、聚集辐射能力突出，具有强大的经济生命力。本书纵向梳理湾区经济的发展脉络，横向分析典型湾区的发展经验，总结概括湾区经济的特征，挖掘对粤港澳大湾区建设的有益经验。

一、湾区经济的内涵与起源

湾区经济是指依托湾区所衍生的经济形态，其中湾区是指拥有港口群、产业群和城市群的沿海海岸带所构成的自然地理单元。湾区经济是区域经济的高级形态，本质是开放型经济和创新型经济[2]。湾区经济起源于港口经济，但又不同于港口经济、沿海经济。伴随着 15 世纪地理大发现、工业革命、产业变革、科技进步和经济全球化等进程，湾区经济大致经历了港口经济、工业经济、服务经济、创新经济四个阶段[3]。在港口经济时代，湾区围绕港口开展了一系列的经济活动，如港口制造、仓储、运输、装卸等，但其发展范围局限于港口以及相关水陆区域。在工业经济时代，得益于工业文明的兴起与制造业的崛起，湾区经济获得了新的发展活力，经济辐射范围开始

---

〔1〕　杜昕然：《湾区经济发展的历史逻辑与未来趋势》，载《国际贸易》2020 年第 12 期。

〔2〕　毛艳华、荣健欣：《粤港澳大湾区的战略定位与协同发展》，载《华南师范大学学报（社会科学版）》2018 年第 4 期。

〔3〕　参见伍凤兰、陶一桃、申勇：《湾区经济演进的动力机制研究——国际案例与启示》，载《科技进步与对策》2015 年第 23 期。

突破港口片区并拓展到周边区域。在服务经济时代，工业经济的发展衍生了金融、广告、法律、会计等服务业需求，带动了服务业的繁荣，湾区经济开始朝着"服务经济"的方向进行转型升级。在创新经济时代，整体上以创新驱动信息、金融、科技等产业发展，湾区经济的全球资源配置力、产业带动能力、经济辐射效应得到进一步提高，世界影响力进一步扩大。总的来说，湾区经济的发展历程呈现出因贸易而起、因工业而兴、因城镇化而荣、因国际化而强的特点[1]。目前，世界范围内已形成了旧金山湾区、纽约湾区、东京湾区、悉尼双水湾区、香港浅水湾区、新西兰霍克湾区、马来西亚布拉湾区以及布里斯班鲁沙湾区等八大著名湾区[2]，其中东京湾区、旧金山湾区、纽约湾区与粤港澳大湾区是世界四大湾区。

二、典型湾区的发展经验

（一）东京湾区

东京湾区位于东京湾的海岸，与太平洋相连，由横滨港、东京港、千叶港、川崎港、木更津港、横须港六个港口组成。如今，东京湾区拥有日本 1/3 的人口、2/3 的 GDP（国内生产总值，下同）总量以及 3/4 的工业产值，对内是日本的经济核心、最大的工业城市群、国际金融中心、交通中心、商贸中心、消费中心、科技乃至文化中心，对外是日本对外贸易的主要通道、世界著名的产业湾区。

作为闻名世界的产业湾区，东京湾区的快速崛起主要得益于以下三点：一是注重港城之间的规划协调。《东京湾港湾计划的基本构思》、"第五次首都圈"方案、《创造未来——东京都长期愿景》[3]等政策文件立足于各港口的特色，奠定了东京港、横滨港、千叶港、川崎港、木更津港、横须港各港城定位合理、功能互补、有机整合的发展格局（见表 1-1）。东京湾区港口城市分工合作、错位发展、统筹协调的治理经验对我国粤港澳大湾区"9+2"城市群的产业布局、功能定位、协调发展具有一定的启示意义。二是重视产业

---

［1］ 杜昕然：《湾区经济发展的历史逻辑与未来趋势》，载《国际贸易》2020 年第 12 期。
［2］ 杨海波、高兴民：《粤港澳大湾区发展一体化的路径演进》，载《区域经济评论》2019 年第 2 期。
［3］ 参见沈润森、潘苏：《探析东京湾区建设经验对粤港澳大湾区发展的启示》，载《特区经济》2021 年第 2 期。

的互补发展，在众多港口首尾相连、聚集合作且分工鲜明的优势下，京滨、京叶两大工业带应运而生，钢铁、石油化工、现代物流、装备制造和高新技术等产业得到了极大的发展。[1]六大港城产业错位发展、优势互补（见表1-1），同时在制造业向外迁移、服务业向中心集聚的产业转型升级过程中，东京湾区的产业结构更加合理。三是东京湾区"金融+产业"特色突出。发挥东京作为日本的金融枢纽、全球重要的国际金融中心以及丰田汽车、三菱商事、本田汽车等多家世界五百强企业的集中地的优势，东京湾区形成了具有特色的产业金融。东京湾区的实体企业与银行、保险公司等金融主体通过股权互持、达成长期稳定的业务合作等方式，推动实业与金融业保持良好互动[2]。东京湾区形成的"金融+产业"的产融结合发展模式，为我国粤港澳大湾区如何为实体经济注入高质量金融活力提供了重要的思路。

表1-1　东京湾区六大港口的定位及主要产业[3]

港口	定位	主要产业
东京港	东京湾区的经济中心、金融中心、交通中心	以输入和国内贸易为主，以创新经济和服务经济为发展重点
横滨港	京滨工业区的重要组成部分、历史上重要的贸易港口	以重化工业、机械为主，并承担输出和国际贸易的发展重任
千叶港	京叶工业区的重要组成部分、商务与货运中心	能源与机械、钢铁等重工业发达，坐拥成田国际机场和千叶港口
川崎港	进出口贸易港	借助川崎国际贸易港湾的地理优势，负责原料和成品的进出口
木更津港	地方商港和旅游港	以服务境内的君津钢铁厂为主，旅游资源丰富

[1] 参见邓志新：《粤港澳大湾区与世界著名湾区经济的比较分析》，载《对外经贸实务》2018年第4期。

[2] 例如，MS&AD保险集团持股丰田集团，丰田集团利用股权融资发展的汽车行业所产生的保险需求又反哺MS&AD保险集团，是产、融公司相互持股、合作共赢的典型。该例子来源于李楠、王周谊、杨阳：《创新驱动发展战略背景下全球四大湾区发展模式的比较研究》，载《智库理论与实践》2019年第3期。

[3] 来源于王建红：《日本东京湾港口群的主要港口职能分工及启示》，载《中国港湾建设》2008年第1期。

续表

港口	定位	主要产业
横须港	承担着军事港口的功能	军事

（二）纽约湾区

纽约湾区位于太平洋沿岸，地跨纽约州、康涅狄格州、新泽西州等州，共包括 31 个州县。纽约湾区以纽约市为核心，其为世界金融中心、总部经济和贸易中心；以费城、华盛顿、波士顿为三轴心，三者分别为美国的制造业与运输中心、政治与金融中心以及科技与教育中心，形成了"一核心三轴点"的发展格局。[1]2021 年纽约湾区的 GDP 总量为 1.8 万亿美元；人均 GDP 为 9 万美元，仅次于旧金山湾区的 13 万美元。[2]

作为名副其实的金融湾区，纽约湾区蓬勃发展的经验秘诀在于：一是州际区域治理能力突出。为克服地跨 31 个州因法律体系独立、行政治理冲突、府际关系碎片化等问题，纽约湾区积极探索区域协同规划制度体系，成立了纽约和新泽西港务局、纽约大都市交通委员会（NYMTC）、大都会运输署、纽约区域规划协会（RPA）等区域协调治理机构，[3]通过区域规划协调、基础设施统筹建设、法律冲突化解等推动经济发展与金融产业聚集。纽约湾区的跨区域治理制度经验对于由"9+2"城市群组成、具有"一国两制三法域"特色的我国粤港澳大湾区跨境区域治理具有重要的启示意义。二是致力于发展优势产业——金融业。得益于金融创新政策与松紧适当的金融监管体制所创造的良好的金融发展环境，纽约湾区金融业态朝着多元化和专业化的方向发展。纽约是世界金融中心，华尔街是世界金融的心脏；同时，纽约湾区拥有位于全球市值前列的纽约交易所和纳斯达克交易所，并且聚集了众多世界性银行、证券、保险公司等金融机构与知名企业的总部。三是通过政策、制度和法律改革促进市场要素流动自由化。一方面，通过适当设置宽松的金融

---

〔1〕 参见陈相：《国外先进地区经验对粤港澳大湾区创新发展的启示》，载《科技创业月刊》2018 年第 3 期。

〔2〕 数据来源于《世界湾区发展指数研究报告（2021）》，载 https://baijiahao.baidu.com/s？id=1731436834567986879&wfr=spider&for=pc，最后访问日期：2022 年 12 月 30 日。

〔3〕 参见符天蓝：《国际湾区区域协调治理机构及对粤港澳大湾区的启示》，载《城市观察》2018 年第 6 期。

准入制度、推出灵活的金融交易机制、设计优惠的金融退出方式促进金融要素在金融市场流动。另一方面，通过《里格-尼尔州际银行与分行效率法》《金融服务业现代化法》等法律，取消银行业等金融业存在的业务边界和地域限制，驱动纽约金融业对外扩散，带动周边城市的金融业发展。

（三）旧金山湾区

旧金山湾区位于美国西海岸沙加缅度河下游海口，由旧金山、奥克兰以及圣何塞三个主要城市组成。经过了淘金期、后淘金期与后工业时代，旧金山湾区的金融服务业、制造业和信息业、文化产业和旅游业以及高新技术等产业发展取得显著成效。旧金山湾区聚集了斯坦福大学、加州大学伯克利分校等20多所世界一流大学和多个享有国际声誉的国家实验室，科技基础设施完善、科技创新资源丰富、科技力量与人才队伍庞大。旧金山湾区是谷歌、苹果、Facebook（脸书）等互联网巨头与特斯拉等企业总部的集中地，拥有著名的硅谷，是世界一流的"科技湾区"。

作为世界一流的"科技湾区"，旧金山湾区迅猛突围的核心密码在于：一是旧金山湾区科技创新引领世界。旧金山湾区以丰富的实力高校资源为技术研发依托，以众多的科创企业为龙头，以完善的配套产业体系为支撑，以与技术良性结合的金融资源为保障，走出了"学校+企业+政府"多元主体参与的科技创新道路，构建"科技+产业+基金"的科技创新生态。二是致力于创造开放包容、宽松有度、激励创新的制度环境。例如，建立宽松的移民政策以吸引人才，探索知识产权制度以激励技术创新，实施研发投入减免政策以支持科技研发等。三是旧金山湾区"金融+科技"效应突出。一方面，科技创新产生大量的金融需求，推动旧金山湾区科技金融的发展。旧金山湾区形成了以风险投资为主、以间接融资为补充的科技金融体系，为湾区的科技创新提供资金支持。另一方面，技术的发展加速了传统金融业与金融监管的金融科技创新与转型，旧金山湾区的金融科技生态与产业发展态势良好。在科技的创新、发展与应用下，支付清算系统、基础征信系统、账户体系与客户身份识别系统等金融基础设施趋向于数字化与智能化升级；位于旧金山的富国银行等传统银行通过智能数据、身份管理、无缝支付、金融科技整合等方式积极进行金融科技转型；传统金融业务的创新发展步伐加快，金融科技公司大批涌现。在2022年全球金融科技中心城市排名中，旧金山位居世界第二[1]。

（四）经验总结

纵观世界三大湾区的发展经验，东京湾区、纽约湾区和旧金山湾区能够成为知名的世界湾区，不仅得益于硬件环境和软件环境的支持，也离不开"协调""开放""创新"三大关键词。

一方面，湾区在硬件环境方面具有得天独厚的优势。例如，在地理环境方面，具有港口、海湾以及与港口城市相连的城市群等优越条件；在基础设施方面，拥有高效便捷的交通体系、强大互联的信息基础设施及先进完善的科研设备等良好资源；同时致力于创建良好的软件环境，如建立松弛有度的制度体系、营造开放包容的文化氛围及形成良好的人才培养和引进态势等。

另一方面，三大湾区的建设经验呈现出"协调""开放""创新"三大特征。"协调"的主要发力点在湾区内部，三大湾区在城市群规划、产业调整、区域治理、要素流动与聚集、多元主体参与等方面，通过统筹协调部分与部分之间、部分与整体之间的关系，求同存异、错位发展、多元互补，激活各发展主体、各发展要素、各发展力量的活力，实现资源的合理布局、优化配置和有效利用，寻求湾区发展之道。"开放"则关注湾区内外的关系，"走出去""引进来"并重。对于三大湾区而言，"开放"既是发展的手段也是发展的目标，通过贸易市场、金融市场等市场对外开放以及产品、劳动力、资本等各市场要素的对外开放促进湾区的发展，提升湾区的国际竞争力和国际化水平。"创新"是湾区的发展引擎，更是变革突围、可持续发展的关键密码。三大湾区是创新的集中发生地，东京湾区贡献了日本 75%的全球研发投入 50强企业以及 83%的独角兽企业，纽约湾区和旧金山湾区共同贡献了美国 58%的全球研发投入 50 强企业以及 62%的独角兽企业[2]。从三大湾区的创新路径来看，东京湾区走出了一条以东京为中心与神奈川、千叶、琦玉三县以及周边城市的产业创新之路，纽约湾区开拓"数字+文化""数字+金融"的行业跨界创新方向，旧金山湾区构建了以"大学—企业—政府"为结构的科技

---

〔1〕 数据来源于《2022 全球金融科技中心城市报告》，载 https://mp.weixin.qq.com/s/fRYHMu-JHddkB1e72lRQh1w，最后访问日期：2023 年 1 月 7 日。

〔2〕 数据来源于中国（深圳）综合开发研究院的《共享创新：高水平科技自立自强的新路径探索——共享创新指数研究报告》，载 https://www.cdi.org.cn/Upload/Files/20221207/150814909156123.pdf，最后访问日期：2023 年 1 月 7 日。

创新生态。综上所述，世界三大湾区具有相似的硬、软环境的优越基础条件，在发展过程中能够发挥各自的区位优势和资源禀赋，通过"协调"以聚集力量、促进基础发展，通过"开放"以内外兼顾、推动国际化发展，通过"创新"以破局革新、实现特色发展。

三、湾区经济的特色分析

（一）区域特征

湾区具有优越的地理环境并重视区域协调。在地理环境方面，湾区具有拥海、抱湾、合群、联陆的特征。[1]"拥海、抱湾"是指湾区靠近海边、拥有海域且具有相连的内陆，产生具有对外开放与要素聚集优势的空间地理形态；"合群、联陆"则不仅强调湾区内的港口城市之间的紧密结合，且注重港口群与陆地紧密相连，形成"港口群、产业群、城市群"的叠加湾区效应与"交通连接、产业链接、城市对接、体制衔接"的海陆联动机制，以凸显湾区内部的发展动力以及其对周边城市的带动与辐射作用。在区域协调方面，为解决湾区地跨多个城市以及行政区域产生的恶性竞争、各自为政、地方保护等区域矛盾冲突问题，湾区形成了成熟的区域协调和治理体系。一是构建持久有效的区域协调方案以及湾区部署规划；二是建立官方或者非官方的区域协调组织机构，从而推动湾区内各城市和湾区整体区域的良性发展。

（二）经济特征

湾区的经济效应明显、对外开放水平突出。一方面，湾区经济高度发达。其一，湾区的经济规模处于各国的领先水平。根据《世界湾区发展指数研究报告（2021）》，纽约湾区、东京湾区、旧金山湾区分别创造了 1.8 万亿美元、1.7 万亿美元、1 万亿美元的 GDP 总量以及 9 万美元、5 万美元、13 万美元的人均 GDP[2]，湾区经济实力雄厚。其二，湾区是全球经济发展趋势的重要窗口。2021 年，世界四大湾区聚集了将近 1/5 的世界 500 强企业，其中有40 家企业的总部坐落于东京湾区、24 家位于纽约湾区、10 家聚集在旧金山湾

---

〔1〕　参见伍凤兰：《对湾区演变规律的有益探索——评〈探究湾区——世界湾区发展逻辑与中国实践〉》，载《特区经济》2022 年第 10 期。

〔2〕　数据来源于 https://www.cnr.cn/gd/zongtaiguanzhu/20220621/t20220621_ 525875082.shtml，最后访问日期：2023 年 1 月 13 日。

区、25 家集中在粤港澳大湾区[1]，这在一定程度上对世界产业分布、经济发展趋势产生了举足轻重的影响力。其三，湾区经济辐射能力强大。在湾区内部，世界四大湾区均呈现出以中心城市带动周边城市经济发展的特点；在湾区外部，湾区甚至成为引领全国、世界经济发展的重要平台。另一方面，湾区往往是一国对外高水平开放的高地，以开放合作为促进经济发展的重要途径。世界四大湾区具有的国际港口、国际机场等对外开放基础设施（见表 1-2），成为湾区市场与世界市场的联通桥梁与硬件支撑，带动货物吞吐量、集装箱吞吐量和国际机场旅客等物流、人流的流通与聚集。同时，湾区在产品（含服务）、资源（如人口与资本）等市场要素的对外开放水平突出（见表 1-2），对外开放的均衡性与质量得到提升。

表 1-2　四大湾区的对外开放基础设施现状以及市场要素对外开放程度

	具体指标	纽约湾区	旧金山湾区	东京湾区	粤港澳大湾区
对外开放基础设施现状[2]	世界级港口（排名）	纽约-新泽西港（23）	奥克兰港（60）	东京港（23）横滨港（48）	深圳（3）香港（5）广州（7）
	国际港口数量（个）	5	4	4	4
	货物吞吐量（万吨）	7933	3718	26 017	88 642
	集装箱吞吐量（万 TEU）	637	230	678	5562
	世界货运机场（排名）	肯尼迪（22）	–	成田（8）羽田（23）	香港（1）广州（18）深圳（24）
	世界客运机场（排名）	肯尼迪（16）纽瓦克（46）	旧金山（23）	羽田（5）成田（48）	香港（8）广州（15）深圳（40）

---

〔1〕　数据来源于中国国际贸易促进委员会东莞市委员会，载 http://www. dg. gov. cn/dgsmch/gkm-lpt/content/3/3583/mpost_ 3583451. html#1540，最后访问日期：2023 年 1 月 13 日。

〔2〕　表中此部分数据转引自张昱、眭文娟、谌俊坤：《世界典型湾区的经济表征与发展模式研究》，载《国际经贸探索》2018 年第 10 期。

具体指标		纽约湾区	旧金山湾区	东京湾区	粤港澳大湾区
对外开放基础设施现状[1]	国际机场数量（个）	2	3	2	4
	国际航线数（条）	166	69	145	271
	国际机场旅客数（万人）	9931	5310	11 890	17 836
市场要素对外开放程度[2]（此部分数据为2015年的数据）	进出口/GDP（%）	13.63	6.11	9.01	70.09
	资本 FDI/GDP（%）	1.75	4.80	3.36	14.46
	移民比例（%）	3.5	5.87	2.61	1.85

（三）发展特征

湾区以健全的配套机制为支撑、以高效的要素配置能力为手段、以创新引领能力为动力。湾区注重完善配套机制，通过布局高效便利的交通体系、创建宜居的生活环境、构建宜业的营商环境等，为湾区的长远发展提供重要保障和基础动力。同时，湾区通过破除要素流动壁垒促进劳动力、土地、资本、信息、技术、数据、生态资源等经济要素自由流动与高效聚集，要素配置从单一、初级到丰富、多样、合理，推动了湾区产业的发展与转型升级，激发了湾区巨大的发展潜力。此外，湾区在产业、技术、科技等方面的创新能力成为引领湾区发展的重要引擎。湾区通过平台共建、项目试点、业务合作、产学研等创新推进路径以及政府、企业、高校、金融机构等多元主体协同合作的创新合作模式，充分激发资金、人才、知识、信息、科技等要素的创新活力，在创新环境、创新激励、创新投入、创新产出等方面形成了高效的创新

---

〔1〕　表中此部分数据转引自张昱、眭文娟、谌俊坤：《世界典型湾区的经济表征与发展模式研究》，载《国际经贸探索》2018年第10期。

〔2〕　此部分数据来源于张昱、陈俊坤：《粤港澳大湾区经济开放度研究——基于四大湾区比较分析》，载《城市观察》2017年第6期。

体系。纵观世界三大湾区的创新发展经验，东京湾区以政府为主导，依靠政策的推动，在研发投入、科技体制、人才政策、产业政策、产权保护等方面走出了一条成功的产学研创新道路，大大推动了产业的创新发展；旧金山湾区以市场为导向，以知识为推动力，借助众多高新科技企业、高校、研发机构以及实验室等科技研发实力的聚集优势，形成了科技金融、知识产权保护、产权交易等科技创新网络；而纽约湾区在资本的推动下，带动以法律、创新孵化、风险投资、信息、咨询等为主的现代服务业的繁荣发展，[1]金融创新实力显著。

第二节　粤港澳大湾区的实践进展

立足于比肩对标东京、纽约、旧金山世界三大湾区的战略定位，我国粤港澳大湾区建设厚积薄发、步履不停、后劲充足。从粤港澳三地合作，到将粤港澳合作作为服务环珠江口湾区发展的手段，到粤港澳大湾区的成立，粤港澳大湾区在经济发展、城市群建设、科技创新、优质生活圈打造等方面取得了重要成就，未来在双区联动、三大合作平台建设、产业转型等方面大有可为。

一、大湾区的历史沿革

与世界三大湾区相比，粤港澳大湾区的正式提出较晚，但其实践进展早已有迹可循。粤港澳大湾区源于珠江三角洲地区的经济发展以及粤港澳合作，经历了漫长的发展过程，并在政策的整合推动下逐步成为今天可与世界湾区对标的战略湾区。

（一）粤港澳被动合作阶段

追溯到明末清初至改革开放以前的港口经济时期，凭借着平原与港口相结合的地理特点、与港澳隔海相望的区位优势、广州作为唯一通商口岸的政策优势，广东抓住了海洋贸易带来的发展机遇，成为东亚贸易圈的中心。[2]在从大航海时代由欧洲主导世界贸易到工业革命后英国取代葡萄牙、西班牙成为世界强国的世界格局变化背景下，作为"一口通商"的广州先后与澳门、

---

〔1〕　张燕：《世界知名湾区科技创新协同模式及启示》，载《合作经济与科技》2022 年第 15 期。

〔2〕　参见张立真、王喆：《粤港澳大湾区：演进发展、国际镜鉴与战略思考》，载《改革与战略》2018 年第 3 期。

香港组成中外重要的贸易通道；[1]随着中华人民共和国成立，珠江三角洲地区借助香港作为中国对外重要窗口的地位延续经济发展的优势。在这一时期，由于港口优势以及海洋贸易的机遇，广州、佛山等珠江三角洲城市积累了一定资本与产业基础，部分城市经济实力得以提升，但广东与港澳两地的经济互动与合作较少且较为被动。

（二）粤港澳市场自发型合作阶段

随着改革开放的到来，以经济特区为中心的珠江三角洲沿海城市经济发展格局、港澳与珠江三角洲地区的"前店后厂"跨境协作模式形成。20世纪80年代，改革开放初期设立的四个经济特区中有三个位于广东，有两个位于珠江三角洲地区，推动了广东沿海城市和地区的经济发展。香港、澳门具有资金、管理和市场开拓等优势，而广东拥有廉价的劳动力和土地等资源，二者之间形成了"前店后厂"[2]纵向分工模式。在改革开放以及粤港澳合作模式的机遇下，广东通过"两头在外，三来一补"[3]构建了外向型产业体系，创造了"东莞模式""深圳模式"等世界工厂，成就广东经济规模奇迹。在这一时期，粤港澳发展开始重视经济聚集效应，经济发展思路从单个城市独立发展向以特区为中心带动沿海地区经济发展转变，同时粤港澳三地形成的分工合作关系有效促进着粤港澳地区区域经济的发展。

（三）粤港澳政策驱动型合作阶段

1993年，吴家玮提出了建设"香港湾区"的设想，随后"香港—珠江三角洲高科技湾区"[4]"伶仃洋湾区"[5]"珠江口—粤港澳发展湾区[6]""伶

---

[1]　参见马向明等：《粤港澳大湾区城市群发展格局新变化》，载《城市观察》2022年第2期。

[2]　"前店后厂"即由港澳接单、管理、融资、出口、销售和由珠江三角洲地区制造。

[3]　"两头在外"是指投入和产出均在境外。"三来一补"是指来料加工、来样加工、来件装配、协作生产和补偿贸易四种主要的加工贸易方式的总称。

[4]　冯邦彦在粤港两地现状的基础上借鉴美国旧金山湾区的经验，提出筹建"香港—珠江三角洲高科技湾区"。参见冯邦彦：《香港国际竞争力的提升与粤港经济合作的升级》，载《国际经贸探索》2000年第3期。

[5]　黄枝连教授在2003年提出"伶仃洋湾区"概念，认为如果珠海万山群岛能够加入港澳的发展系统，可以建立类似美国旧金山湾区那样的"伶仃洋湾区"。参见黄枝连：《粤港澳湾区发展论》，载《经济导报》2009年第16期。

[6]　黄枝连教授在2008年提出在珠江口—伶仃洋两岸地区，可利用"一国两制"开发"C>2+2+1：粤港澳发展湾区"。参见黄枝连：《试论"C>2+2+1：珠江口—粤港澳发展湾区"——全球化区域协作时代的一个"东亚发展范式"》，载《中国经济特区研究》2008年第1期。

仃洋—港珠澳湾区〔1〕""粤港澳湾区〔2〕"等学术构想应运而生。在政策层面，2005 年的《珠江三角洲城镇群协调发展规划（2004—2020）》最早在官方层面正式提出发展"湾区"，此时的"湾区"指环珠江口地区〔3〕，简单提及在"湾区"开发建设过程中要加强与港澳的协调；2008 年的《珠江三角洲地区改革发展规划纲要（2008—2020 年）》强调以广东省珠江三角洲九市为主体并辐射泛珠江三角洲区域〔4〕，加强与港澳的紧密合作。此外，除了上述政策文件涉及粤港澳合作，还形成了一些可为粤港澳三地合作提供指引的专门文件。例如，2003 年的内地与香港、澳门《关于建立更紧密经贸关系的安排》（CEPA）以促进内地与港澳之间的贸易和投资合作为内容，粤港澳三地合作步伐加快。总的来说，在这一时期，"湾区"的发展仅仅是珠江三角洲地区改革与建设的一项重大行动计划，其范围以珠江三角洲地区为主体，并未涵盖港澳；粤港澳三地的协调、合作主要是作为一种手段服务于珠江三角洲地区的规划与发展。

（四）粤港澳大湾区战略建设阶段

自 2008 年以来，粤港澳大湾区的规划建设一直受到中央和地方的持续推动。2010 年，广东省人民政府和香港特别行政区政府制定《粤港合作框架协议》，其主要目标是建立粤港深度合作机制和大珠江三角洲世界级城市群格局、经济区域。2011 年 1 月，由香港、澳门及广东省三地政府共同编制的《环珠江口宜居湾区建设重点行动计划》开始实施，该行动计划主要有两个亮点：一是开始将香港、澳门纳入"湾区"〔5〕范围，指出"湾区"是粤港澳合

---

〔1〕 参见"一国两制 2006 论坛"的有关内容，载 http://news.sohu.com/20060227/n242029114.shtml，最后访问日期：2023 年 7 月 28 日。

〔2〕 李红提出了"跨境湾区"的概念，并分析粤港澳湾区等跨境湾区发展系统 30 年的历程，回顾跨境湾区理论的进展脉络，进而构想其未来研究的前景与路向。参见李红：《跨境湾区开发的理论探索：以中越北部湾及粤港澳湾区为例》，载《东南亚研究》2009 年第 5 期。

〔3〕 根据《珠江三角洲城镇群协调发展规划（2004—2020）》，珠江三角洲是指珠江三角洲经济区，包括广州、深圳、珠海、佛山、江门、东莞、中山、惠州市区、惠东县、博罗县、肇庆市区、高要市（现为肇庆市高要区）、四会市；"湾区"则指环珠江口地区，自西向东包括珠海主城区、唐家湾、横琴，广州南沙，东莞虎门-长安，深圳沙井-松岗、前海-宝安等。

〔4〕 根据《珠江三角洲地区改革发展规划纲要（2008—2020 年）》，规划范围以广东省的广州、深圳、珠海、佛山、江门、东莞、中山、惠州和肇庆市九市为主体，辐射泛珠江三角洲区域。

〔5〕 根据《环珠江口宜居湾区建设重点行动计划》，"湾区"范围包括广州、深圳、珠海、东莞、中山等广东 5 市所辖的 17 个区和香港、澳门两个特别行政区全境。

作的重点地区；二是相较将产业与经济发展作为湾区的发展目标和建设重点的传统思路，提出了"宜居湾区"的概念，开始重视"湾区"的交通枢纽、生态保护、民生服务等规划。2014 年深圳市的地方政府报告提出发展"湾区经济"。2015 年《推动共建丝绸之路经济带和 21 世纪海上丝绸之路的愿景与行动》明确要打造"粤港澳大湾区"。2016 年《中华人民共和国国民经济和社会发展第十三个五年规划纲要》、国务院《关于深化泛珠三角区域合作的指导意见》《广东省国民经济和社会发展第十三个五年规划纲要》分别从国家规划、区域规划、地方规划三个层面筹备"粤港澳大湾区"的建设。2017 年，"粤港澳大湾区"建设首次被写进国务院政府工作报告，上升为国家战略；同年又形成《深化粤港澳合作 推进大湾区建设框架协议》，拉开了建设"粤港澳大湾区"的序幕。2019 年发布的《粤港澳大湾区发展规划纲要》勾勒了"粤港澳大湾区"[1]的顶层设计。在这一阶段，港澳摆脱了作为珠江三角洲地区经济增长的外部条件的历史定位，成为"湾区"的重要组成部分；在中央与地方出台一系列政策规划的持续推动下，"粤港澳大湾区"循序渐进地实现了从学术构想到正式概念再到现实实践的关键转变，其战略意义日益凸显。

表 1-3　粤港澳大湾区相关规划或者政策文件[2]

时间	规划或者政策
2003 年	《内地与香港、澳门关于建立更紧密经贸关系的安排》
2005 年	《珠江三角洲城镇群协调发展规划（2004—2020）》
2006 年	《广东省珠江三角洲城镇群协调发展规划实施条例》
2008 年	《珠江三角洲地区改革发展规划纲要（2008—2020 年）》
2010 年	《粤港合作框架协议》
2010 年	《珠江三角洲城乡规划一体化规划（2009—2020 年）》
2011 年	《环珠江口宜居湾区建设重点行动计划》
2014 年	《深圳市政府工作报告》
2015 年	《推动共建丝绸之路经济带和 21 世纪海上丝绸之路的愿景与行动》

---

[1]　根据《粤港澳大湾区发展规划纲要》，粤港澳大湾区由广州、深圳、珠海、佛山、肇庆、东莞、惠州、中山、江门 9 市和香港、澳门两个特别行政区城市群组成。

[2]　根据广东省人民政府官网、广东省人民政府港澳事务办公室官网等整理得出。

续表

时间	规划或者政策
2016 年	《中华人民共和国国民经济和社会发展第十三个五年规划纲要》
	国务院《关于深化泛珠三角区域合作的指导意见》
	《广东省国民经济和社会发展第十三个五年规划纲要》
2017 年	《政府工作报告》
	《深化粤港澳合作 推进大湾区建设框架协议》
2018 年	《广东省人民政府工作报告》
2019 年	《粤港澳大湾区发展规划纲要》

二、大湾区的发展状况

自粤港澳大湾区建设启动以来，广东、香港、澳门三地积极贯彻落实《粤港澳大湾区发展规划纲要》以及系列政策规划，携手合作、扎实推进粤港澳大湾区的建设。经过五年的努力，粤港澳大湾区的发展取得了阶段性的成果，综合实力显著提升。

（一）经济发展现状

粤港澳大湾区经济发展态势良好。在经济规模方面，2021 年粤港澳大湾区创造了 12.63 万亿元的经济总量，实现 7.7% 的快速增长，比 2017 年增长约 2.4 万亿元[1]。在进出口方面，2021 年大湾区进口额达 75 377 亿元、出口额达 88 751 亿元，分别比 2019 年增加了 11.6% 和 15.1%[2]。在对外投融资方面，2020 年粤港澳大湾区实际利用外商直接投资占全国比重达 57.7%，约 1661 亿美元；对外直接投资额约 1200 亿美元[3]。在经济主体方面，2021年，粤港澳大湾区的世界 500 强企业从 2017 年的 17 家增加到 25 家[4]，其中有 17 家企业的排名上升；粤港澳大湾区拥有的独角兽企业达 50 家，约占

---

〔1〕 数据来源于《粤港澳大湾区蓝皮书：中国粤港澳大湾区改革创新报告（2022）》。

〔2〕 数据来源于《粤港澳大湾区这三年：GDP 增长近 10%，成为高质量发展样本 | 大湾区三年潮涌》，载 https://mp.weixin.qq.com/s/yvcqv_ zSfoh1DXt_ LNrrXA，最后访问日期：2022 年 2 月 16 日。

〔3〕 数据来源于廖明中、余臻：《资金流动与粤港澳大湾区经济发展》，载《中国社会科学报》2023 年 1 月 10 日。

〔4〕 数据来源于 2021 年《财富》杂志世界 500 强排行榜。

全国的 15.8%，独角兽企业数量年均增长率达 22.8%[1]。综上所述，粤港澳大湾区经济基础实力雄厚，经济发展规模、速度、开放度、活跃度方面存在优势，发展趋势向好。

表1-4　粤港澳大湾区 2017 年至 2021 年 GDP 总量[2]

年份	GDP 总量（万亿元）
2017	10.23
2018	10.87
2019	11.56
2020	11.52
2021	12.63

（二）城市群建设现状

粤港澳大湾区世界级城市群雏形初现。当前，城市群发展是全球的趋势。粤港澳大湾区的战略定位之一就是要依托香港、澳门作为自由开放经济体和广东作为改革开放排头兵的优势打造充满活力的世界级城市群。在功能分布上，粤港澳大湾区"9+2"城市群向"4 个核心城市+7 个枢纽门户城市[3]"发展格局转变，呈现出极点带动、轴带支撑、辐射周边的特点。在"硬联通"方面，海陆空信基础设施互联互通进一步完善。2020 年，广州白云国际机场旅客吞吐量达到 4376.8 万人次，登顶全球第一位；截至 2021 年 3 月，粤港澳大湾区铁路通车总里程超过 2200 公里[4]。港珠澳大桥、南沙大桥、广深港高铁香港段等开通运行，深中通道、香港机场第三跑道、广州白云国际机场三期扩建等工程建设有序推进。由此可见，粤港澳大湾区各城市交通基础设施建设提速推进，粤港澳大湾区城市群之间的交通圈[5]正在形成。在"软联

---

〔1〕　数据来源于《中国独角兽企业研究报告 2022》。

〔2〕　数据来源：根据相关报告整理得出。

〔3〕　4 个核心城市指香港、澳门、广州、深圳；7 个枢纽门户城市指珠海、佛山、惠州、东莞、中山、江门、肇庆。

〔4〕　数据来源于粤港澳大湾区门户网，载 https://www.cnbayarea.org.cn/video/content/post_ 317897.html，最后访问日期：2023 年 1 月 17 日。

〔5〕　交通圈的目标是大湾区主要城市间 1 小时通达、主要城市至广东省内地城市 2 小时通达、主要城市至相邻省会城市 3 小时通达。

通"方面，规则衔接、机制对接统筹展开。广东省深入实施"湾区通"工程，积极推进规则对接与标准互认。例如，支持中国（广东）自由贸易试验区（以下简称"广东自贸区"）对港澳专业人士实施备案执业，共有 68 家港澳企业和 256 名港澳专业人士在该自贸区备案执业[1]；广东省高级人民法院发挥司法职能，通过"清单+台账"方式推动 46 项改革举措落地以健全制度、完善机制[2]等。通过推进"软联通"，消除粤港澳大湾区各城市之间要素流通的障碍与壁垒，提升资源配置效能。因此，粤港澳大湾区城市群摆脱各自发展、恶性竞争的局面，形成合理分工、功能互补、错位发展、良性互动的关系；同时通过"硬联通"加强粤港澳大湾区城市群的空间联系与内部往来、通过"软联通"促进粤港澳大湾区城市群要素资源配置整合，持续优化大湾区城市群的功能结构、促进城市群的协同发展。

（三）科技创新现状

粤港澳大湾区国际科技创新中心初具规模。科技创新是湾区经济转型和高质量发展的必然趋势以及国际竞争的关键阵地。为建设国际科技创新中心，粤港澳大湾区在科技研发投入、重大科技基础设施布局、重大科研平台打造、科研团队配备、科技成果转化、知识产权保护、科技生态环境建设等方面积极发力，科技创新势头迅猛。2016 年至 2020 年粤港澳大湾区科技财政支出占比基本维持在 7%以上的水平，接近全国平均水平的两倍[3]，为大湾区科技研发提供了资金保障。粤港澳大湾区聚集了 50 个国家级重点实验室、超过 6 万家高新技术企业、10 所 QS 世界大学排名前 500 的高校、3 个国家级创新中心、22 个国家工程研究中心、逾 200 位院士等资源，科技创新动力源源不断。粤港澳大湾区科技转化取得了显著成效，2020 年广东省高校科研院科技成果转化的合同金额共计超 85 亿元、2017 年至 2021 年科技企业专利开放许可超 2073 件、广东拥有数量居全国首位的成果转化载体（孵化器达 1111 家、众创空间 1076 家）等。[4]"广州—深圳—香港—澳门"科技创新走廊建设稳步推进，2020

---

〔1〕 数据来源于粤港澳大湾区门户网，载 https://www.cnbayarea.org.cn/video/content/post_ 317897.html，最后访问日期：2023 年 2 月 17 日。

〔2〕 数据来源于《人民法院服务和保障粤港澳大湾区建设情况报告（2019—2022）》。

〔3〕 数据来源于《2022 年粤港澳大湾区创新力发展报告》。

〔4〕 数据来源于大湾区科技创新服务中心、华南技术转移中心、广州（国际）科技成果转化天河基地三方联合发布的《粤港澳大湾区科技成果转化报告（2022）》。

年"深圳—香港"科技集群扩大为"深圳—香港—广州"科技集群，且2020年至2022年连续三年在全球百大科技集群中排名第二[1]，日渐成为科技创新要素流动的重要通道。得益于丰富的科技创新要素与资源聚集的优势，粤港澳大湾区形成较为成熟的科技创新生态体系，逐步成为全球科技创新高地，国际科技创新中心即将崛起。

三、大湾区的最新进展

立足于百年未有之大变局的历史节点，粤港澳大湾区积极审视前所未有的机遇与挑战，科学把握国内、国外的格局形势与发展方向，提出了一些重要举措以回应大湾区高质量发展的内在需求。

（一）双区联动促改革

粤港澳大湾区日益成为深化改革、高质量发展的试验田。自粤港澳大湾区建设以来，广州、深圳作为核心城市在经济水平、资源配置能力等方面呈现出强劲的辐射、带动和引领作用，"双城"效应突出。2019年中共中央、国务院《关于支持深圳建设中国特色社会主义先行示范区的意见》发布，深圳综合改革试点开启，以发挥其在完善要素市场化配置体制机制、打造市场化法治化国际化营商环境、建设科技创新环境制度等方面先试先行、引领示范作用；2021年《广东省政府工作报告》提出"深入推进粤港澳大湾区和深圳先行示范区建设，强化广州、深圳'双城'联动"，正式确立了"双区驱动、双城联动"战略。在"双区"的政策红利下，粤港澳大湾区成为深化改革、高质量发展的重要平台。

（二）三大合作平台建设促开放

粤港澳大湾区扮演着促进合作、扩大开放的"探路人"角色。根据《粤港澳大湾区发展规划纲要》，珠海横琴、深圳前海、广州南沙三大合作平台是粤港澳大湾区建设内地与港澳深度合作示范区的重要抓手。2021年以来，粤港澳大湾区针对三大合作平台相继发布专门的建设方案[2]以及一系列的支持政策，这标志着珠海横琴、深圳前海、广州南沙三大合作平台建设进

---

〔1〕　排名来源于《全球创新指数报告》。
〔2〕　2021年9月，《横琴粤澳深度合作区建设总体方案》和《全面深化前海深港现代服务业合作区改革开放方案》相继发布；2022年6月，《广州南沙深化面向世界的粤港澳全面合作总体方案》出台。

入了新的发展阶段。根据《横琴粤澳深度合作区建设总体方案》，横琴协同澳门紧扣"促进澳门经济适度多元的新产业""建设便利澳门居民生活就业的新家园""构建粤澳一体化高水平开放的新体系""健全粤澳共商共建共管共享的新体制"等举措，为澳门长远发展注入重要动力、加强对外开放合作、建设粤澳深度合作示范区；前海联合香港围绕"扩区扩容"和"改革开放"两个重点，打造粤港澳大湾区全面深化改革创新试验平台、现代服务业全球创新高地、国际法律服务中心和国际商事争议解决中心；南沙携手港澳聚焦国际航运、特色金融、科技创新等内容，共建创新发展示范区、面向世界的粤港澳全面合作区。粤港澳大湾区三大合作平台被赋予了不同的历史使命，在不同的重点领域和关键环节创新探索、积累经验、提供示范，纵深促进粤港澳三地的合作，深入推进粤港澳大湾区高质量发展、高水平开放。

（三）产业转型促发展

粤港澳大湾区充当着科技创新、产业升级的"先行者"身份。处于新一轮科技革命的重大转折点，粤港澳大湾区正快马加鞭地推进科技创新，勇担科技自立自强的大旗，争夺科技竞争的制高点与制高点。在宏观方向上，推进粤港澳大湾区成为国际科技创新中心的发展重点已从《粤港澳大湾区发展规划纲要》的"建设"上升到《中华人民共和国国民经济和社会发展第十四个五年规划和2035年远景目标纲要》的"形成"，体现了国家对粤港澳大湾区科技创新的进一步重视。在微观举措上，河套深港科技创新合作区于2022年发布了《河套深港科技创新合作区联合政策包》，计划集中启动九大科创产业园区；2021年10月，香港特别行政区政府发布《北部都会区发展策略》，指出香港北部都会区以促进港深科创合作为重点，从土地、基建、产业等多维度建设国际科技创新中心；粤港澳大湾区深港河套、珠海横琴"两点"和广深港、广珠澳科技创新走廊"两廊"的国际科技创新中心空间布局逐渐完善。同时，世界发展潮流正进入服务经济时代和数字经济时代，粤港澳大湾区迎来产业结构转型升级、畅通经济发展双循环通道的重要时机。一方面，推动服务业改革开放是带动我国产业结构优化升级、培育新的发展动能的重要举措。为全力提升产业国际竞争力、助推制造业迈进高端全球价值链，粤港澳大湾区服务业发展不断深化，具有良好服务业基础、服务贸易政策红利、服务业发展平台（如前海深港现代服务业合作区）等优势。2022年12月29

日《广州市服务业扩大开放综合试点总体方案》发布，形成广州服务业扩大开放综合试点与粤港澳大湾区政策叠加、优势互补、协同发展的新局面。另一方面，数字经济是推动我国经济模式改革转型、构建新发展格局的关键环节。粤港澳大湾区在国家总体发展格局中具有重要的战略地位，其数字经济建设马不停蹄，数字产业化、产业数字化、数字空间治理等方面取得了不少成就。粤港澳大湾区相关试点工作引领全国数字经济发展，广东省建设数字经济创新发展试验区成效显著，粤港澳大湾区数字人民币应用试点工作正逐步深入推进。粤港澳大湾区日益重视数字经济发展，2021年6月印发的《广东省数字政府改革建设"十四五"规划》提出建设"数字湾区、数字政府、数字社会"；2021年7月出台的《广东省数字经济促进条例》为广东省数字经济的发展提供制度保障。粤港澳大湾区"数字湾区"的建设正全面推进。

第三节　粤港澳大湾区金融合作的必要性与可行性

作为经济发展的"血液"，金融在粤港澳大湾区的高质量发展中发挥着重要的支撑作用。世界三大知名湾区通常具备发达的金融中心、成熟的金融市场、高效的金融资源配置能力等金融优势，其发展经验表明，金融发展往往是湾区产业转型升级、科技创新发展、经济对外开放的关键力量。

一、大湾区金融合作的现状与成就

随着"双区"建设的推进，粤港澳大湾区金融创新改革得到突破，金融生态环境明显改善，金融合作迈向了更高水平。数据显示，2021年粤港澳大湾区金融业增加值超1.5万亿元，较2018年增长近35%，占GDP的比重超10%[1]。作为粤港澳大湾区的支柱性行业之一，金融业保持良好的发展态势，为粤港澳大湾区高质量发展注入强劲动能。

第一，金融业开放步伐稳健迈进。中国人民银行等《关于金融支持粤港澳大湾区建设的意见》指出，要促进金融机构互设以深化粤港澳合作，扩大银行业、证券业、保险业开放。为拓展粤港澳大湾区金融业的发展和开放空

---

〔1〕 数据来源于：《粤港澳大湾区有话说："金融引擎"释放强动能》，载 https://mp.weixin.qq.com/s/TMAMHIbKIJJ7t-Am0x_ Olw，最后访问日期：2023年1月10日。

间，港澳、由中资或者外资控股的银行、证券公司、保险公司纷纷在粤港澳大湾区内设立法人机构、分支机构、经营机构。例如，截至 2019 年，共有 8 家港澳资银行在广东境内设立 22 家分行和 128 家支行，共有 9 家中资和港资银行在澳门设立 79 家分支机构〔1〕。通过粤港澳三地金融机构互设、聚集、合作，增强金融供给能力、促进金融资源区域流动趋势、提升金融资源配置效率、扩大粤港澳大湾区银行业、证券业、保险业对外开放。

第二，金融市场和金融基础设施互联互通范围不断扩大。从纵向来看，粤港澳大湾区基金、股票、债券、理财、衍生品等金融市场互联互通安排有序推进，基金互认、深港通、债券通、跨境理财通、ETF（交易型开放式指数基金）、互换通等机制（见表 1-5）相继建立。从横向来看，各互联互通机制的建设日渐完善，通过放宽额度、实现双向开放、取消投资者限制、丰富交易产品类型等方式拓宽互联互通范围。例如，2018 年深港通的额度放宽至原来的四倍；2021 年 9 月，"南向通"成立，债券通实现了双向开通等。金融市场和金融基础设施互联互通的扎实推进，促进粤港澳资金融通渠道多元化发展，有效激发了金融市场活力。

表 1-5　相关互联互通机制建立历程〔2〕

时间	互联互通历程
2015 年 7 月	内地和香港两地的基金互认开通
2016 年 12 月	深港通推出
2017 年 7 月	债券通"北向通"启动
2021 年 9 月	债券通"南向通"成立
2021 年 10 月	跨境理财通双向开放
2022 年 7 月	ETF 纳入了互联互通
2022 年 7 月	互换通开启

第三，合作平台金融改革创新进展纵深推进。横琴、前海、南沙三大合

---

〔1〕　数据来源于陈向阳、陈晓云：《新发展格局下粤港澳大湾区金融合作机制构建》，载《广东经济》2022 年第 4 期。

〔2〕　来源：根据资料整理得出。

作平台分别肩负着发展跨境金融、金融改革创新、发展特色金融的重任，取得了多方面成就：粤港澳大湾区首个跨境数据验证平台在琴澳两地上线运行、首次面向港籍居民开展数字人民币创新应用、启动国内首个绿色融资线上平台"绿色银赁通"等。2023 年 2 月 17 日，中国人民银行等《关于金融支持横琴粤澳深度合作区建设的意见》和《关于金融支持前海深港现代服务业合作区全面深化改革开放的意见》各提出 30 条金融改革创新举措，进一步深化内地和港澳的金融合作，为横琴、前海两个合作区的建设持续注入金融活力。

第四，特色金融融合发展趋势日益凸显。在绿色发展的理念以及数字经济背景下，绿色金融和金融科技成了粤港澳大湾区金融发展的重点内容。在绿色金融领域，粤港澳大湾区在改革试点、发展实践、制度保障等方面走在了全国前列，全国首个区域性绿色金融联盟、全国规模最大的绿色企业债券、全国首部绿色金融的综合性法案等均诞生于此。在金融科技领域，粤港澳三地在金融科技创新应用和金融科技创新监管方面合作对接、融合发展的动作加快。深圳、广州先后成为金融科技试点，广东股权交易中心获批开展区块链建设试点。2022 年 9 月，《深圳市金融科技专项发展规划（2022—2025 年）（公开征求意见稿）》提出支持金融科技技术研发应用、推动跨境金融科技深化应用、支持数字人民币应用场景创新。2022 年 12 月 21 日，香港投资推广署推出了金融科技平台——FintechHK 社区平台。2021 年 10 月，中国人民银行、香港金融管理局《关于在粤港澳大湾区开展金融科技创新监管合作的谅解备忘录》发布，内地与香港建立金融科技创新监管合作机制。

第五，服务于大湾区企业、居民的跨境金融水平显著提升。一方面，企业跨境贸易和投融资便利化程度不断加深。粤港澳大湾区以"优流程、增便利、扩渠道"为着力点，积极推出完善外汇管理制度、深化外债登记改革、开展贸易外汇收支便利化试点、实施合格境外有限合伙人（QFLP）等举措，促使大湾区跨境贸易和投融资更快速、便捷、通畅。另一方面，居民跨境民生金融服务持续优化。围绕生活就业、教育医疗、旅游出行、投资理财、支付消费等跨境民生金融服务场景，代理见证开户业务、移动支付互通、征信报告查询服务、跨境缴费、跨境保险业务等金融服务创新应运而生，切实解决大湾区居民跨境金融服务的痛点和难点。截至 2022 年 8 月，港澳居民通过代理见证开立内地个人账户 21.05 万户、累计金额达 80.79 亿元[1]。

二、大湾区金融合作的战略意义

无论是从全局战略、政策支持力度还是现实需求的角度来看，金融改革创新、开放发展是粤港澳大湾区建设的关键一环。在推进粤港澳大湾区金融改革创新中寻找粤港澳合作的机遇，不断支持港澳深度融入国家金融改革发展格局；在深化粤港澳的合作中挖掘金融开放发展的动能，持续提升内地金融借助港澳两个开放窗口与国际金融市场对接的水平。促进粤港澳三地金融互联互通互融、互补互助互动、协调合作，加大金融支持粤港澳大湾区建设力度，具有十分重要的战略意义。

（一）支持大湾区高质量发展的内在选择

粤港澳大湾区金融合作是高效配置要素资源、支持大湾区高质量发展的内在要求。党的十八大以来，围绕"总量稳健、结构优化、公平高效和绿色可持续"的发展目标，粤港澳大湾区进入了高质量发展阶段，强调质的有效提升和量的合理增长的有机统一。在新的发展格局之下，创新驱动引领、产业转型升级、绿色低碳发展、开放融合发展成为大湾区实现高质量发展的主要途径，这些都离不开金融体系的支持。促进粤港澳大湾区金融合作，能充分发挥金融在资源高效配置和要素自由流通中的重要作用，引导资金、劳动力、技术等生产要素流向大湾区科技创新、现代服务业、绿色经济、数字经济等领域，推动优质创新链、科技链、产业链、价值链的形成，驱动大湾区高质量建设与发展。大湾区以粤港澳合作为手段，不断推动金融改革创新，大力发展金融科技、数字金融、绿色金融等新型金融。其金融发展在传统融资功能的基础上，衍生出"融智""融技""融数""融绿"丰富多元的赋能作用，能灵活有效地在更大的范围、更宽的领域、更深的程度上支持大湾区经济转型升级与高质量发展。

（二）助力大湾区高水平对外开放的有效途径

粤港澳大湾区金融合作是畅通境内外资本市场、助力大湾区高水平对外开放的有效途径。在"一带一路"倡议、人民币国际化进程、国内"双循

---

〔1〕 数据来源于白鹤祥：《广东金融业"非凡十年"成绩单 金融助力粤港澳大湾区高质量发展》，载《中国金融家》2022 年第 10 期。

环"新发展格局等契机下，粤港澳大湾区迎来了前所未有的开放机遇。2020年发布的中国人民银行等《关于金融支持粤港澳大湾区建设的意见》更是将粤港澳大湾区金融的开放创新置于突出位置。金融的开放创新，注重与国际金融市场的对接融合，加快金融资本、金融人才、金融机构、金融产品、金融服务、金融信息等金融资源"走出去"与"引进来"双向流动。广东具有内地资本市场的优势，澳门是中国与葡语国家市场合作往来的重要平台，香港具有成熟的国际市场，三地的合作是粤港澳大湾区境内外资本市场互联互通的重要抓手。通过粤港澳大湾区金融合作，一方面发挥港澳的纽带和桥梁作用，其国际化金融资源、业务与市场优势有利于中国内地市场对接国际市场，助力中国市场高水平对外开放；另一方面，广东与港澳形成了"强纽带"关系，弥补了港澳两地与内地经济联系不够紧密、内地经济腹地不足等问题，支持港澳两地融入国家的发展大局。

（三）赋能国际金融枢纽建设的战略选择

粤港澳大湾区金融合作是推动内地与港澳金融业融合发展、赋能国际金融枢纽建设的战略选择。中国人民银行等《关于金融支持粤港澳大湾区建设的意见》提出"建设国际金融枢纽"战略目标，同时提出"巩固和发展香港国际金融中心地位""支持香港打造粤港澳大湾区绿色金融中心""支持澳门打造中国—葡语国家金融服务平台""建设澳门—珠海跨境金融合作示范区"等目标要求。《广东省国民经济和社会发展第十四个五年规划和2035年远景目标纲要》进一步提出"共建大湾区国际金融枢纽，加快建设金融强省"。由此可见，粤港澳大湾区以及粤港澳三地在国家金融发展战略布局中均被赋予了特定的使命目标。但粤港澳三地产业、金融业发展禀赋差异较大、特色不一，广东市场国际化程度不高、港澳的内地市场不足，意味着粤港澳三地仍旧延续过去单独发展的路径将难以实现战略目标。促进粤港澳三地金融合作，通过要素流通、基础设施链接、市场联通、产业协同、规则衔接、机制对接等举措，推广深港、珠澳两大湾区内城市间融合合作经验，推动内地与港澳金融深度融合发展，建设国际金融枢纽。

三、大湾区金融合作的现实基础

粤港澳三地具有隔海相望、相互毗邻、唇齿相依的地缘特征以及文化同源、民俗相近的人缘特征，这为粤港澳金融地域单元的形成和发展奠定了基础。同时，粤港澳三地金融资源的互补性、金融产业成长的内生诉求以及金融政策的激励保障推动粤港澳金融地域单元的金融运动，拉开了粤港澳金融合作的序幕。现阶段，粤港澳大湾区金融合作基础牢固、条件成熟，合作空间广阔。

（一）大湾区金融合作的深厚根基

粤港澳三地的金融互动实践为大湾区金融合作提供了深厚根基。改革开放初期，港澳与广东形成了"前店后厂"的发展协作模式，在市场的驱动下，香港为广东的经济发展提供融资服务，广东的企业赴港上市，粤港澳形成了产业间的初步金融合作。随着港澳的相继回归，由市场推动的粤港澳金融合作开始转向政策驱动，〔1〕在《内地与香港关于建立更紧密经贸关系的安排》《内地与澳门关于建立更紧密经贸关系的安排》《粤港合作框架协议》《粤澳合作框架协议》的政策框架下，通过互设金融机构、金融业务跨境开放、贸易投资便利化等机制安排，粤港澳三地金融业内的协调与合作加强。自粤港澳大湾区成立以来，粤港澳大湾区金融合作互联互通纵深推进，其金融合作涉及方方面面，金融业内的联动、金融业与其他产业的对接并驾齐驱。粤港澳大湾区金融合作从市场驱动到政策驱动再到战略驱动；合作模式从产业间的金融合作走向了金融业内合作，再到涵盖金融基础设施互联、金融市场互通、金融产品互融等方方面面的深度融合发展；合作格局从香港、广州等城市的点式发展转向粤港、粤澳线式发展，再到以香港、澳门、广州、深圳为核心的圈层式发展。〔2〕由此可见，粤港澳大湾区金融合作具有深厚的互动根基，合作趋势向好。

（二）大湾区金融合作的重要支撑

健全完备的政策支持体系是大湾区金融合作的重要支撑。从纵向来看，从国务院到各部委、从中央到地方出台了一系列规划纲要、暂行办法、实施细则、行动方案以促进金融对大湾区建设的支持作用，形成了环环相扣、紧密结合、具体可操作的政策体系。从横向来看，政策不仅明确了粤港澳大湾区金融发展的远景目标以及核心城市和合作区金融发展的战略地位，还涵盖

---

〔1〕 参见李霞、刘佳宁：《粤港澳大湾区金融高质量发展：历史沿革、理论逻辑和实践路径》，载《南方金融》2022年第5期。

〔2〕 参见潘捷、张守哲：《改革开放以来粤港澳金融合作方式：回顾与展望》，载《国际经贸探索》2014年第9期。

了科技创新、绿色金融、跨境贸易便利化、金融基础设施和金融市场互联互通等各领域金融发展的具体举措，指出了粤港澳金融合作的方向、路径、重点等内容。一系列的政策从主体、举措、路径、阶段等角度为粤港澳大湾区金融合作提供了全方位、全过程、全覆盖的有力支撑。

表1-6　粤港澳大湾区金融发展相关政策文件[1]

时间	部门	名称
2019 年 2 月 18 日	中共中央、国务院	《粤港澳大湾区发展规划纲要》
2019 年 8 月 5 日	珠海市横琴新区管理委员会	《横琴新区支持粤澳跨境金融合作（珠海）示范区发展的暂行办法》
2020 年 1 月 2 日	广州市科学技术局	《广州市鼓励创业投资促进创新创业发展若干政策规定实施细则》
2020 年 3 月 30 日	国家外汇管理局广东省分局、国家外汇管理局深圳市分局	《关于外汇管理支持粤港澳大湾区和深圳先行示范区发展的通知》
2020 年 3 月 30 日	中共中央、国务院	《关于构建更加完善的要素市场化配置体制机制的意见》
2020 年 4 月 24 日	中国人民银行、原银保监会、证监会、国家外汇管理局	《关于金融支持粤港澳大湾区建设的意见》
2020 年 7 月 28 日	广东省地方金融管理局、中国人民银行广州分行、广东银保监局、广东证监局、中国人民银行深圳市中心支行、深圳银保监局、深圳证监局	《关于贯彻落实金融支持粤港澳大湾区建设意见的实施方案》
2020 年 8 月 13 日	深圳市前海管理局	《深圳前海深港现代服务业合作区优秀金融创新案例评选办法（试行）》

---

[1]　来源：根据粤港澳大湾区门户网整理得出。

续表

时间	部门	名称
2022 年 8 月 28 日	深圳市前海管理局	《深圳前海深港现代服务业合作区招商引资奖励暂行办法》
2020 年 9 月 11 日	广州市地方金融监督管理局	《关于贯彻落实金融支持粤港澳大湾区建设意见的行动方案》
2020 年 12 月 18 日	东莞市金融工作局、中国人民银行东莞市中心支行、银保监会东莞监管分局	《东莞市贯彻落实〈关于金融支持粤港澳大湾区建设的意见〉行动方案》
2020 年 12 月 31 日	肇庆市金融工作局	《肇庆市关于贯彻落实金融支持粤港澳大湾区建设意见的工作方案》
2021 年 3 月 25 日	广州市推进粤港澳大湾区建设领导小组	《广州市关于推进共建粤港澳大湾区国际金融枢纽实施意见》
2021 年 3 月 25 日	广州市推进粤港澳大湾区建设领导小组	《广州市关于推进共建粤港澳大湾区国际金融枢纽三年行动计划（2021—2023 年）》
2021 年 7 月 16 日	广东省人民政府	《广东省金融改革发展"十四五"规划》
2021 年 9 月 1 日	广东省人民政府	《广东省深入推进资本要素市场化配置改革行动方案》
2021 年 11 月 21 日	深圳市前海管理局	《深圳前海深港现代服务业合作区支持金融业发展专项资金管理暂行办法》（已失效）
2021 年 11 月 21 日	深圳市前海管理局	《深圳前海深港现代服务业合作区促进产业集聚办公用房资金补贴办法》（已失效）
2021 年 12 月 30 日	横琴粤澳深度合作区执行委员会	《横琴粤澳深度合作区支持企业赴澳门发行公司债券专项扶持办法（暂行）》
2021 年 12 月 29 日	横琴粤澳深度合作区执行委员会	《横琴粤澳深度合作区外商投资股权投资类企业试点办法（暂行）》

续表

时间	部门	名称
2022 年 1 月 16 日	广东省人民代表大会常务委员会	《广东省外商投资权益保护条例》
2022 年 1 月 24 日	国家发展和改革委员会、商务部	《关于深圳建设中国特色社会主义先行示范区放宽市场准入若干特别措施的意见》
2022 年 1 月 29 日	广东省人民政府	《关于推进广东自贸试验区贸易投资便利化改革创新若干措施》
2022 年 3 月 17 日	深圳市人力资源和社会保障局、深圳市财政局、深圳市住房和建设局	《关于进一步完善深圳市高层次人才奖励补贴发放有关事项的通知》
2022 年 5 月 13 日	深圳市前海管理局	《深圳前海深港现代服务业合作区专业服务业发展专项资金管理暂行办法》
2022 年 6 月 1 日	广东省人民代表大会常务委员会	《广东省优化营商环境条例》
2022 年 6 月 24 日	广东省人民政府办公厅	《关于印发广东省发展绿色金融支持碳达峰行动实施方案的通知》
2022 年 7 月 13 日	广东省人民政府	《广东省科学技术奖励办法》（2022 年修订）
2022 年 7 月 19 日	广东省地方金融管理局	《关于完善期现货联动市场体系 推动实体经济高质量发展实施方案》
2022 年 8 月 6 日	深圳市前海管理局	《深圳市前海深港现代服务业合作区管理局支持科技创新实施办法（试行）》
2022 年 7 月 29 日	广州市人民政府办公厅	《关于印发广州市促进创新链产业链融合发展行动计划（2022—2025 年）》
2022 年 7 月 20 日	横琴粤澳深度合作区执行委员会	《横琴粤澳深度合作区贯彻落实国务院〈扎实稳住经济的一揽子政策措施〉实施方案》

续表

时间	部门	名称
2022 年 9 月 2 日	深圳市前海管理局、香港特别行政区政府财经事务及库务局	《关于支持前海深港风投创投联动发展的十八条措施》
2022 年 9 月 5 日	深圳市人民代表大会常务委员	《深圳经济特区外商投资条例》
2022 年 9 月 15 日	横琴粤澳深度合作区金融发展局	《横琴粤澳深度合作区促进中小微企业融资发展扶持办法》
2022 年 10 月 25 日	横琴粤澳深度合作区金融发展局	《横琴粤澳深度合作区促进金融产业发展扶持办法》
2023 年 2 月 17 日	中国人民银行、原银保监会、证监会、国家外汇管理局、广东省人民政府	《关于金融支持横琴粤澳深度合作区建设的意见》
2023 年 2 月 17 日	中国人民银行、原银保监会、证监会、国家外汇管理局、广东省人民政府	《关于金融支持前海深港现代服务业合作区全面深化改革开放的意见》

（三）大湾区金融合作的坚实保障

丰富互补的金融资源是粤港澳大湾区金融合作的坚实保障。粤港澳大湾区拥有香港、深圳、广州三大金融重地［它们在第 32 期全球金融中心指数排名（GFCI）中分别排名第四、九、二十五］以及深圳证券交易所、香港交易所、广州期货交易所三大重要金融基础设施，这奠定了粤港澳大湾区金融业的发展基础和比较优势。截至 2021 年，广东各类法人金融机构数量为 317家，分支机构数量达 1.7 万家，位居全国第一；[1]香港有认可银行机构 188家，资产总额合计 26.37 万亿港币，[2]粤港澳大湾区金融资源聚集效应突出。同时，粤港澳大湾区金融业基础各异，澳门金融业结构单一但具有与葡语国

---

〔1〕 数据来源于程立元：《湾区金融的竞争力：平稳运行，助推经济高质量发展》，载《21 世纪经济报道》2022 年 12 月 23 日。

〔2〕 数据来源于孙煜：《助力香港打造国际金融中心升级版》，载《中国金融》2022 年第 13 期。

家对接的优势，香港金融业发达、国际化程度高但内地市场不足，广东金融业结构完整但发展活力、国际化程度均不高，大湾区内丰富的金融资源具有较强的互补性，为开展多层次、多领域、多格局的金融合作提供了可能。

（四）大湾区金融合作的动力引擎

多元庞大的金融需求是大湾区金融合作的动力引擎。粤港澳大湾区的建设产生了巨大的金融需求，为金融发展创造了丰富多元的机遇。一方面，粤港澳大湾区在产业发展、基础设施建设、跨境贸易、民生金融服务等传统领域的金融需求激增，大大激发了金融发展活力。粤港澳三地致力于通过金融服务优化、金融产品创新、金融业务联动、金融基础设施互联等手段，满足大湾区的金融需求、加强金融对大湾区建设的支持力度。另一方面，产业转型升级、科技创新驱动、绿色低碳发展、数字经济等领域已成为大湾区转型与高质量发展的重要突破口，衍生了新的金融需求、培育了新的金融市场。粤港澳三地日益重视科技金融、绿色金融、金融科技等新兴金融领域的协同发展，在金融创新的道路上共同发力。总的来说，金融需求是粤港澳大湾区金融合作的重要催化剂。

第四节　粤港澳大湾区金融合作的制度框架

在新发展格局、新发展阶段、新发展要求的时代背景下，统筹发挥粤港澳三地的金融资源禀赋和独特优势，须优化顶层设计、加强战略规划、创新体制机制，通过制度建设保障粤港澳大湾区金融合作深入、长效、稳定地发展。立足于粤港澳大湾区在国家金融发展格局中的战略定位，深刻把握粤港澳大湾区外部环境和内部条件的变化，积极剖析粤港澳大湾区金融发展面临的机遇与挑战，加快探索粤港澳大湾区金融合作的制度框架和制度进路。

一、金融合作的重要保障：金融监管合作

习近平总书记在 2017 年全国金融工作会议上强调："金融安全是国家安全的重要组成部分。"党的二十大报告进一步指出，加强和完善现代金融监管，强化金融稳定保障体系，依法将各类金融活动全部纳入监管，守住不发生系统性风险的底线。粤港澳大湾区横跨广东、香港、澳门三地，金融生态复杂、金融风险突出、金融治理难度较大。坚持底线思维，加强金融监管协

调、防范金融风险、维护金融安全是粤港澳大湾区金融高质量发展的重要保障。

粤港澳大湾区金融风险复杂，亟须粤港澳三地建立风险协同治理机制。粤港澳大湾区金融发展面临着内源性风险和外源性风险双重压力，任何一种金融风险一旦爆发，其传染性、负外部性将会因为粤港澳大湾区的特殊性而被放大，甚至诱发系统性风险。在外源性风险层面，逆全球化主义抬头、中美贸易战持续升温、疫情的冲击、俄乌战争的爆发等，均有可能触发粤港澳大湾区金融风险，导致金融市场的震荡。尤其香港、澳门的金融市场国际化程度较高，更容易受到国际环境的影响。在内源性风险方面，巨大的金融交易量和频繁的资本跨境流动、丰富的金融产品和繁杂的交易方式、多元的金融主体、互联互通的金融基础设施等金融融合发展进路，使得粤港澳大湾区金融市场呈现出多层次、多主体、多环节的资本叠加、行为叠加和技术叠加[1]的特点。在这样的情况下，金融信息的不对称性、金融规则的冲突性、金融乱象的频发性、金融系统的脆弱性等风险因素叠加，市场风险、信用风险、操作风险、流动性风险、法律风险等金融风险"蝴蝶效应"加剧，跨机构、跨行业、跨领域、跨市场、跨界传染的可能性增大。因此，应当加强粤港澳金融监管合作，强化区域金融风险监测预警、金融风险干预、金融风险信息共享，完善金融风险协同治理机制。

粤港澳大湾区跨境金融活跃，要求粤港澳三地完善跨境金融监管协调模式。粤港澳大湾区的金融合作按照"金融机构互设、金融市场互联、货币资金互通、金融产品互认、金融基础设施互通"的思路推进，"跨境"因素明显。面临着区际法律冲突、金融主管协同、金融监督管理协调等现实问题和挑战，跨境金融监管协调成了跨境金融开放的重要手段。但不同于传统的涉及国家与国家之间的国际跨境监管协调，粤港澳大湾区是一国内不同法域的区际跨境监管协调。在跨境监管的协调进路上，前期可充分发挥"软法"的柔性、灵活性、可操作性，强化粤港、粤澳、港澳金融监管机构签署谅解备忘录、监管对话、技术援助协议等双边监管合作协议；待条件成熟时由三地监管机构共同推动金融监管机构的成立以统筹粤港澳大湾区金融的跨境监管。在跨境监管协调机制的实体内容上，跨境金融监管协调机制应涵盖监管规则和标准协调对接、监管执法司法合作、信息情报通报交流、金融消费者保护

---

〔1〕 靳文辉：《金融风险的协同治理及法治实现》，载《法学家》2021年第4期。

等，促进三地金融监管机构的协调与合作。在跨境监管协调机制的程序机制上，可探索建立一套符合粤港澳大湾区金融纠纷特点的金融投诉处理、金融纠纷调解、金融仲裁机制，提高跨境金融纠纷处理效率。

粤港澳大湾区金融创新趋势明显，驱动粤港澳三地探索金融创新监管方式。在新一轮科技革命的推动下，区块链、大数据、人工智能、云计算等信息技术赋能金融创新发展，粤港澳大湾区数字金融、金融科技等新型金融形态应运而生。然而，传统的金融监管滞后，无法应对粤港澳大湾区金融创新带来的新风险。为推动金融创新和金融监管的动态平衡，粤港澳大湾区积极探索金融创新监管，香港"监管沙盒"建设经验已经较为成熟，深圳、广州先后成为金融科技创新监管试点，中国人民银行金融科技创新监管工具与香港金融管理局金融科技"监管沙盒"实现了联网对接。未来应继续支持金融监管机构运用科技手段创新监管模式，加强粤港澳三地金融创新监管合作，持续提升"监管科技""监管沙盒"在大湾区的渗透深度和应用广度，实现更有效、更具针对性的金融监管。

因此，为保障粤港澳大湾区金融合作的长远发展，应当推进粤港澳大湾区金融监管合作机制从一事一议的模式向制度化建设转变。一方面，要紧紧围绕粤港澳大湾区的金融监管需求；另一方面，须正视粤港澳三地存在的监管差异与监管合作障碍，积极探索粤港澳大湾区金融监管合作的制度路径，科学把握金融监管合作的制度重点。

二、金融合作的两个层面：金融市场融合和跨境金融联通

为实现"引进来"和"走出去"两手都要抓，金融市场融合和跨境金融联通成为粤港澳大湾区金融合作的主要内容。从大体上看，金融市场融合和跨境金融联通均是从市场的角度去推进粤港澳大湾区金融合作，其中前者侧重打通各金融子市场融资通道以加强粤港澳金融市场板块的融合发展，后者则强调通过金融要素的联通以促进粤港澳大湾区境内、境外金融市场的互动合作。

搭建投融资通道是实现粤港澳三地金融市场交流和合作的基本途径。金融市场就是资金融通的场所，由货币市场和资本市场有机组成，涵盖了股票、债券、基金、保险、金融衍生品等板块。在粤港澳三地金融市场相互割裂以及中国内地金融市场对外开放受到严格管制的情况下，跨境投融资等金融活

动不仅遇到金融基础设施不连通、技术不连接等难题，还面临着准入限制、外债管理、反洗钱等法律挑战与风险。随着金融开放的推进，合格境外机构投资者（QFII）、合格境内机构投资者（QDII）、人民币合格境外机构投资者（RQFII）、人民币合格境内机构投资者（RQDII）、合格境外有限合伙人（QFLP）、合格境内有限合伙人（QDLP）、合格境内投资企业（QDIE）等机制应运而生，为境内外投资者参与彼此的银行间市场、证券交易所等金融市场提供了通道，同时为粤港澳大湾区金融市场的融合发展提供了思路并奠定了基础。当前，粤港澳大湾区互联互通机制的建立和金融产品投资渠道的打通正同步进行，股票市场的"深港通"、债券市场的"债券通"、基金市场的"基金互认"、金融衍生品市场的"互换通"等金融市场互联互通制度安排有序推进，存托凭证、私募股权等股权融资产品以及标准化债权资产产品、非标债权资产产品等债权融资工具的跨境发行与跨境交易通道日益增多和逐渐完善，大大加强了粤港澳三地各金融子市场板块的联系和互动。在众多的金融市场细分板块，股权、债权融资是粤港澳大湾区企业获得资金融通的主要途径。因此，粤港澳大湾区股票市场和债券市场的融合发展值得高度关注，有必要研究其制度进路、剖析其机制不足、拓宽和完善其融合渠道。

构建跨境金融联通机制是促进粤港澳大湾区金融要素高效流动、加快金融市场深度融合的关键措施。金融要素是金融市场的微观组成部分，包括作为基础性金融资源核心的货币资金以及数据、信息等其他金融要素。巴曙松指出，促进金融要素在风险可控的前提下自由流动是粤港澳大湾区金融互联互通亟待解决的重要课题。粤港澳大湾区正以金融要素资源为互联互通的突破点，逐步构建跨境金融联通机制，促进境内、境外金融市场的融合发展。其一，粤港澳大湾区的跨境人民币支付结算机制大大推动了人民币国际化的进程和跨境支付业务的开展，同时在数字人民币和金融科技的趋势下迎来了新的发展契机。其二，粤港澳大湾区跨境理财通为大湾区居民打通了个人投资产品或者理财产品的投资渠道，扩大了大湾区居民的跨境投资空间和金融机构的展业空间。其三，粤港澳大湾区金融数据跨境流动机制优化了金融数据的跨境配置，回应了数字经济时代、数字湾区建设的内在要求。其四，粤港澳大湾区的跨境征信合作机制调动了信用信息的金融活力，满足了粤港澳三地的跨境征信需求。在构建和完善粤港澳大湾区跨境金融联通机制的过程中，不仅要关注"跨境"因素所带来的准入、管理、监管等共同难题，更要重点剖析不同金融要素的特殊属性，把握各联通机制制度建设的方向进路和重点难点。同时也应注意到，现阶段粤港澳大湾区的金融跨境联通机制呈现出点状融合、碎片化建设的特点，不能满足粤港澳大湾区金融市场高效率、高质量、高水平一体化发展的要求。未来，可借鉴欧盟的成熟经验，通过简化准入流程、加强金融规则对接、促进金融标准趋同等措施构建粤港澳大湾区"单一通行证"制度，破除金融市场的准入壁垒、降低金融机构跨境展业的制度成本，打造跨境金融的"高速公路"。

由此可见，粤港澳三地金融市场体系相互割裂、金融要素流动存在一定的障碍；这意味着单纯在市场机制的作用下，粤港澳大湾区金融市场的融合发展、金融要素的联通仍存在一定困难，还须加强政策的推动以及制度的保障。

三、金融合作的两个重点：金融科技和绿色金融

金融科技和绿色金融已成为世界金融发展的潮流，也是粤港澳大湾发展特色金融、推动金融创新的重要方向。粤港澳大湾区的建设与发展应深入贯彻习近平经济思想中新发展阶段、新发展理念、新发展格局的重要内容，既要在新科技革命和产业变革中抢占先机，也要坚持绿色发展原则、走可持续发展道路。在这样的背景下，粤港澳大湾区金融科技、绿色金融大有可为。

金融科技是粤港澳大湾区科技创新、数字经济发展的应有之义。在良好的技术支持、丰富的政策支撑等基础上，香港较为成熟的金融科技发展经验叠加广州、深圳的金融科技试点带动作用，促使粤港澳大湾区金融科技生态呈现出良好的发展态势。从技术底层逻辑看，区块链、大数据、人工智能等信息技术持续赋能粤港澳大湾区金融创新，推动科技与金融的联动发展。从应用场景看，粤港澳大湾区金融科技在银行、保险、证券、基金、支付、供应链金融等方面得到广泛应用，例如数字人民币在跨境支付场景的测试正在推进、香港以虚拟资产交易为落脚点积极探索金融科技全新且巨大的应用场景等。从金融科技人才培养看，粤港澳大湾区日益重视金融科技人才联合培养，"深港澳金融科技师"专才计划、《深圳市扶持金融科技发展若干措施》提出的开展国内外金融科技人才培养及交流合作计划、"金融科技从业员培训资助先导计划"等措施，保障金融科技行业高素质人才的供给。从金融科技的监管看，监管科技实践成效良好，建立了"深圳市金融风险监测预警平台"

"灵鲲金融安全大数据平台"等风险监测平台；同时内地和香港已建立了金融科技创新监管合作机制。然而，金融科技发展面临着诸多挑战。金融科技行业金融风险构成隐蔽复杂，尤其在存贷款与融资、支付与清结算、投资管理、市场基础设施服务方面法律风险突出，亟须加强和完善监管制度的规范和保障。未来，应当梳理粤港澳大湾区的金融高科技监管现状，分析其监管机制设计或运行模式上所面临的现实困境，从创新理念、确立原则等方面划定粤港澳大湾区金融科技的柔性监管边界，从建立规则、出台配套协调机制等方面厘清刚性监管底线、建立创新监管方式。

绿色金融是粤港澳大湾区发展绿色经济、保护生态环境的必然产物。绿色发展是粤港澳大湾区建设的重要发展理念，而绿色发展离不开金融的支持。通过紧紧抓住绿色发展的战略机遇，充分发挥绿色金融的政策优势，积极挖掘绿色发展过程中的项目投融资、风险管理等金融需求，大力发展绿色金融产品和金融工具，粤港澳大湾区绿色金融发展取得了较大突破。其一，粤港澳大湾区绿色金融产品类型日益丰富、层出不穷，涵盖了绿色债券、绿色信贷、绿色贷款、绿色保险、碳排放权、绿色基金等。其二，粤港澳大湾区绿色金融政策陆续出台，广州、深圳、香港、澳门四个核心城市绿色金融发展规划各具特色。广州立足于建设绿色金融改革创新试验区，率先推出绿色金融改革方案，探索绿色企业和绿色项目认证机制，建立以碳排放为首个品种的创新型期货交易所。深圳在绿色金融立法、绿色金融创新政策方面积极作为。深圳一方面发布《深圳市人民政府关于构建绿色金融体系的实施意见》等政策支持绿色信贷、绿色债券、绿色资产证券化、绿色集合债、绿色保险等绿色金融产品发展，另一方面发挥特区立法权通过了我国首部绿色金融的法律法规《深圳经济特区绿色金融条例》。香港以大湾区绿色金融中心为定位，实施《绿色金融策略框架》《促进绿色金融发展的策略框架》等一系列绿色金融计划，建设国际认可的绿色债券认证机构。澳门在搭建绿色发展平台、成立环保节能基金等方面积极发力，2022年1月发布的《内地非金融企业赴澳门发行绿色债券流程参考》更是为粤港澳大湾区绿色债券市场的发展提供了指引。其三，粤港澳三地绿色金融合作共识日益一致。2020年9月，广州、深圳、香港三地绿色金融协会和澳门银行公会共同成立了全国首个区域性绿色金融联盟"粤港澳大湾区绿色金融联盟"；2022年9月，国内首个绿色金融专业服务机构自律组织"粤港澳大湾区绿色金融联盟第三方服务机构专业委员会"正式落地。这些组织的成立有利于粤港澳大湾区推动绿色金融产品互认、绿色金融标准对接、绿色金融监管协调等领域的合作。由此可见，粤港澳大湾区绿色金融的发展路径正沿着政策推动向制度型发展转型，发展方向也正由各个城市独立发展向形成合作机制转变。在顺应粤港澳大湾区绿色金融的发展大方向的基础上，未来应进一步关注不同绿色金融产品的特殊性，推进粤港澳大湾区绿色债券、绿色保险、碳排放权等相关绿色金融产品区域制度的构建。

第二章

粤港澳大湾区监管合作机制

粤港澳大湾区在 2017 年国务院政府工作报告中正式上升为国家战略，大湾区的建设，需要人员、物资、信息、资金的全面配合，尤其金融领域的联通和合作十分关键。在 CEPA、《粤港合作框架协议》《深化粤港澳合作 推进大湾区建设框架协议》等文件的引领之下，粤港澳三地在金融领域实现了一定程度的融合。在银行业方面，香港银行的分行在广东设立异地支行的条件逐步放宽，澳门银行的分行也开始进驻广东开展业务，中资银行在香港、澳门银行业已经发挥了主力军作用，三地银行业都在进一步推动和扩大跨境人民币资金在粤港、粤澳双向流通的渠道。在证券业方面，随着沪港通、深港通、债券通的陆续开通，粤港的资本市场更加活跃，畅通了两地的资金流；而因澳门本地无证券市场，所以粤澳的证券市场尚缺互联互通的基础。在保险业方面，中资险企在香港、澳门的保险市场处于领先地位，但港资险企和澳资险企进驻广东的步伐缓慢，仅有汇丰人寿一家港资险企进入广东市场，澳资险企尚未进入内地。为了三地金融合作更好地发展，2019 年出台的《粤港澳大湾区发展规划纲要》（以下简称《发展规划纲要》）提出有序推进金融市场互联互通，到 2035 年基本实现各类资源要素高效便捷流动的目标；在巩固和提升香港国际金融中心地位的同时，研究探索建设澳门—珠海跨境金融合作示范区。

金融领域的可持续发展离不开适度监管，金融合作不仅仅存在于金融机构、业务和市场的融合中，更体现在金融监管的有效配合上。金融监管的合作，可以大大减少粤港澳三地金融发展的行政壁垒，在求同存异、相互借鉴的基础上推进粤港澳大湾区跨境监管一体化，促进跨境金融机构和金融市场的健康发展，为粤港澳大湾区的经济增添活力，维护我国金融安全与秩序。然而，粤港澳大湾区拥有"一二三"的特点，即一个国家、两种制度、三套法律体系，金融监管多元化，导致监管模式难以选择、协调机制建立难度大、监管风险克服成本高、监管效果体现不佳，进而使得金融监管合作困难重重。

监管的有效落实有赖于法律制度的支撑，故如何从法律方面给予金融监管合作有力支持是现阶段亟待解决的问题。以下将从粤港澳三地金融监管制度之间的差异出发，剖析粤港澳大湾区金融监管合作的障碍，提出监管合作的总体思路，进而分析构建单一通行证制度的具体构想。

第一节　粤港澳三地金融监管制度之差异

一、内地金融监管制度

中华人民共和国成立以来的金融监管体系改革历程大致可以分为三个阶段：第一阶段是 1979 年至 1992 年的中国人民银行"大一统"时期，实行计划经济下的混业监管，中国人民银行将商业银行职能逐步剥离，独立行使央行职能，并负责金融体系的所有监管工作；第二阶段是 1992 年至 2017 年的"一行三会"时期，实行市场经济逐步活跃后的分业监管，1992 年证监会创立，分业监管初现雏形，1998 年原保监会成立，2003 年原银监会组建，由此开启我国"一行三会"分业监管的金融监管格局；第三阶段是 2017 年后的金融稳定发展委员会（以下简称"金稳委"）成立、"一行两会"时期，实现经济新常态下重回混业监管。2017 年 7 月，为深化金融监管体制改革，成立了金稳委，这标志着中国分业监管向混业监管体制的方向性转变。2018 年 3 月，原银保监会成立，负责统一监管银行业和保险业，维护银行和保险领域的合法、稳健且有序的运行氛围。至此，"一行三会"成为历史，我国中央层面的金融监管框架转变为"一委一行两会"；地方层面，全面设立地方金融监督管理局。回顾我国历次变迁的金融监管制度，大多是为应对国内和国际金融形势变化、学习借鉴海外金融监管的实践经验、结合国情作出的，以保障宏观金融环境、金融机构稳定运行、金融消费者合法权益为目标的改革举措。

2023 年 3 月，根据《国务院机构改革方案》，中央和地方的金融监管体系迎来重大变革。此次改革的重点包括组建国家金融监督管理总局、深化地方金融监管体制改革、统筹推进中国人民银行分支机构改革、证监会调整为国务院直属机构、完善国有金融资本管理体制、加强金融管理部门工作人员统一规范管理等内容。具体而言，一是在原银保监会基础上组建国家金融监督管理总局，并改为国务院直属机构；二是建立以中央金融管理部门地方派出机构为主的地方金融监管体制；三是进行中国人民银行分支机构改革；四是将证监会调整为国务院直属机构；五是进行国有金融资本管理改革；六是将金融管理机构的工作人员纳入国家公务员统一规范管理。总体来看，本次改革是近十年幅度最大的金融监管机构调整。我国金融监管体系从"一委一行两会一局"转变为"一委一行一总局一会一局"，形成金稳委、中国人民银行、国家金融监督管理总局、证监会、国家外汇管理局的综合监管体系，延续了 2017 年以来从"分业监管"向"综合监管"的发展趋势。

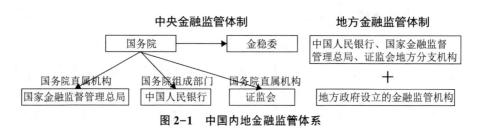

图 2-1　中国内地金融监管体系

二、香港地区金融监管制度

香港目前实行的是分业监管的监管模式，并且形成政府监管和行业自律监管二级监管体制。

在政府监管的层面，由金融管理局（以下简称"金管局"）、保险业监管局、证券及期货事务监察委员会（以下简称"香港证监会"）分别对银行业、保险业、证券和期货业进行有针对性的监管。其中，金融管理局主要发挥维持金融体制、银行业稳定、管理外汇基金和货币政策的运作以及维持港币稳定性等中央银行的功能。香港证监会主要负责监管证券及期货市场，促进和推动证券期货市场的发展；制定以及执行市场法规、向申请进行受香港证监会规管的活动发牌并监管；规管和监察交易及结算所有限公司（以下简称"交易所"）及其附属机构等。保险业监管局的主要职能是保障保单持有人的利益以及促进保险业的整体稳定；监管保险公司和三个监察保险中介人的自律机构。

在行业自律层面，银行公会、保险业联合会、交易所三个行业协会是政府与相应业界沟通的主要桥梁，政府在金融监管中担当管理者角色，行业自律机构则重在内部风险的审查和控制。其中，香港交易所是沪港通、深港通、债券通的重要推动者。上述三个协会的组织形式有一定区别，银行公会是根据《香港银行公会条例》成立的法定团体，而保险业联合会和交易所是业经注册的有限公司。

总体来看，香港地区实行政府监管及行业自律的两级监管模式，通过政府和行业自律机构合理分工，各尽其职，从而形成了香港自律与他律相结合、多形式、多层次的金融监管体系，有利于监管当局在维持有效监管的同时，发挥行业和市场的积极性，保持市场的活力。

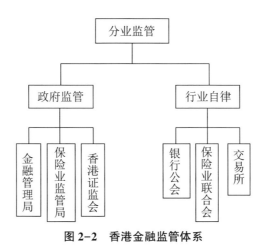

图2-2　香港金融监管体系

三、澳门地区金融监管制度

澳门地区属于微型金融体系，政府监管范围相对较小，以监察银行和保险两大行业为主，实行的是集中统一的金融监管体制，并未根据各金融行业进行分类、分机构监管。

在政府监管层面，由金融管理局根据货币、金融、外汇及保险活动的法规，指导、统筹及监察上述市场，建议及辅助澳门特别行政区行政长官制定并实行相关政策。

在行业自律层面，因澳门本地无证券市场，依赖于银行和金融公司代理买卖香港股票，所以没有设立与证券相关的协会，只成立了银行公会和保险公会。两个公会都是非营利性的社团组织，配合政府制定相应的金融法规，共同推动澳门金融的繁荣发展。

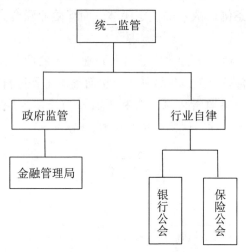

图 2-3 澳门金融监管体系

四、大湾区三地金融监管制度的比较

金融监管体制的差异缘于三地金融业态发展的不同，要在兼容三地金融监管体制差异的基础上展开监管合作，须充分理解三种金融监管体制的来由和优劣性。

香港的分业监管是全球金融业普遍采用的模式。该模式下，不同金融领域设立不同的监管机构，各个监管机构分工明确、互不隶属，可以有效避免监管错位和监管过程受干预的情形，提高监管工作效率和质量。但缺点在于，多头监管的体制下，监管真空和工作重叠无法避免，协调各机构的工作会增加监管成本。而且，协调不统一也会造成信息不对称的现象。行业协会可以弥补上述的缺失。行业协会通过与政府多方面的沟通交流，减少信息流动不畅通的状况，将业界的重要意见反映给政府，从而有利于制定适合行业实际需要的制度。因此，行业自律监管作为第一层监管，按自下而上的路径，掌握金融市场的动态，及时处理协会成员的风险和危机；政府监管作为第二层监管，按自上而下的路径，全面地将金融行业纳入规程化、强制化的监管体系中，与行业协会共同维护金融体系的安全和稳定。

澳门选择的是与分业监管相对的统一监管模式，不针对银行业、保险业、证券业设立专门监管机构，由统一的金融监管机构负责整个金融领域的监管工作。这种监管模式适应了澳门微型金融体系的现实需要，能通过较小的成本获取更大的监管成效。而且此模式能够有效克服分业监管中出现的监管空白和重复监管问题，避免了协调不充分和信息共享不完善的现象，有利于高效处理各领域中的交叉问题。但也应看到，这种模式容易滋生官僚主义，抑制竞争活力，导致监管机构内部的工作积极性不足，一定程度上影响监管效率。在行业自律监管方面，银行公会和保险公会在维护业界利益和保护消费者权益的前提下，配合澳门特别行政区政府规范管理自身行业，将业内需求和困难反馈给政府，共同商讨最佳方案以解决金融风险。但澳门与香港的行业自律监管存在差异，香港的保险业联合会与交易所是以有限公司的形式运行的，而澳门的行业协会是非营利性的社团组织，这种差异缘于两地金融发展的特点不同。作为国际金融中心的香港，其资本市场十分活跃，以有限公司的形式经营行业协会，以营利性为目的，能有效提高协会内各成员自觉履行义务的积极性，并且每个成员承担各自责任，共同为行业的可持续发展贡献自己的力量。而属于微型金融体系的澳门，其资本市场活跃程度远不如香港，非营利性的社团组织足够应付各业界发展的需求，且架构更为灵活、自由。

内地选择的是综合监管模式，在此之前内地经历过统一监管和分业监管时期，意识到了两种监管模式各有优劣，因而希望集两者之长创新金融监管组织架构。此模式考虑到金融行业是分业经营的形式，由专门监管机构负责更具有可操作性和针对性，同时设立起金稳委对各监管机构之间的职能划分和工作安排进行协调。但此模式也存在一些问题，金稳委的协调工作是否能够达到预期效果存在疑问，毕竟设立时间较短，应对金融风险尚缺乏经验，发挥的效用可能未臻理想，还有协调的模式和运行的成本也难以掌控。另外，为了配合中央监管金融行业，各地均设立金融监督管理局，而没有选择香港和澳门的行业自律监管，其实是充分考虑了我国的国情。因为我国地缘辽阔，各行各业的金融机构数目众多，行业协会统一监管的难度大，各地经济水平参差不齐，行业协会制定统一标准规范每个金融机构的难度大。根据地方行政区划设立相应监管部门，更具有灵活性和适应性，监管效率和质量能得到保证。

第二节　粤港澳大湾区金融监管合作面临的挑战

一、监管模式兼容难度大

粤港澳金融监管合作需要相应的法律制度予以支撑和保证，但由于三地法律体系和法治水平各异，监管模式很难兼容，监管合作模式的选择困难重重。

从法律体系来看，我国内地构建法律制度时受到苏联的诸多影响，并引入了马克思主义的思想，逐渐形成社会主义法系；香港地区和澳门地区回归祖国之前，分别被英国和葡萄牙进行殖民统治，法律制度自然被打上两国的印记，而两地回归之后，基于"一国两制"基本国策，仍然沿用原来的法律制度，仍分别属于英美法系和大陆法系。

从法治水平来看，三地11个城市的法治水平不同。根据华南理工大学法治评价与研究中心发布的国内首个粤港澳大湾区城市群法治指标体系和法治评价结果可知，港澳属于高度法治城市，广深属于中度法治城市，其余7个城市属于浅度法治城市。上述法治指标体系包括4个一级指标（立法质量、法治政府、司法公正和法治文化），20个二级指标和100个三级指标。法治水平的差异主要缘于三地的社会环境、经济发展水平以及法治基础不均衡。

基于上述两方面原因，对于大湾区内监管制度该如何建立、监管机构该如何配置、监管职能该如何划分、金融市场监管标准该如何确定等诸多问题，迄今仍未达成共识。虽然存在一些可供参考的域外经验，但在"一国两制"背景下该如何适用与借鉴，还需要充分结合大湾区的实际情况来作出安排。

二、监管协调推进难度大

粤港澳三地金融法律体系和监管体制存在差异，导致三地金融监管机构在监管职权、范围、标准、内容、责任等方面统一难度大。此前，粤港澳三地政府签订了CEPA、《粤港合作框架协议》《深化粤港澳合作 推进大湾区建设框架协议》等协议和安排，还针对个别事项签订了相关的备忘录，但并没有彻底克服三地金融监管机构的沟通障碍，主要存在三方面问题：

第一，协议和备忘录等形式的法律文件，在性质上属于行政文件，其法律层级较低，约束力远远低于法律法规，完全依赖于签约方政府的自觉履行，履行的程度和效果无法保证，而且缺乏制度延续的稳定性，很可能影响大湾区金融机构的信心。

第二，三地之间监管合作的不均衡，增加了监管协调的难度。前述合作安排和协议更多存在于粤港之间，粤澳合作相对来说较少，而三地金融监管机构共同参与合作的文件更是少之又少。

第三，当前的合作安排过于粗疏和笼统。《发展规划纲要》对协调机制只作了原则性的规定，可操作性不高，亟须进一步细化和完善。金融监管合作的有效实现，尤其应当明确三地金融监管机构如何跨境执行工作及工作的权限范围，明确多层次的纠纷解决机制，明确承担法律责任的情形、方式和免责事由等。

上述金融监管协调的问题，导致金融机构的跨境发展缓慢，三地金融监管之间的摩擦愈发激烈。CEPA（香港）《补充协议十》允许港资金融机构在广东省、深圳市各设立 1 家两地合资证券公司，但直到目前，除深圳市外，合资证券公司还未在广东省内其他城市落地。CEPA 相关协议允许港澳的保险公司在内地设立营业机构进入内地保险市场，但迄今为止，仍未有港澳的保险公司在粤设立营业机构[1]。

三、跨境金融服务和金融创新增加监管合作的难度

粤港澳大湾区跨境金融服务并不局限于内地九个城市与港澳之间的往来，辐射范围可以扩及"一带一路"沿线国家和地区，跨境融资、跨境人民币兑换、跨境保险等金融产品与服务的需求将不断增加。然而，跨境金融服务在三地可能会面临不同的市场准入和业务标准，在纠纷解决过程中对法律的适用也可能存在争议。

另外，大湾区内金融创新层出不穷，如果没有形成成熟且协调有序的制度架构，各种制度漏洞和制度冲突容易引发监管合作难题。

四、金融数据缺乏互联影响监管合作效率

目前，三地金融数据信息缺乏互联互通，各监管机构只能根据各自区域

---

〔1〕　参见邢毓静、丁安华主编：《粤港澳大湾区金融融合发展研究》，中国金融出版社 2019 年版，第 73 页。

内所获得的材料分析案情，一旦跨境就很难追踪线索。获取跨境数据信息的效率较低，成本过大，不利于打击范围广、资金流动快、线索复杂的非法转移资金、洗钱等跨境金融犯罪活动。

另外，"信息孤岛"的状况使跨境联合执法行动缺乏合作基础。解决数据的出入境安全问题，需要创新数据安全技术和数据治理机制，而目前尚难以达成，这就导致三地金融监管机构无法第一时间掌握大湾区金融市场的动向，难以识别和处理跨境金融中的风险，不利于共同打击跨境金融犯罪，无法共同制定适当的监管政策，进而严重阻碍金融监管合作进程。

第三节　粤港澳大湾区金融监管合作的总体思路

一、中央和地方多层次合作

粤港澳大湾区金融监管合作涉及粤港澳三地金融监管机构的权力划分与协调，这实质上涉及各地方政府权力的再分配。在"一国两制"的基本国策下，香港和澳门实行高度自治，而其他地方的自治程度和政府行使权力的自主程度显然弱于港澳地区。大湾区内政府权力关系的不平衡，加上多个城市主体的特殊性以及行政机构的复杂性，增加了金融监管合作的困难。

从根本上说，粤港澳三地政府的权力来源于中央政府的授予，因此可以借鉴内地的协调监管体制，构建中央和地方多层次协作体系。首先，发挥中央的主导作用。设立粤港澳金融事务委员会，在征求三地政府意见和吸收有益建议的基础上，对金融监管合作的制度规划作出顶层设计，新出台的《发展规划纲要》便是其中的范例。粤港澳金融事务委员会还应对三地金融监管机构的职能进行合理分配，设立监管合作的平台和机制，协调三地联合监管中产生的问题。中央的统筹规划，可以有效破解大湾区内的行政壁垒，提高监管合作的效率并保障公平性，有效调整三地政府之间权力关系的不平衡。

其次，粤港澳三地金融监管机构在具体工作中应贯彻落实中央的顶层设计。各地应根据各自的金融市场情况和法治化水平，建立并完善相关监管机制，使其具有可操作性和灵活性。各地方的配合、协同与对接，有利于中央的金融监管制度落到实处、产生实效。

二、政府和社会共同治理

粤港澳大湾区金融监管秉承开放、合作、互利的理念，除了由政府牵头推进治理，还应带动整个区域的行业和社会各界共同治理。香港、澳门的二级监管模式下，专业而成熟的行业协会向政府反映业界声音，积极配合政府的监管工作，是社会治理的良好示范。香港和澳门已经建立这种政府与社会共同治理的体系，但由于内地各个城市行业协会的专业水平和成熟程度仍远远不如港澳地区，因此有必要积极借鉴港澳地区的有益经验。鉴于广州、深圳的经济发展水平和法治水平与港澳地区差距最小，可以率先在广深地区推行。金融监管部门在出台相关金融监管措施前应充分征询银行业、证券业、保险业的业界意见。各界行业协会应当根据政府的金融监管制度规范和约束协会成员的行为，并发挥自身优势促成"最佳实践"的形成与机制化。在此过程中，要避免社会共同治理流于形式，行业协会行政化。另外，要明确政府与社会共同治理的事务、范围、形式，避免权力无限下放，导致政府不作为。

三、立法、司法与执法多维协调

粤港澳大湾区金融监管合作的顺利推进，离不开立法与司法与执法上各环节的衔接与配合。

第一，良法善治是大湾区金融监管合作的必要基础。现阶段有关大湾区发展的框架协议仅是行政文件，其法律效力层级比较低，缺乏具有权威性的法律保障。建议应当在不违反宪法和港澳基本法的前提下，将《发展规划纲要》中的内容上升为法律，制定《粤港澳大湾区法》，以此作为大湾区发展建设的法律基础。具体而言，大湾区立法要注重宽严适度，既要避免监管过于宽松而增加的风险，也要避免过度监管而扼杀大湾区金融行业的发展潜力；立法内容要涵盖三地金融监管合作的覆盖范围、事项内容、合作形式等，还要将三地金融监管机构的职权界限、法律责任等纳入其中，并建立一系列相配套的协调机制，包括风险预警机制、信息共享机制等。

第二，妥善解决跨境金融纠纷是大湾区金融监管合作的重要方面，这就需要司法制度的对接与协调。其中一个难度在于三地司法部门管辖权的确定。另外，司法介入的时间、方式、程度、范围、涉及的保全制度以及司法调解等问题都亟须解决。同时，司法部门需加强与金融监管部门的联动，在跨境金融纠纷的信息传递和反馈上进一步合作，在疑难案件的处理上进行共同研讨，增进共识。

第三，大湾区内跨境金融纠纷涉及的范围广泛、事项复杂、处理难度大，妥善的执法机制尤为重要。要加强三地执法合作的默契，增强执法的灵活性和高效性，就需要三地金融监管部门畅通交流的渠道，互通和共享信息，通过多种形式的联合执法行动强化执法效果，并在每次联合行动后进行检讨，逐步将执法制度化，推进立法、司法的完善。

第四节　粤港澳大湾区引入单一通行证制度

中共中央、国务院于 2019 年 2 月 18 日发布《发展规划纲要》，提出了建设粤港澳大湾区的设想。《发展规划纲要》指出要有序推进粤港澳大湾区金融市场互联互通，从而充分发挥香港、澳门、深圳、广州等资本市场和金融服务功能。而构建粤港澳大湾区金融服务市场的前提在于三地金融市场实现互联互通。三地金融市场互联互通可以借鉴欧盟的单一通行证制度来实现，即区域内金融机构只需获得注册地金融监管机构颁发的单一通行证便可跨境开展业务或设立机构，从而促进三地金融资源要素的流通，加快金融市场联通进程。[1]单一通行证制度的优点在于可以避免粤港澳三地金融机构在开展跨境业务的过程中，需向展业地的有关部门重新申请牌照的流程，从而降低粤港澳大湾区金融机构跨境展业的运营成本和合规成本，实现金融机构和金融产品的双向跨境流通。[2]单一通行证制度将成为粤港澳三地金融互联互通，深化金融合作的有力突破点。

一、单一通行证制度的起源

欧盟为推进欧洲金融服务市场一体化，率先建立起单一通行证制度，并通过该制度实现了各成员国在资本、商品、人员、信息和技术领域的自由跨

---

〔1〕参见巴曙松、王志峰：《从珠澳合作看城市群金融创新与合作路径》，厦门大学出版社 2020 年版，第 249 页。

〔2〕参见邢毓静、赵灵：《金融支持"双区"建设的实践》，载《中国金融》2020 年第 11 期。

境流通，初步建立起欧洲金融服务市场。

（一）欧盟创建单一通行证制度

1957 年，欧洲各国通过签订《欧洲经济共同体条约》开展经济层面合作，致力于建造"一个商品、人员、服务和资本能够不受限制地自由流动的内部市场"[1]。但囿于各国金融监管体制、政策和监管标准等方面的差异，加之当时欧共体立法机构采取了完全协调原则[2]，进一步加剧了欧共体各成员国之间金融监管规则趋同的难度[3]，导致欧洲金融服务市场一体化的建设进度缓慢。

为了加快欧洲一体化的进程，欧共体委员会于 1985 年 6 月公布了《建立内部市场白皮书》[4]，该文件指出通过采用最低限度协调、相互承认和母国控制原则来协调各成员国金融监管法律制度，改变了以往长期奉行的完全协调原则。在上述原则的指导下，欧盟开始通过指令[5]的立法方式先后在银行业、保险业和证券业等领域构建欧盟的单一通行证。具体而言，欧盟理事会或欧盟议会先后通过了《第二银行指令》《第三非寿险指令》《第三寿险指令》和《投资服务指令》，推动特定成员国通过国内立法程序将上述指令内容转化为国内法有关内容，从而在特定成员国内建立了银行业单一通行证、保险业单一通行证和证券业单一通行证。欧盟单一通行证的建立，一方面助推了欧洲单一金融服务市场的形成；另一方面实现了适用指令的欧盟成员国之间最低金融规则的趋同，打破了跨境金融服务贸易壁垒，有效修正了各成员国之间金融监管法律的不协调之处。

---

〔1〕　See ARTIKEL 3（C）. VERDRAG tot oprichting van de Europese Economische Gemeenschap.

〔2〕　完全协调原则又称最低限制协调原则，是指欧盟金融服务市场一体化立法完全覆盖了特定领域的某个或者多个方面。据此，除了可以援引保障条款制定与金融服务指令不一致的规则外，各成员国应当严格遵守指令的有关规定。刘轶：《论欧盟金融服务法中的最低限度协调原则》，载《环球法律评论》2007 年第 3 期。

〔3〕　参见刘轶：《金融服务市场一体化的法律方法——欧盟的理论和实践》，法律出版社 2015 年版，第 27~28 页。

〔4〕　Commission of the European Communities, "Completing the Internal Maket: White paper from the commission to the European Counil", COM（85）310 FINAL, June 14, 1985.

〔5〕　欧盟金融服务市场一体化立法主要依托于条例、指令和决定这三种法律文件，三者最大的区别在于：条例可以直接在所有成员国内适用，无须经过成员国国内立法程序的转化；指令需要特定成员国将指令的内容通过国内立法程序转化为国内法，从而得以实施指令的内容；决定可以针对特定成员国直接适用，其并没有普遍约束力。

（二）单一通行证的具体定义

《欧盟金融工具市场指令》[1]第31条规定，单一通行证是指金融机构一旦获得母国的主管机构核准，便有权在欧盟成员国范围内提供投资服务或开展投资活动，该投资服务的提供或投资活动的开展无须在拟提供投资服务或开展投资活动的成员国另行申请核准。[2]《欧盟金融工具市场指令》第6条规定投资公司一旦获得了母国的核准，就获得了通行于整个欧盟金融服务市场的单一通行证，各东道国应当允许拥有该单一通行证的投资公司在欧盟成员国范围内设立分支机构或者提供被母国主管机构核准的服务或活动。[3]

二、大湾区建立单一通行证制度的需求

单一通行证制度的建立有助于缓和粤港澳大湾区三地金融监管规则的差异所带来的不利影响，推动粤港澳大湾区金融服务市场的形成。粤港澳大湾区所处的情形与欧盟所面临的情形有类似之处，即都面临着制度差异等困境。为扭转上述局面，欧盟通过一系列指令建立了单一通行证制度，从而实现了欧洲金融服务市场、金融资本和金融机构的自由流动。一方面，单一通行证制度的建立可以有效缩小粤港澳大湾区金融监管规则的差异，提高金融监管机构的行政效率，减少三套法律体系差异所带来的制度成本；另一方面，单一通行证制度的建立便于粤港澳大湾区金融机构的跨境设立与业务开展。区域内金融机构只要符合申请单一通行证的条件，便可以向金融机构注册地的金融监管机构申请单一通行证，持有该单一通行证可在大湾区内跨境开展业务，无须再向展业地的行政主管机关申请，这样可以减少金融机构的合规成本，进一步增强大湾区内人员、技术、资金的流通性，从而加快大湾区金融服务市场的形成。

此外，粤港澳大湾区单一通行证的建立将会提高粤港澳三地金融机构的服务质量和创新水平。一方面，金融机构跨境设立和跨境业务的畅通，使得大湾区内提供金融服务的主体更加多元。金融服务提供主体的选择多元也意

---

[1] Directive 2004/39/EC of the European Parliament and of the council of 21 April 2004 on markets in financial instruments.

[2] See Art. 31 "Freedom to provide investment services and activities", Directive 2004/39/EC; Art. 32 "Establishment of a branch", Directive 2004/39/EC.

[3] See Art. 6 "Scope of authorisation", Directive 2004/39/EC.

味着企业之间的竞争将会进一步加剧，但毋庸讳言的是，该竞争的加剧将会倒逼金融机构提升自身的服务水平以便在市场竞争中脱颖而出，这也使得市场参与者的交易成本得以降低。另一方面，港澳金融机构的进驻和业务的开展，使得三地金融机构的经营模式、理念、经验等方面得到充分的交流和印证，进而促进新的金融工具、融资技术、治理和风险控制模式的出现，从而实质上提高粤港澳大湾区的金融创新水平。

三、大湾区建立单一通行证制度的优势

单一通行证制度作为一种调和粤港澳大湾区三地金融监管规则差异的工具，其建立既离不开政策层面的支撑，也离不开三地监管机构的协调合作。当前，粤港澳大湾区在建立单一通行证制度的配套政策上逐渐完备，三地监管机构的协调合作共识不断加强。因此，试行单一通行证制度的现实条件业已具备。

（一）大湾区金融改革的政策支持

中央与地方政府为粤港澳大湾区金融合作与改革提供政策上的支持。在中央层面上，中央出台的《发展规划纲要》和中国人民银行联合多部委出台的《关于金融支持粤港澳大湾区建设的意见》明确支持粤港澳大湾区三地金融市场联通，推动三地金融机构发行的金融产品跨境交易以满足粤港澳大湾区人民不同的需求，进一步放宽港澳的金融机构到大湾区内地设置机构或开展业务的条件，加快大湾区建立金融监管沟通机制。此外，纵观内地与港澳区域合作发展的沿革，内地与港澳都是通过签订框架协议、合作协议和备忘录等形式来开展区域合作的。因此，尽管从法律属性上看，《发展规划纲要》和《关于金融支持粤港澳大湾区建设的意见》为行政指导性文件，并非我国传统意义上的法律范畴，但《发展规划纲要》和《关于金融支持粤港澳大湾区建设的意见》给大湾区金融改革所带来的助力并不会因此而受到影响。

在地方层面上，广东省在 2022 年 1 月 12 日出台了《广东省推动服务贸易高质量发展行动计划（2021—2025 年）》[1]、广州市在 2021 年 9 月 17 日

---

[1]　《广东省人民政府关于印发广东省推动服务贸易高质量发展行动计划（2021—2025 年）的通知》（粤府函［2022］3 号），2022 年 1 月 12 日发布。

出台了《广州市金融发展"十四五"规划》[1]、深圳市在 2022 年 1 月出台了《深圳市金融业高质量发展"十四五"规划》[2]，上述计划以及两个"十四五"规划都明确进一步扩大金融对外开放，加强与港澳地区金融规则的对接，加快粤港澳大湾区金融基础设施的建设，积极稳妥推进金融市场、金融产品、金融机构、金融监管的创新，为粤港澳大湾区三地金融市场的互联互通、港澳金融机构的跨境展业提供支持。

总之，无论是建立粤港澳大湾区金融监管沟通机制，抑或是加强与港澳地区金融规则对接，都与单一通行证制度的内容不谋而合。单一通行证制度的建立在政策层面上，既有相应的规定支撑，也符合大湾区金融改革的理念。

（二）三地金融监管合作的实践

习近平总书记指出"发展理念是发展行动的先导"[3]，要想以最低成本扭转当前三地金融监管规则差异的现状，必须先广泛加强粤港澳大湾区金融高质量发展理念，凝聚粤港澳大湾区金融监管协调共识。目前，经过政策层面的顶层指导、金融实践层面的经验积累以及金融规则发展层面的现实趋势需要，粤港澳大湾区三地金融监管机构已凝聚了监管协调共识，并以此为基础开展了大量金融合作的实践。

首先，大湾区金融机构进行监管协调的政策基础不断夯实。区域内已出台的一系列政策、规划都明确指出要推动大湾区建立金融监管沟通机制、加强粤港澳地区金融规则的对接，换言之，协调金融监管规则已成为三地金融监管机构接下来的工作重心。其次，大湾区金融监管机构已积累了一定的监管协调实践经验，伴随着 CEPA 签订的成果逐项落实，沪港通、基金互认、深港通和债券通先后建立，三地金融监管部门在实践中相互协作、互相配合，积累了宝贵的金融监管协调经验。最后，大湾区金融监管机构推动三地金融监管规则趋同发展的共识明显。当下，深港澳数个金融监管部门在多次交流

---

〔1〕《广州市人民政府办公厅关于印发广州市金融发展"十四五"规划的通知》（穗府办〔2021〕9号），2021 年 9 月 17 日发布。

〔2〕 深圳市地方金融管理局：《深圳市金融业高质量发展"十四五"规划》，载 https://www.sogou.com/link？url＝CrexC2hj5＿6BPwqN－U6INhjJ1ZX－25bP2Pzf8yy－Lm7jmWeCgEky KadYAC13 GWFsJST-dEXAWov4qC86WXSObe64to0wa＿Tif，最后访问日期：2022 年 2 月 28 日。

〔3〕 汪晓东、李翔、王洲：《关系我国发展全局的一场深刻变革——习近平总书记关于完整准确全面贯彻创新发展理念重要论述综述》，载《人民日报》2021 年 12 月 8 日。

中表示出乐于推动大湾区金融一体化，支持推动单一通行证制度的意向；[1]
在第四届粤港澳大湾区金融发展论坛上，相关人员表示在原银保监会的指导
下，港澳金融监管部门和原银保监会深圳监管局已召开多次协商会议，建立
大湾区保险服务中心的初步方案已经形成[2]，相信随着大湾区金融合作的深
入，三地金融监管机构的监管协调将会愈发统一。

四、大湾区单一通行证制度的构建思路

单一通行证制度既是港澳与内地金融合作的创新模式，也是支持港澳深
度融入国家金融改革开放格局的举措。单一通行证制度可以从制定法律制度、
补充软法措施、搭建监管合作平台、开展试点工作四个层面进行构建。其中，
法律方案是构建单一通行证制度的基础；软法措施是单一通行证制度运行
的弹性支撑；监管合作平台是单一通行证制度的信息支撑；前海深港现代
服务业合作区（以下简称"前海合作区"）是实施单一通行证制度的最佳
试点。

（一）出台单一通行证的相关法规

单一通行证制度的设计初衷在于让持有任何一类单一通行证的粤港澳大
湾区金融机构无须再向展业地的金融监管机构申请，即可前往展业地设立分
支或开展业务。换言之，构建单一通行证制度，应实现区域内的金融机构持
有单一通行证牌照便可跨境开展业务。例如，欧盟采用了"最低限度协调原
则"[3]来协调欧盟各成员国金融监管规则，从而让金融机构持有单一通行证
牌照即可跨境展业成为现实。因此，我国可以借鉴欧盟"最低限度协调原则"
的理念，来确立一套粤港澳大湾区三地金融监管部门都认可的最低金融规则。
申言之，最低金融规则不仅是单一通行证制度的核心部分，也是解决粤港澳
大湾区金融合作障碍的有力武器。借鉴国内外相关经验，结合大湾区的实践
情况，存在两种不同法律方案较为适合构建区域内单一通行证的规则。

---

〔1〕　参见深圳市地方金融管理局：《关于深港金融规则衔接机制对接的建议》，载 http://www.
jr. sz. gov. cn/sjrb/ztzl/wgk/jggk/jytabl/content/post_ 9342550. html，最后访问日期：2022 年 12 月 26 日。

〔2〕　参见黎华联、周美霖：《第四届粤港澳大湾区金融发展论坛在广州顺利举办》，载 https://
baijiahao. baidu. com/s？ id=1719259894354861299&wfr=spider&for=pc，最后访问日期：2022 年 12 月 26 日。

〔3〕　欧盟最低限度协调原则是指对欧盟各成员国金融监管基本要素的协调，这种协调并不追求
各成员国金融监管标准的完全统一，而是仅仅在与许可和审慎监管有关的"关键"领域实现"必要的"
协调。参见刘轶：《论欧盟金融服务法中的最低限度协调原则》，载《环球法律评论》2007 年第 3 期。

第一种法律方案为全国人民代表大会（以下简称"全国人大"）直接立法，即全国人大制定一套能直接适用于粤港澳大湾区三地的最低金融规则，从而使三地的金融监管法律制度在最低限度内实现统一，较大限度地缩小金融监管差异，进而为单一通行证制度的建立奠定法律基础。一般而言，在单一制国家里，地方的权力事项及界限都由中央授予和划定，对于没有授予给地方的权力事项，即所谓的"剩余权力"，由中央保留，地方不得逾越获取[1]，并且单一制国家都拥有着统一的法域、法律体系和法律规则，并不存在着多法域、多法律体系和基于多法域之下的法律规则差异等情形。我国虽属于前述单一制国家的范畴，但因客观的历史原因，在统一的国家内，实行"一国两制"制度，从而形成了大湾区内港澳与内地地方政府在行政级别、立法事项、范围、权限等方面不一的局面。

具体而言，根据《中华人民共和国宪法》（以下简称《宪法》）第31条和第100条、《中华人民共和国香港特别行政区基本法》（以下简称《香港基本法》）第2条、《中华人民共和国澳门特别行政区基本法》（以下简称《澳门基本法》）第2条，香港特别行政区和澳门特别行政区被给予了一定的自治权和高度自主的立法权，且金融监管规则并不属于《香港基本法》第18条和《澳门基本法》第18条的范畴。因此，金融监管规则属于港澳的自主立法权限范围，而大湾区内地各地方政府在一般情况下，只能对城乡建设与管理、生态文明建设、历史文化保护和基层治理等方面的事项制定地方性法规。立法权限、范围上的差异，束缚着大湾区金融监管规则迈向融合一体的步伐。因此，通过全国人大来制定粤港澳三地的最低金融规则，能最大限度地消除三地金融监管规则差异所带来的壁垒。

这种立法方式在理论上并无障碍，但在现实中予以实施却面临着以下障碍：其一，如何兼顾、平衡三地的利益。立法的制定与调整意味着地方政府利益的重新调整与分配，因此直接在全国性层面上制定三地最低金融规则时，将无可避免地面临如何在保留三地原有利益的基础上进行下一步的权力分配的难题。其二，如何兼顾三地观念。一方面，香港长期以来一直秉持着"小政府、大社会"的观念，政府不会过多干预社会的经济发展，而内地与此相反；

---

〔1〕 柯静嘉：《粤港澳大湾区投资合作的法律机制及其构建》，载《广东财经大学学报》2018年第5期。

另一方面，香港社会小部分人担忧、反感甚至是反对粤港澳之间的融合发展[1]。综上所述，通过全国人大直接立法的方式构建单一通行证制度面临较大的障碍，且一时难以解决。

第二种法律方案为间接立法，是指粤港澳大湾区继续先采用类似 CEPA 的行政方式，框定三地在金融领域拟统一最低金融规则的事项和范围，并选取深圳作为大湾区内地与港澳确立最低金融规则的试点城市，待港澳深三地将 CEPA 所框定的最低金融规则事项进行运行、检验以及复盘之后，总结确立最低金融规则的具体事项。另外，三地再将上述所总结的最低金融规则的事项通过各自的立法程序转化为具有法律效力的规则，从而建立起属于该领域的单一通行证。该方案无论在实践层面，抑或是在立法理论层面都更具可行性和可操作性。

在实践层面，之所以选择深圳作为大湾区内地建立单一通行证的试点城市，在于深圳的金融业发展水平一直处于全国前列，其金融标准也一直向国际金融标准靠拢。造成三地金融规则大相径庭除了有制度上的原因，还有一个原因是港澳金融业执行国际金融标准，而内地许多城市的金融业还未对接国际金融标准，金融标准不同往往也影响立法机构对于金融监管制度的构建。因此，通过促使深圳金融业的行业标准向港澳靠拢，达成深港澳三地金融标准的趋同，减轻深港澳三地确立最低金融规则的阻力，为三地单一通行证的建立奠定基底。一方面，可以节约因金融标准不统一所带来的标准成本，并且所受阻力也没有直接立法的阻力大；另一方面，通过促使金融标准的统一，从而撬动金融规则的最低统一，也可为大湾区其他城市建立单一通行证提供可供复制的做法。

在立法理论层面，因为全国人大在 1992 年授予了深圳市人民代表大会及其深圳市人民代表大会常务委员会特区立法权，根据《中华人民共和国立法法》第 84 条第 1 款和第 101 条第 2 款的规定，经济特区可以对法律、行政法规作变通规定，故深圳市可以利用好特区立法权，对相应的金融监管法律作出相应的变通，主动对接港澳金融规则；根据《香港基本法》第 48 条和第 62 条、《澳门基本法》第 50 条和第 64 条的规定，特区政府有权向立法会提出法案，故港澳特区政府只需要将经过深港澳试点所总结的最低金融规则内容转

---

[1]　邹平学：《粤港澳大湾区法治合作和规则衔接的路径探讨》，载《青年探索》2022 年第 4 期。

化为法案向立法会提出即可。

事实上，单一通行证制度的建立是一个循序渐进的过程，先让具备试点能力的城市（如深圳）与港澳建立某类金融事项的单一通行证，打破以往三地金融机构在某类金融事项上规定各不相同的情形，实现只要持有单一通行证则意味着该金融机构跨境开展业务时，无须再向展业地的金融监管部门就前述金融事项提出再次申请。此后，再对其他金融事项的单一通行证进行试点、总结、推广。

此外，在明确了采取何种法律方案建立单一通行证制度之后，需要进一步回答，如何减少单一通行证制度对于三地现有金融监管规则的负面影响，在这个问题上我们可以借鉴上述欧盟单一通行证制度的最低限度协调原则，即让三地金融监管部门在金融准入和监管有关的关键部分进行协调，而在非关键部分，三地金融监管部门可以单独或共同制定更为严格的监管规则。[1]通过对该原则的运用，一方面，可保证三地金融监管部门制定规则的灵活性；另一方面，可降低单一通行证制度建立对三地现有金融监管规则的负面作用。

（二）采用软法补充单一通行证规则

目前，粤港澳大湾区单一通行证规则仍处于初步探索阶段，硬法的稳定性和国家强制性会导致单一通行证制度在运行过程中对于外界环境的变化难以作出及时的回应，而软法措施所具有的特性能让单一通行证制度及时调整以应对外界环境的变化。因此，应丰富粤港澳大湾区的软法措施来辅助单一通行证制度的实施。

一方面，软法的灵活性既可以为单一通行证制度的调整积累经验，也可以及时回应单一通行证制度所面临的粤港澳大湾区金融市场的变化。众所周知，法律的制定和修改需要遵循严格的程序，而软法推崇柔性治理，其形成和修订的方式较为灵活，无须遵循一定的程序，软法形成和修订方式的灵活意味着既可以使各方能快速达成一致并履行，从而通过软法的先行实践为单一通行证制度的调整提供时间、空间并积累经验，也可以为单一通行证制度的运行提供更大的空间来适应实践中的多样性。另一方面，软法的弹性和细

[1] 参见刘轶：《金融服务市场一体化的法律方法——欧盟的理论和实践》，法律出版社2015年版，第124页。

致能够增强单一通行证制度的可操作性。单一通行证制度毕竟是粤港澳大湾区进行金融改革的先行试验，最开始的规定必然存在不足和模糊之处，故通过出台软法措施可以及时弥补不足，并解释和澄清模糊之处，增强单一通行证制度的可操作性。例如，单一通行证制度的运行需要大量的金融人才，甚至是金融监管人才来支持，而人作为目的而不是手段，无法通过在硬法层面来强制要求，因此可以通过出台软性措施来激励金融人才到粤港澳大湾区支撑单一通行证的运行。此外，软性措施辅助单一通行证制度的实施具备现实可行性，2020 年出台的《深圳市支持金融人才发展的实施办法》[1]和 2021 年出台的《全面深化前海深港现代服务业合作区改革开放方案》[2]（以下简称《前海方案》）规定的关于人才培养的激励机制便是软性措施辅助单一通行证制度运行的良好范例。

（三）构建大湾区金融监管合作平台

当粤港澳大湾区实施单一通行证之后，不可避免地会面临金融机构提供跨境服务和跨境展业所产生的风险，例如信贷冲击的"传染病效应"，这方面最为经典的例子就是美国次贷危机发生后，有关发达国家银行的收缩行为加速了危机向新兴市场的传导。假设粤港澳大湾区实施银行单一通行证之后，区域内获得银行单一通行证的银行都可以跨境提供贷款服务，那么当香港银行面临香港经济基本面恶化和信贷收缩的情况下，就可能使香港银行收缩其在粤港澳大湾区的贷款，导致信贷冲击传染至内地。因此，面对粤港澳大湾区实施单一通行证后所带来的风险，应建立统一的金融事务委员会，对三地金融监管机构的职能进行合理分配，通过构建粤港澳大湾区金融监管合作平台和机制，积极推进粤港澳大湾区三地金融监管部门信息系统的对接和数据交换，使三地金融监管机构可以共享监管信息，从而减少监管真空及监管重叠，消除监管套利，弱化跨境金融服务所带来的监管失灵，防范金融风险。

在监管信息共享层面上，三地的金融监管部门应集合各自的资源优势和实践经验，通过统一的平台共享金融信息。具体而言，一方面，在现成的

---

〔1〕 深圳市人民政府印发《深圳市支持金融人才发展的实施办法》（深府规〔2020〕3 号），2020 年 2 月 14 日发布。

〔2〕 中共中央、国务院印发《全面深化前海深港现代服务业合作区改革开放方案》（国发〔2021〕26 号），2021 年 9 月 6 日发布。

"国家互联网金融风险分析技术平台——前海金融监控系统"的基础上，结合前海金融监控系统的跨境监测、跨行业监测、跨地域监测、穿透式监测和舆情实时监测等优势，建立粤港澳大湾区金融监管预警平台，实现三地金融监管机构同步监管和信息共享。另一方面，依托人工智能和大数据技术，建立粤港澳大湾区金融信息数据库，收集粤港澳大湾区金融机构、金融产品和金融从业人员的信息，加强信息透明和信息识别，让三地金融监管部门充分发挥数据效能以防范金融风险。

（四）开展大湾区单一通行证试点

粤港澳大湾区单一通行证制度可通过试点方式，充分把握具体制度在实践中的运行状况。而前海在粤港澳三地金融合作上有着广泛的经验，是试点的不二选择。首先，中共中央、国务院于 2021 年 9 月 6 日印发了《前海方案》，《前海方案》致力于将前海合作区打造成全面深化改革创新试验平台，进一步深化前海合作区与港澳服务自由化，支持将国家扩大金融业对外开放的政策措施在前海合作区落地实施，加强港澳与前海合作区金融合作和融合的先行尝试；其次，深圳市地方金融管理局于 2022 年 6 月 7 日发布了《关于推动深圳金融业高质量发展的实施意见（公开征求意见稿）》，该意见稿第 14 条指出要"借鉴欧盟金融机构'单一通行证'等有益经验，推动深港澳金融人才流通、金融牌照互设和金融资质互认"。此外，国家发展和改革委员会联合多部委的人员组建深圳前海建设部际联席会议制度，国务院领导并统筹前海建设的国家平台和部委运作机制。

前海合作区已经具备建立大湾区金融单一通行证制度的先行条件。其一，前海在与香港银行机构跨境开展业务的对接上，已积累了一定的经验，其于 2013 年就率先开展前海跨境人民币贷款业务，让符合条件的境内企业可以从香港经营人民币业务的银行借入人民币资金。其二，在港企跨境机构设立上，前海在 2014 年开通"港企直通车"，对港企的跨境设立、变更等行政审批事项进行优化，将前置审批变更为同时审批，降低港企到前海跨境设立机构的行政成本。

前海与大湾区内地其他城市相比，拥有得天独厚的法律资源配置。其一，全国首家粤港澳联营律师事务所于 2014 年在前海成立；其二，三个国家级法律查明平台〔1〕于 2015 年同时落户前海；其三，深圳全市基层法院一审涉外、涉港澳台商案件都由前海法院管辖，深圳金融法庭、最高人民法院第一巡回法庭、最高人民法院第一国际商事法庭相继落户前海；其四，前海已设立域外法查明专业机构，正在建设"一带一路"法治地图项目。

　　前海合作区率先开展我国单一通行证的试点工作，具体步骤如下：首先，应在粤港澳大湾区金融事务委员会的统筹下，由深港澳三地金融监管机构结合各自金融发展需求以及行政协议，框定三地金融领域最低金融规则的事项和范围，从而最终确定将在前海合作区实施的最低金融规则方案。其次，将该方案逐层上报中央政府，待中央政府批准之后，深圳市人民代表大会或深圳市人民代表大会常务委员会利用全国人大授予深圳经济特区的立法权，在前海合作区内暂时变通金融规则，使得前海合作区试行最低金融规则。再次，香港与前海合作区都执行最低金融规则。香港金融机构只需满足最低金融规则所规定的条件就可以向香港金融管理局申请单一通行证，持有该证的金融机构可以在单一通行证所规定的业务范围内跨境开展业务，无须再向粤港澳大湾区内地金融监管机构申请准入。具体而言，可以根据前海合作区积累的相关经验和深圳市的政策支持，率先在银行业或保险业某个业务事项确立最低金融规则，并试点发放单一通行证。例如，在香港金融机构开展的人民币跨境贷款业务、新型跨境机动车保险和跨境医疗保险业务等业务事项中，尝试颁发单一通行证。最后，通过对单一通行证在试点过程中遇到的问题、解决的措施以及取得成效进行总结，根据总结的经验再逐步扩大试点领域，如此循序，直到单一通行证制度在前海合作区试点成熟再将其推广到整个粤港澳大湾区。

---

〔1〕　三个国家级法律查明平台为：中国港澳台和外国法律查明研究中心、最高人民法院港澳台和外国法律查明研究基地、最高人民法院港澳台和外国法律查明基地。

第三章
粤港澳大湾区金融市场融合机制

　　股票市场与债券市场是粤港澳大湾区金融市场的两个重要模块，推进粤港澳大湾区股票市场与债券市场融合发展有利于激发粤港澳大湾区主体的融资需求，调动境内境外两个市场的活力，促进粤港澳大湾区资金跨境流动。在粤港澳大湾区股票市场和债券市场融合的制度建设中，二者存在共同的进路：一是在原有制度的基础上，通过推动资本项目便利化改革、利用粤港澳大湾区先试先行的手段，促进股票市场存托凭证、私募股权等股权融资产品以及债券市场标准化债权资产产品（中资美元债、熊猫债、点心债等）、非标债权资产产品（不良资产、贸易融资等）等债权融资工具的跨境发行与跨境交易；二是通过制度创新设计互联互通机制，促进粤港两地金融基础设施"硬联通"与金融规则"软联通"，股票市场互联互通机制以"深港通"为典型、债券市场以"债券通"为典型，为粤港澳大湾区提供市场连通通道与渠道。

　　另外，由于股票市场与债券市场的制度框架、监管思路、配套措施存在差异，粤港澳大湾区股票市场与债券市场融合的制度建设侧重点有所不同。例如，股票市场通常涉及企业上市、股权募集发行等活动，粤港澳大湾区进行了存托凭证、合格境外有限合伙人（QFLP）试点；而债券市场关注债券的发行、交易、托管、结算以及债权资产产品跨境交易的外汇管理等环节，粤港澳大湾区则开展了债券发行注册制改革、创新一级托管与多级托管并存的托管制度建设、完善外债备案登记管理制度变革、推进跨境资产转让试点等。

　　总的来说，在"点"的层面，以宽松、便利兼具安全的政策改革促进股权融资产品、债权融资工具的融合发展；在"线"的层面，以协调境内外市场、制度差异为核心的政策创新构建股票市场、债券市场互联互通机制；以"点"和"线"的融合发展带动"面"（股票市场、债券市场）的融合发展。

第一节　粤港澳大湾区存托凭证机制

存托凭证作为跨境投融资工具，最早由美国 J. P. 摩根公司发行，现已发展成为常用的金融工具，其发行有利于促进资本在粤港澳大湾区跨境流动，推动内地与香港资本市场的双向开放。2020 年 10 月 11 日，中共中央办公厅、国务院办公厅印发《深圳建设中国特色社会主义先行示范区综合改革试点实施方案（2020—2025 年）》，提出支持深圳在资本市场建设上先行先试。2021 年 9 月 1 日，广东省人民政府印发《广东省深入推进资本要素市场化配置改革行动方案》，提出要大力建设现代金融体系、强化资本要素配置能力，其中一项主要措施便是加快建设全国性资本要素交易平台，支持深圳证券交易所发行存托凭证。

一、中国存托凭证的缘起与发展

（一）中国存托凭证的推行历程

中国存托凭证（Chinese Depository Receipt，CDR）最早被提出是在亚洲金融危机之后，香港股市大跌，投资消费低迷，经济紧缩，大量在香港上市的"红筹股"公司迫切需要大量新资金，CDR 方案便被提出，借以推动香港企业到内地市场进行投融资。2002 年初，证监会已经完成了发行 CDR 的研究报告，但受制于金融风险、政策限制等诸多原因，CDR 并未能落地。2009 年，为建设上海国际金融中心，曾有人提出"国际板"概念，主张以发行 CDR 的方式，推动境外上市公司在我国境内资本市场上市融资。一直以来，基于国内上市规则的限制，我国不少优秀互联网企业通过 ADR[1]方式赴美融资上市，红筹股回归逐渐引起重视。2018 年 3 月，国务院办公厅转发证监会《关于开展创新企业境内发行股票或存托凭证试点的若干意见》（以下简称《存托凭证试点若干意见》），提出允许境外上市的优质中资企业以存托凭证的形式重回国内上市融资，中国存托凭证制度构想得到肯定。2018 年 6 月，证监会出台《存托凭证发行与交易管理办法（试行）》（以下简称《存托凭

---

〔1〕 ADR，英文全称为 Alternative Dispute Resolution，一种起源于美国的争议解决方式，一般译为"非诉讼纠纷解决程序"。

证管理办法》），明确了存托凭证的监管原则和法律适用规则，对存托凭证的发行、上市、交易、信息披露等作出了具体规定。2019年上半年，证监会接连发布《关于在上海证券交易所设立科创板并试点注册制的实施意见》《科创板首次公开发行股票注册管理办法（试行）》（已失效）和《科创板上市公司持续监管办法（试行）》三个规范性文件，规定对科创板发行存托凭证实行注册制，并对存托凭证的相关交易行为作出规范。

（二）中国存托凭证的制度框架

在发行主体方面，根据《试点创新企业境内发行股票或存托凭证并上市监管工作实施办法》（以下简称《试点存托凭证实施办法》）的规定，目前存托凭证对试点企业有行业、技术、盈利、估值等方面的要求。从行业和技术看，试点企业必须为高新技术产业或者战略性新兴产业的创新型企业，具有核心技术且科技创新能力突出。从盈利和估值看，红筹企业要求市值不低于2000亿元，未在境外上市的企业则对其估值和盈利有进一步要求。从CDR试点企业的标准可以推知证监会期待CDR在当前发挥的作用为：首先，吸引在港股、美股等地上市的高市值科技公司回归A股；其次，为具有VIE（Variable Interest Entities，协议控制）结构或注册地址在海外等不满足IPO（Initial Public Offerings，首次公开募股）条件的新型的高创新力公司提供更简单的融资渠道[1]。

在CDR的发行流程方面，首先，境外基础证券发行人作为CDR的发起人，应当聘请具备保荐资格的机构作为保荐人，保荐人依照法律以及监管规定尽职履行CDR发行上市推荐以及持续督导的职责。并且发行人应当指定境内具有存托资质的商业银行作为存托人。存托人与发行人签署存托协议，并负责指定托管人（一般为存托人在境外的分支机构），托管人主要负责基础证券的保管，向存托人提供当地市场信息，根据存托人的指令领取红利并将红利汇至CDR发行国。其次，发行人将新发行的证券交至托管人处托管，托管人接到证券后通知存托人，存托人发行CDR交与承销人，承销人向发行对象发行CDR产品。最后，CDR持有人将资金经由承销人、存托人、托管人汇给基础证券发行人，实现CDR在交易所上市销售。

---

〔1〕 黄杨：《CDR的发行分析与实践经验——以九号公司为例》，载《全国流通经济》2021年第12期。

在 CDR 的具体类型方面，《存托凭证管理办法》作出了明确限定，主要包括发行人发起的融资型和非融资型存托凭证。但对于存托凭证与基础证券之间的转换机制，《存托凭证管理办法》仅仅笼统地要求应当符合国家相关规定。该转换机制作为存托凭证中最为基础的机制，在最为基础的文件中尚未明确，为后续制度安排留下较大操作空间[1]。

二、大湾区发行存托凭证的积极意义

（一）推动粤港澳大湾区高新技术产业发展

粤港澳大湾区注重发展硬科技产业，以互联网信息技术、人工智能、大数据、软件与集成电路、生物制药、高端制造为代表的高新技术产业将是粤港澳大湾区建设国际科技创新中心的重要发力点。发行 CDR 有利于更好地服务在境外已上市的优质创新高科技企业，满足境内融资上市的需求，让其回归参与内地经济改革发展成果，是资本市场改革开放的创新举措，也有利于促进粤港澳大湾区金融与战略性新兴产业的深入融合。由于早期在境外已上市的创新优质企业当中，接受的风险投资大多来源于海外资本，而通过发行 CDR 的形式能让更多符合国家战略性新兴产业的境外优质上市企业登陆境内资本市场，不断驱动企业创新创造的活力，推动粤港澳大湾区的新经济发展。

（二）助推香港红筹企业回归内地资本市场

目前，我国跨境证券尚未完全开放，通过存托凭证形式突破现行不允许境外发行人在境内发行股票的限制，打破投资者仅可通过 QDII 等有限方式购买外国股票的困局，有利于加快粤港澳大湾区资本市场对外开放，推动与境外发达市场的深度合作，建设更具国际竞争力的证券交易所。另外，CDR 制度的建立使得已在港上市的红筹企业能够通过发行 CDR 的方式快速登陆内地资本市场，这一方面有效解决了长期以来红筹企业股权架构难题，另一方面简化了上市融资审批发行程序。这可为红筹企业以先 H 后 CDR 或 H+CDR 同步的资本发行方式进行探索性创新试点，有利于发挥两地监管协同效应，优化上市发行结构，缩小 A 股和 H 股因两地不同而造成的市场定价差异。

---

[1]　薛晗：《中国存托凭证制度的规制逻辑与完善路径》，载《中国政法大学学报》2019 年第 2 期。

三、大湾区发行存托凭证的制度不足

（一）存托凭证准入门槛过高

《存托凭证管理办法》第 7 条要求，申请公开发行存托凭证的，境外基础证券发行人应当依照《中华人民共和国证券法》（以下简称《证券法》）、《存托凭证试点若干意见》以及中国证监会规定，依法经证券交易所审核，并报中国证监会注册。可见，目前我国存托凭证的发行仍适用核准制，发行与否的决定权在证监会，而非由市场决定，行政色彩浓厚，程序繁琐，审批时间长，效率低，易造成权力寻租，合规成本高。

另外，《试点存托凭证实施办法》第 7 条和第 8 条对红筹企业发行存托凭证设置了较高门槛，尤其在市值和营业收入等指标方面有较高要求。这不利于成立时间短、规模较小、财务指标不稳健但具有成长性和发展潜力的高科技和创新型红筹企业进入我国资本市场，且发行人只能以非新增股票为基础证券发行 CDR，不能融资，影响了发行人的积极性。[1]

（二）存托凭证和基础股票不能跨境自由转换

《存托凭证管理办法》第 56 条第 1 款规定："存托凭证与基础证券之间的转换应当符合国家有关规定。"《试点存托凭证实施办法》第 20 条第 2 项规定："试点红筹企业境内上市后，境内发行的存托凭证与境外发行的存量基础股票原则上暂不安排相互转换。"由此可见，我国立法对于存托凭证与基础股票的转换暂时仍持否定态度。从长远看，这将导致两大问题：从宏观上看，制度差异使境内外市场被割裂。投资者只能在境内交易存托凭证，交易的积极性将被抑制，境内市场的活力将被窒息，进而影响存托凭证的发行流通。而当境内外市场存在较大套利空间却缺乏合法转换渠道时，可能诱发违法违规的跨境套利行为，给跨境监管带来巨大挑战。从微观上看，投资者赎回权的缺位，使其不能随时向存托人提出注销存托凭证赎回基础股票，存托人和境外托管银行容易串通挪用基础股票损害投资者的利益。[2]

---

〔1〕 姜栋：《中国存托凭证对深化金融改革和资本市场开放的影响探析》，载《现代管理科学》2019 年第 5 期。

〔2〕 国家外汇管理局四川省分局资本项目处课题组、孙炜、何迎新：《境内外存托凭证监管制度比较研究》，载《西南金融》2021 年第 5 期。

（三）存托凭证信息披露制度尚不完善

内地存托凭证信息披露现行制度集中体现在《存托凭证管理办法》的一系列规范之中，体现出内地存托凭证目前采取了单类义务主体信息披露模式。具体来说，《存托凭证管理办法》第 2 条第 2 款规定："……存托凭证的境外基础证券发行人应当参与存托凭证发行，依法履行公开发行证券的公司、上市公司的义务，承担相应的法律责任。"上述规定以总括规则的形式规定了境外基础证券发行人为信息披露义务人。该办法第 6 条规定了境外基础证券发行人在发行阶段向中国证监会报送发行申请文件的相关要求。该办法在其"存托凭证的信息披露"专章的第 16 条至第 18 条均明确规定，境外基础证券发行人及其控股股东、实际控制人等为各类信息的信息披露义务人，但未要求存托人或托管人承担信息披露义务。综上可知，目前内地存托凭证发行和交易信息披露的义务人是境外基础证券发行人及其控股股东、实际控制人，属于单类义务主体信息披露模式。单类义务主体信息披露模式在运行过程中将产生如下问题：一方面会造成境外基础证券发行人的信息披露义务过于集中和沉重；另一方面将造成投资者获取信息的渠道过于单一，无法满足跨境投资者参与存托凭证申购和交易决策所需要的相关证券信息。

四、大湾区存托凭证的制度完善路径

（一）降低存托凭证发行门槛

目前，内地存托凭证监管制度对拟发行存托凭证的公司要求过于严苛，在条件具备的情况下，应渐进开放内地存托凭证市场。一是实行注册登记制度。2019 年《证券法》第 9 条明确了证券市场采用注册制，注册制改革是内地资本市场发展的必然方向，粤港澳大湾区的存托凭证发行应以内地创业板和科创板实行注册登记制度改革试点为契机，取消发行审核制度，采用注册登记制度。二是参考 2019 年《证券法》关于公开发行股票的规定，逐步降低对境外基础证券发行人的发行要求。在公司组织机构方面，要求发行人具备符合《公司法》规定的完整的组织机构，且能够有效运行；在公司盈利能力方面，以公司的持续经营能力作为主要评价标准；在财务会计报告方面，要求公司提供最近三年的由专业会计师事务所出具的无保留意见的审计报告。

（二）采取限额的跨境转换模式

当前不可转换模式阻断了存托凭证与基础股票之间的联系，造成内地市场与境外市场的割裂，从而在一定程度上降低了基础股票发行人发行存托凭证的积极性。粤港澳大湾区可在存托凭证机制发展成熟时，引入可转换模式，并设置转换的额度限制。具体来说，经监管部门批准的大型证券公司可以从事自营的或者受委托的跨境证券转换业务，合格的境内机构投资者也可以从事该类业务，以发挥其境外证券投资管理的优势。在转换限额方面，应分阶段逐步推进，即监管部门应当在我国外汇整体控制额度范围内审批转换额度，在该额度范围内允许存托凭证融资资金跨境转换，进而逐步放开限额，最终实现存托凭证与基础股票之间的双向自由兑换。

（三）信息披露义务主体多元化

存托凭证的信息具有多样性，因此信息披露义务主体应当多元化。存托凭证的基础信息源自境外证券发行人，故由其承担信息披露义务。具体情形包括：在发行阶段，按《存托凭证管理办法》第5条的规定，公开发行以股票为基础证券的存托凭证的，境外基础证券发行人应当承担信息披露义务；在上市后的证券交易阶段，《存托凭证管理办法》第16条至第25条规定，必须由境外基础证券发行人履行信息披露义务。对于存托凭证的衍生性信息，则可由存托人和托管人承担信息披露义务。在发行阶段，存托人应当予以披露的信息包括：境外基础证券核心内容简介；存托凭证所代表的境外基础证券数量；存托凭证发行总数量；存托凭证承销方式；存托凭证发行价格的确定方式；分红的收取、派发以及其他与投资者相关的权利和义务。[1]在交易阶段，存托人一方面应当向境外基础证券发行人披露存托凭证在东道国发行和交易的实时数据，另一方面则应当向投资者披露与投资者权益实现相关的各类信息。

第二节 粤港澳大湾区私募股权投资监管机制

2020年4月，中国人民银行联合多部委发布的《关于金融支持粤港澳大湾区建设的意见》就五个方面提出26条具体措施，其中明确提出开展私募股权投资基金（以下简称"私募基金"）跨境投资试点，允许港澳机构投资者

---

〔1〕 李东方：《存托凭证投资者权益保护制度的特殊性及其完善——兼论我国现行存托凭证制度的完善》，载《法学评论》2022年第3期。

通过合格境外有限合伙人参与投资粤港澳大湾区内地私募基金和创业投资企业（基金）。这将吸引更多来自港澳的合格境外有限合伙人参与投资粤港澳大湾区内的私募基金，为粤港澳大湾区的股权投资市场注入源头活水。

一、大湾区私募股权投资概况

（一）粤港澳大湾区私募股权投资发展现状

凭借独特的区位优势和政策支持，粤港澳大湾区已然是私募机构聚集的热土。截至 2022 年上半年，粤港澳大湾区内地九市在中国证券投资基金业协会登记的私募基金管理人数量已达 5912 家，其中机构类型为私募股权、创业投资基金管理人的为 3192 家，占总数的 54%。深圳凭借良好的产业优势，大力支持高新技术产业创新发展，在私募基金管理人数量方面一枝独秀，共4123 家，占内地九市总数的 69.74%；广州私募基金管理人数量仅次于深圳，共 887 家，占比 15%；珠海位于第三位，共 605 家，占比 10.23%。

表 3-1　珠江三角洲九市私募基金管理人登记情况[1]

城市	私募基金管理人登记数量（家）	占比（%）	私募股权、创业投资基金管理人数量（家）	占比（%）
深圳	4123	69.74	2218	69.49
广州	887	15.00	452	14.16
珠海	605	10.23	359	11.25
东莞	109	1.84	59	1.85
佛山	131	2.22	69	2.16
中山	26	0.44	16	0.50
惠州	21	0.36	11	0.34
江门	8	0.14	6	0.19
肇庆	2	0.03	2	0.06
合计	5912	100	3192	1

---

[1]　数据来源于中国证券投资基金业协会。

根据清科研究中心发布的《2020粤港澳大湾区股权投资发展白皮书》，粤港澳大湾区是我国私募股权投资最为活跃的地区之一，投资案例数及投资金额总体呈现上升趋势。2015年至2020年上半年，粤港澳大湾区披露了8038起投资案例，投资总金额为6394.59亿元，其中2019年投资金额达1724亿元，同比增长47.66%。其中，最热门的行业要数互联网、IT（信息技术）、生物医药和医疗健康[1]。

在投资城市方面，粤港澳大湾区股权投资仍存在内部发展不平衡的问题，股权投资机构主要倾向于深圳和广州两地的企业，两地投资案例合计占比超80%，投资金额占比合计超70%。其中，深圳由于创新要素集聚，相关政策扶持及地域性优势产业发展突出，无论从投资案例数还是投资金额都处于绝对领先优势。

在股权市场的退出方面，根据《2020粤港澳大湾区股权投资发展白皮书》的统计，2015年至2019年，粤港澳大湾区股权市场的退出案例数总体呈持续增长趋势。从退出方式来看，股权转让、并购、IPO是粤港澳大湾区股权投资机构的三大退出方式；从退出行业来看，生物技术/医疗健康、互联网、半导体及电子设备、机械制造以及IT行业，排名前五，退出数量合计占比60.28%。

（二）粤港澳大湾区QFLP试点政策发展沿革

在粤港澳大湾区范围内，广州、深圳和珠海等主要城市已设立QFLP试点，允许境外投资人通过中国境内的合伙企业进行投资。深圳作为粤港澳大湾区制度创新的排头兵，先后于2012年和2017年发布了《关于本市开展外商投资股权投资企业试点工作的暂行办法》《深圳市外商投资股权投资企业试点办法》（均已失效）等文件，正式启动了QFLP试点工作。2021年1月29日，深圳市地方金融管理局对《深圳市外商投资股权投资企业试点办法》开展修订工作，允许采取更加灵活的基金架构，取消出资和投资等多项形式限制。

珠海市人民政府金融工作局于2018年12月21日出台的《珠海市外商投资股权投资企业试点管理暂行办法》规定了QFLP试点工作目标、试点企业

---

〔1〕 参见《2020粤港澳大湾区股权投资发展白皮书发布》，载 https://www.gd.gov.cn/gdywdt/zwzt/ygadwq/zdgz/content/post_ 3105351.html，最后访问日期：2022年7月1日。

界定和监督机制等。2021 年 5 月 25 日，又印发《珠海市外商投资股权投资类企业试点办法》，大幅降低试点条件，允许基金采用更灵活的管理架构和作为母基金投向境内私募基金。

2019 年 4 月，广州市地方金融监督管理局印发《广州市促进外商投资股权投资类企业集聚发展工作指引》，QFLP 试点政策自此在广州正式落地。2022 年 4 月 12 日，广州市地方金融监督管理局又联合多部委印发《中国（广东）自由贸易试验区广州南沙新区片区合格境外有限合伙人（QFLP）境内投资试点管理暂行办法》，在充分吸收已开展试点城市的经验和做法的基础上，此次在广州南沙实施的 QFLP 试点进一步放宽了企业形式、落地限制，允许契约型基金组织形式，并允许投资上市公司非公开发行和交易的普通股、可转债等。

从具体制度内容看，深圳早期的 QFLP 试点政策设置了较高的准入门槛，如将境外股东或合伙人持有香港证监会颁发的资管牌照作为其中一项准入条件，体现出其功能定位更集中于吸引香港股权投资基金；而珠海 QFLP 则大幅降低了港澳投资者门槛，强调对来自澳门企业或个人的投资可适当放宽要求；2019 年出台的广州 QFLP 试点政策开始为试点准入门槛进行大幅度"松绑"，之后粤港澳大湾区其他城市与地区陆续颁布与更新的 QFLP 试点政策也基本延续了这一宽松化趋势，对 QFLP 试点企业准入、经营运作等各阶段放宽了相关限制。粤港澳大湾区各城市及地区在借鉴彼此经验、接力加大 QFLP 试点支持力度的同时，也根据各自角色、定位和市场的差异量身定制其 QFLP 试点政策，最大程度上提升粤港澳大湾区的金融资源配置能力。

二、大湾区私募股权投资监管机制的不足

（一）缺乏专项法律法规支持

目前我国针对境外投资者的私募股权投资，仍缺乏专门的法律规制。QFLP 机制基本呈现独立发展、一城一策的特征，且各地 QFLP 试点政策各有侧重、各不相同。目前全国已有 20 个试点地区，其中粤港澳大湾区有 5 个试点城市。统一高层次法律法规的缺位，各地 QFLP 监管的差异性，在一定程度上制约了粤港澳大湾区私募股权投资的发展。

QFLP 的经营模式包括"外资管外资""外资管内资""内资管外资"三种[1]，其中"内资管外资"模式是深圳 QFLP 试点的首创，该模式允许境内股东在 QFLP 试点地区由 QFLP 基金管理人面向合格境外投资者设立 QFLP 基金，此种模式给予内资 QFLP 基金管理人募集境外资金并得以便利结汇的渠道。然而，《中华人民共和国证券投资基金法》（以下简称《证券投资基金法》）第 152 条针对合格境外投资者在中国境内进行证券投资的情形，规定"应当经国务院证券监督管理机构批准，具体办法由国务院证券监督管理机构会同国务院有关部门规定，报国务院批准"。证监会于 2014 年 8 月发布《私募投资基金监督管理暂行办法》，该暂行办法第 2 条所界定的私募基金，指在我国境内以非公开方式向投资者募集资金设立的投资基金。2023 年 9 月 1 日实施的《私募投资基金监督管理条例》亦延续这种适用范围的规定。这就表明，投资者全部为外资（募集行为全部在境外）的 QFLP 目前无法在我国备案为"私募基金"。

（二）准入和退出机制有待优化

虽然最近粤港澳大湾区出台的 QFLP 试点政策基本呈现了准入宽松化趋势，然而在实际审批过程中，审批部门仍不可避免地需要综合考虑试点企业出资人及关联方的产业背景、资金实力、投资经验、管理团队等因素，择优批准 QFLP 试点资格。在这一背景下，试点项目能否顺利落地，往往取决于申请主体、中介机构与监管部门能否进行紧密有效的个案交流。可以看出，QFLP 准入制度仍须加强，即在规范层面明确核心要求，确立若干绝对性指标，以规范、引导和保障实际操作中灵活的个案处理。

基于 QFLP 的跨境性特征，与内资人民币基金相比较，QFLP 的局限集中反映在退出不够灵活方面。实践中，QFLP 基金并不能仅按照单个的投资项目

---

[1] 在"外资管外资"模式中，境外投资者设立的 QFLP 基金管理人募集设立的 QFLP 基金中包含境外投资者作为基金的 LP。该模式系 QFLP 试点机制最初运作的模式，该模式允许 QFLP 基金中存在境内投资人。在"外资管内资"模式中，境外投资者设立的 QFLP 基金管理人募集设立的 QFLP 基金中仅有境内投资者作为基金的 LP。该模式实质上要求外国投资者在中国申请设立私募管理人后再向境内合格投资者募集设立人民币基金；因外国投资者在境内设立私募基金管理人的路径较为通畅，并不需要特别经过 QFLP 试点机制，因此各地 QFLP 试点办法对"外资管内资"的规定较少。在"内资管外资"模式中，内资基金管理人募集设立的 QFLP 基金中包含境外投资者作为基金的 LP。该模式曾经在深圳和珠海的 QFLP 试点办法中得到明确规定，但对境内的私募股权管理人的资质均设定了一定条件。

进行利润核算。银行通常要求 QFLP 基金进行整体利润核算，只有当财务报表上显示 QFLP 基金存在利润时，才能通过银行审批，将该等红利或股息汇出境外。而单个投资项目退出时，所收回的投资本金无法作为红利直接进行分配并汇出，而是作为 QFLP 基金的实缴出资，通过减资等其他方式退出，而减资又要经当地金融办（局）进行前置审批。

（三）事中与事后监管不足

因涉及多部门共管和职能交叉，QFLP 试点企业后续的实际运营情况缺乏有效监管。针对离岸投资机构复杂的交易需求和商业安排，QFLP 基金架构、投资方式、分配模式等方面仍缺乏制度回应。试点企业落地后的信息报送、信用核查、分类监管及相应奖惩等配套制度仍不完善，可能在一定程度上影响境外投资者的投资预期。已在粤港澳大湾区落地的试点项目中，部分项目存在实缴出资率、投资率不高的问题，有必要建立更符合基金行业惯例、更满足企业风险隔离需求的 QFLP 制度。

三、大湾区私募股权投资监管机制的完善路径

（一）完善私募股权投资监管的顶层制度

推动修订《证券法》《证券投资基金法》《刑法》[1]等相关法律，促进私募基金等多层次资本市场的市场化、法治化发展，提高资本市场违法成本，强化投资者合法权益保护。另外，进一步完善证券基金业监管执法协调机制，赋予证监会必要的独立执法权，及时掌握私募基金资金动向，提高执法效率。在此之前，有关方面应就《证券投资基金法》《私募投资基金监督管理条例》等现行法律法规对于境外投资者参与私募股权投资的适用问题作出解释，明确其法律定位。

（二）完善私募股权投资准入和退出机制

跨境股权投资实效的提升，很大程度上依赖在募、投、管、退各个环节为 QFLP 基金提供更大的机制便利。在进一步鼓励利用外资和深化金融对外开放的背景下，2021 年，深圳、珠海 QFLP 试点政策均取消了对外商股权投资企业在最低注册资本、首次出资比例、货币出资比例、出资期限等方面的限制，广州南沙新区片区 QFLP 试点政策也放宽了企业形式、落地限制等要求。

---

[1] 《刑法》，即《中华人民共和国刑法》。

而且，目前绝大多数城市与地区已放开 QFLP 基金参与定增、协议转让等一级半市场的股权投资、参与投资 FOF 基金的限制。未来，仍须进一步简化审批流程、尊重市场实践，积累制度性共识，并上升为较高层级的法律文件。

（三）建立全流程协同监管体系

在充分总结各地试点经验基础上，可以考虑在一定程度上统一私募股权投资监管标准，建立并健全全流程协同监管体系，加强市场准入、投资者资质、投资运作、风险管控、投资者权益保护等方面的机制衔接。2019 年，广州 QFLP 试点政策提出发挥行业自律管理功能，并利用大数据、云计算、互联网、人工智能等监管科技，对境外投资股权投资类企业持续进行风险监测预警；2021 年，深圳、珠海 QFLP 试点政策要求监管部门引导试点企业、托管银行通过信息服务平台报送企业数据及相关信息，形成便捷有效的信息沟通及报告渠道。有必要在这些基础上继续探索行业协会、中介机构和市场主体多方参与的治理模式。此外，为了提升粤港澳大湾区金融市场的核心竞争力，可以部分豁免私募基金的信息披露要求，或者延长私募基金信息披露的时间周期，强化其"私募"特性。[1]

第三节　粤港澳大湾区股票市场融合机制

股票市场融合是资本市场双向开放的过程，其政策目标是逐步消除妨碍资本自由流动的各种障碍、缩小区域间资本市场发展差距、提升区域金融一体化水平[2]。在中共中央、国务院印发的《发展规划纲要》以及中国人民银行联合多部委发布的《关于金融支持粤港澳大湾区建设的意见》的指导下，粤港澳大湾区资本市场开放水平逐渐提高，大湾区正成为内地金融体系和国际金融体系进行连接、转换的关键区域和平台，股票市场的发展和融合在推动科技创新形成产业并进一步形成经济增长动力的过程中发挥着重要作用。

---

〔1〕 刘晶明：《私募股权投资基金退出机制法律完善研究——以防范系统性金融风险为视角》，载《法学杂志》2020 年第 2 期。

〔2〕 王应贵、江齐明：《粤港澳资本市场开放的监管机制与发展差异研究》，载《亚太经济》2019 年第 2 期。

一、大湾区股票市场现状

目前,粤港澳大湾区已坐拥全球两大主要的证券交易所——香港交易所和深圳证券交易所。港、深两所作为大湾区资本汇聚的枢纽,支撑着大湾区的金融和实体经济发展。截至 2022 年 3 月中旬,香港交易所的上市公司总数为 2572 家,总市值达 382 402 亿元港币;深圳证券交易所的上市公司总数为 2646 家,总市值达 341 460 亿元人民币[1],具体情况见表 3-2 所示。

表 3-2　深圳证券交易所和香港交易所数据对比(截至 2022 年 3 月 18 日)[2]

	深圳证券交易所		香港交易所	
	A 股	B 股	主板	创业板
上市公司总数(家)	2603	43	2222	350
总市值(亿元)	人民币 341 003	人民币 457	港币 381 494	港币 908
总成交股数(百万股)	45 182	20	272 824	362
总成交金额(百万元)	人民币 562 994	人民币 72	港币 236 684	港币 104

香港交易所是粤港澳大湾区重要的境外股权融资平台,是内地企业与境外资本连接的枢纽。2018 年以来内地金融市场持续采取严监管政策,大湾区企业如果选择在内地上市,需要经过较为严苛的审批流程以及较长的耗时,因此赴港上市成了不少大湾区内地企业的第一选择。截至 2021 年底,广东在上海、深圳证券交易所上市的企业共有 752 家,而在香港交易所上市的就有 244 家,上市公司的总市值超过 26.46 万亿元人民币[3]。2018 年 4 月,香港交易所实行新经济上市制度改革,拓宽了无收益的生物科技公司和新经济公司的上市条件,更为大湾区的生物科技等创新产业带来了新的活力。截至

---

〔1〕　数据来源于香港交易所官网。
〔2〕　数据来源于香港交易所官网。
〔3〕　翁榕涛:《粤港澳大湾区资本市场"蝶变":跨境互通持续深化金融服务实体能力显著加强》,载《21 世纪经济报道》2022 年 3 月 4 日。

2022 年 3 月，香港交易所已吸引了 128 家新经济公司上市，其中包括 28 家生物科技公司，总融资额达到 5537 亿元港币。

深圳证券交易所则是粤港澳大湾区企业主要的再融资场所。2019 年初至 2020 年上半年，大湾区九市企业在境内增发、配股、发行可转债等股权再融资规模约 1900 亿元人民币，占内地同期股权再融资市场再融资规模的一半以上。而深圳证券交易所的再融资规模占同时期大湾区内地企业总量的近 80%，达到 1500 亿元人民币。其中，内地九市深圳证券交易所增发总金额超 700 亿元人民币，可转债发行总金额达到 500 亿元人民币[1]。

二、大湾区股票市场融合的制度供给

(一) 股票市场互联互通机制

自 1990 年上海证券交易所成立以来，中国内地股市经历了多次股权分置改革，A 股也逐渐成长为一个日均成交额超过千亿元的超级市场。然而，内地资本市场长期的封闭状态却使其在全球资产配置中的比例与总市值严重不匹配[2]。为了推动内地资本市场对外开放，证监会于 2014 年公布《沪港股票市场交易互联互通机制试点若干规定》。该规定建立了沪港股票市场交易互联互通机制（即"沪港通"），由此上海证券交易所得以与香港交易所建立技术连接，使内地和香港的投资者能够在规定范围内购买对方交易所上市的股票。为了推进深港合作，提高两地的资本市场双向开放水平，深圳市前海管理局于 2014 年提出，应在借鉴沪港通试点经验的基础上，探索深圳证券交易所和香港交易所的合作模式[3]。2016 年，证监会发布《内地与香港股票市场交易互联互通机制若干规定》，该规定在沿用前述文件的基本框架的同时，将深圳证券交易所纳入互联互通机制中，建立深圳证券交易所与香港交易所的互联互通业务，即"深港通"。

深港通在投资门槛、交易规则和交收制度等基本业务规则架构上与沪港

---

〔1〕 亚洲金融智库编：《粤港澳大湾区金融发展报告（2020）》，中国金融出版社 2020 年版，第 128 页。

〔2〕 曾珠：《"沪港通"、"深港通"与中国资本市场国际化》，载《技术经济与管理研究》2015 年第 10 期。

〔3〕 深圳市人民政府新闻办公室：《前海深港现代服务业合作区促进深港合作工作方案》，载 http://www.sz.gov.cn/cn/xxgk/xwfyr/xwtg/content/post_ 1389147.html，最后访问日期：2022 年 4 月 16 日。

通保持一致，同时进行了如下完善：一是扩大了投资股票标的的范围。在包含了沪港通投资股票标的的基础上，深港通还纳入了恒生综合大、中型股指数成分股，同时也纳入了市值 50 亿元港币及以上的恒生综合小型股指数成分股[1]。二是取消了双向投资总额限制。基于审慎监管的考虑，深港通保留了每日限额，即深股通每日额度 130 亿元人民币，港股通每日额度 105 亿元人民币，投资总额限制的取消使深港两地股票市场拥有更强的流动性。三是完善了投资者风险提示和保护规则。2016 年 9 月 30 日，深圳证券交易所与中国证券登记结算有限责任公司发布《深圳证券交易所港股通交易风险揭示书必备条款》，增加了有关"老千股"、股票长期停牌和股票退市后名义持有人服务可能受限等多类风险提示。另外，深圳证券交易所还发布了《关于深港通业务中上市公司信息披露及相关事项的通知》，完善了境内外信息同步披露、权益变动披露和停牌同步等规则[2]。

沪港通的开通是内地资本市场对外开放的里程碑事件，深港通的开通则进一步扩大了内地与香港资本市场的双向开放，在粤港股票市场融合方面起到了积极的推进作用。2019 年至 2020 年上半年，大湾区内地九市上市公司市值约占内地上市公司总市值的 13%，其中超过 85% 的市值已被互联互通覆盖[3]。截至 2021 年 12 月 5 日，深港通累计成交额达到 41.5 万亿元人民币，在过去的五年时间里，成交额年均增长率达到 94.5%[4]。

（二）证券监管合作机制

1993 年，中国证监会、上海证券交易所、深圳证券交易所、香港证监会以及香港交易所达成了五方《监管合作备忘录》。《监管合作备忘录》既是中国证监会成立以来签署的首个备忘录，也是内地与香港证券监管合作的基石性文件。2004 年 1 月 1 日，内地与香港签订的《关于建立更紧密经贸关系的安排》（CEPA）正式生效。根据相关规定，"双方加强金融监管部门的合作和信息共享"，"内地本着尊重市场规律、提高监管效率的原则，支持符合条件的内地保险企业以及包括民营企业在内的其他企业到香港上市"。随着

---

[1]　郭田勇：《深港通开启能助推股市上涨吗》，载《人民论坛》2016 年第 30 期。
[2]　郭田勇：《深港通开启能助推股市上涨吗》，载《人民论坛》2016 年第 30 期。
[3]　亚洲金融智库编：《粤港澳大湾区金融发展报告（2020）》，中国金融出版社 2020 年版，第 131 页。
[4]　数据来源于香港交易所官网。

CEPA 的签署，内地与香港的资本市场联系越发紧密。"H 股"与"红筹股"企业在香港资本市场从关键少数成长为绝对多数[1]。随着跨境证券市场的成熟和活跃，相关问题呈现多元化、多样化和复杂化的趋势，备忘录的法律基础也发生了重大变化，中国证监会与香港证监会于 2007 年进一步签署了《监管合作备忘录》附函。总体而言，此阶段签订的备忘录主要着眼于通过信息交流、定期联络和人员交换等较为灵活和非正式的机制，加强两地证券监督管理机构对跨境证券发行和交易行为的监管合作。

随着沪股通、深股通、港股通等跨境证券市场双向互联互通机制相继推出实施，两地证券市场融合程度显著提高，参与跨境证券交易的两地上市公司规模日渐扩大，跨境证券交易规模显著增长。伴随着两地金融市场基础设施间联系的日益紧密，内地与香港证监会之间的监管合作也随之升级。2014 年 10 月，香港证监会与中国证监会签署了具有里程碑意义的《沪港通项目下中国证监会与香港证监会加强监管执法合作备忘录》，旨在加强"沪港通"建立后的双边执法协作。在此基础上，两地证券监督管理机构于 2016 年签署的《内地与香港股票市场交易互联互通机制下中国证监会与香港证监会加强监管执法合作备忘录》是现阶段跨境证券执法合作的基本法律文件。

三、大湾区股票市场融合的监管挑战

（一）跨境证券监管的顶层设计尚未完善

尽管粤港澳三地在法律规范、监管政策和市场特征等方面都存在一定差异，但在构建成熟稳定资本市场、推动大湾区资本市场要素流通和保护证券投资者利益的目标上是一致的。随着粤港澳大湾区金融一体化程度的提升，跨境证券监管协作已是必然选择。然而，我国内地目前关于互联互通的法律制度不完善：一方面，2019 年《证券法》第 2 条第 4 款规定："在中华人民共和国境外的证券发行和交易活动，扰乱中华人民共和国境内市场秩序，损害境内投资者合法权益的，依照本法有关规定处理并追究法律责任。"该规定虽然首次在立法层面明确了我国《证券法》具有境外适用效力，奠定了内地实施跨境证券监管的法律基础，但是从实践意义来看，目前《证券法》的境

---

[1] 黄辉：《"一国两制"背景下的香港与内地证券监管合作体制：历史演变与前景展望》，载《比较法研究》2017 年第 5 期。

外适用判断标准仍过于宽泛，"境内市场秩序"和"投资者合法权益"的内涵可收缩空间较大，尤其是资本市场具有抽象性和复杂性，证券违法行为与损害后果之间的因果关系较难厘清，易导致法律执行者在实践中无所适从；另一方面，"沪港通"和"深港通"主要依据的是中国证监会发布的政策和内地交易所发布的行业指引，效力层级不高，最具有普遍性意义的监管规定是中国证监会发布的《内地与香港股票市场交易互联互通机制若干规定》，主要涉及概念性和职责性规定，可操作性不足。

（二）证券执法管辖权存在冲突

粤港澳大湾区股票市场互联互通机制下的跨境交易违法行为主要有两种：一是跨境内幕交易，即行为人获悉一地上市公司股票的内幕信息后，通过在另一地开立或控制的证券账户交易该上市公司的股票；二是跨境操纵市场，即行为人通过在一地开设或控制的证券账户，以连续、对倒交易等方式，影响另一地证券交易价格或交易量。根据资金流向，跨境内幕交易和市场操纵呈现两类情形：一是在内地开设港股通账户，实施与港股交易相关的违法行为；二是在香港开设沪股通或深股通账户，实施与 A 股相关的违法行为。就第一种情形而言，2019 年《证券法》实施后，对于"扰乱境内市场秩序"和"损害境内投资者合法权益"的证券违法行为，中国证监会享有管辖权。就第二种情形而言，香港《证券及期货条例》明确赋予香港证监会对发生在香港的操纵行为或滥用内幕信息等行为的域外管辖权。因此，上述两种情形都有可能出现证券执法管辖权冲突。若缺乏必要的管辖协调机制，一方面在积极冲突下将产生竞争性执法问题，另一方面在消极冲突下将导致执法真空问题。

（三）互联互通下证券违法行为识别难度高

在粤、港二级市场互联互通的背景下，跨境证券违法行为越来越隐蔽和复杂。跨境市场操作不限于对当地个股的操纵，呈现多样化特征：一是滥用资金优势，利用结构化杠杆产品跨境撬动巨量资金，从而操纵证券市场；二是滥用技术优势，利用境外服务器在境内证券市场高频双向申报、频繁撤单或者自我成交；三是"跨境布局"，在互联互通的市场环境下，两地证券价格差缩小，价格的联动程度上升，不法投资者往往以"声东击西"的方式进行多账户操作或跨市场操纵同只股票。首例沪港通跨境操作案"唐某博等操纵证券市场案"[1]反映出甄别利用互联互通机制进行跨境违法行为的难度相当高。

四、大湾区股票市场融合的监管完善路径

（一）夯实跨境证券监管的法律基础

提升粤港澳大湾区股票市场融合的监管水平，首先应当夯实其法律基础，即在《证券法》的框架下进一步提高法律的确定性，为执法和司法提供明确的指引。一方面，应细化《证券法》境外适用标准。目前，《证券法》中有关境外适用条款的表述过于宽泛，司法、执法部门的自由裁量权过大。因此，建议对该条款的适用标准进行合理限缩，以对我国境内市场秩序或投资者权益保护产生实质性、直接性和可预见性的重大影响作为判断是否与境内市场存在实质联结的标准，在具体适用时参照我国侵权责任法上的因果关系理论。另一方面，完善粤港澳大湾区互联互通机制的监管合作，在《证券法》及相关法规中对互联互通证券交易的适当性作出明确规定，补充对互联互通证券种类、交易形式、交易主体的具体规范。

（二）探索证券执法管辖协调合作机制

基于粤港澳三地证券法律制度的差异，各地证券监督管理机构对于跨区域证券违法行为的执法管辖冲突难以避免。为了避免执法真空或重复执法，有效规制跨境证券违法行为，有必要探索两地证券执法管辖协调合作机制。其一，综合考虑违法行为人所在地、受害人所在地、违法结果发生地等因素，从方便管辖和利于调查的原则出发，分配执法管辖权，确定主管辖方；其二，建立联合调查机制，现阶段可考虑从两地证券监督管理机构抽调执法人员，就特定跨区域案件组建联合调查队伍，共同制定调查方案和计划，在现场调查过程中可有限参与主管辖方的调查工作；其三，探索两地行政处罚互认和执行，特别是对于没收违法所得、罚款等处罚，如违法行为人的主要财产位于对方辖区内，则通过另一方代为冻结财产及执行罚没，使处罚真正落地。

（三）强化跨境证券监管信息的收集和共享机制

考虑到跨境证券违法行为通常具有较高的隐蔽性和复杂性，粤港澳三地

---

[1]《证监会成功查处首例沪港通跨境操纵案件》，载 http://www.csrc.gov.cn/pub/newsite/zjhxwfb/xwdd/201611/t20161118_306145.html，最后访问日期：2022 年 7 月 1 日。

的监管部门在跨境监管协作方面应尤其重视建立监管信息沟通机制，扩大证券违法行为的线索来源，实现大湾区内各地监管信息共享，便于监管执法和司法合作的开展，有效防范和处理多样化风险。此外，针对近年来数字化背景下出现的复杂金融风险，应当重视科技监管数据交换，包括监管大数据、云计算，证券监管信息系统的对接和数据交换，大湾区证券业综合统计、证券调查统计和分析监测，以及风险预警等，提高跨境监管的针对性和有效性，守住不发生风险的底线[1]。

第四节　粤港澳大湾区标准化债权资产跨境发行机制

中国人民银行等《关于金融支持粤港澳大湾区建设的意见》第 22 条指出：支持符合条件的港澳金融机构和非金融企业在内地发行金融债券、公司债券和债务融资工具，逐步拓宽发行主体范围、境内发行工具类型和币种等。目前大湾区标准化债权资产产品包括中资美元债、熊猫债、点心债等。中资美元债与点心债均属于在香港交易所、新加坡证券交易所等场内交易所或者国际 OTC（场外交易）市场上市交易的离岸债券，均由国际机构承销，发行人和债券评级都获国际评级；其中点心债以香港点心债市场为主要发行市场，其上市地点包括香港交易所和香港债务工具中央结算系统。熊猫债是在中国境内发行的在岸债券，发行市场包括银行间债券市场和由上海、深圳证券交易所市场组成的交易所债券市场。要进一步激发这些标准化债权资产产品在粤港澳大湾区的发行活力、持续扩大其发行规模，应对其发行机制进行完善。

一、大湾区标准化债权资产跨境发行的现状

（一）中资美元债的发行现状

中资美元债，也称"功夫债"，是指中资机构在离岸债券市场发行的以美元计价的债券，具有境内融资主体本土化、投资主体全球化、市场规则国际化的"跨界特点"[2]。从投资规模来看，粤港澳大湾区主体偏好中资美元债，

---

〔1〕 吴燕妮：《跨境金融监管的创新机制研究——以粤港澳大湾区建设为视角》，载《深圳社会科学》2020 年第 6 期。

〔2〕 窦佼：《中资美元债市场：潜在风险与发展机遇》，载《新金融》2019 年第 8 期。

市场活跃度、市场规模较大。2019 年中资美元债在港发行规模为 1434 亿美元[1]，较 2018 年同比增长约 21%；2020 年上半年中资美元债在港发行规模达 711 亿美元，同比增长约 11%[2]。据不完全统计，2020 年前八个月中资美元债在港发行数目共 240 只，其中位于珠江三角洲九市的发行主体共有 11 家，累计发行 24 只，发债总额达 174.3 亿元（约占同期在港发行规模的 17%）[3]。从发行主体类型来看，房企、金融机构以及城投平台是中资美元债的三类发行主体，粤港澳大湾区的中资美元债发行主体则以房企与金融机构为主。

（二）熊猫债的发行现状

熊猫债是指境外主体（如外国政府类机构、国际开发机构、境外金融机构、境外非金融企业等）在中国境内发行的以人民币计价的债券。[4]从发行规模来看，从 2015 年到 2020 年 8 月底，粤港澳大湾区主体（总部/母公司在大湾区的熊猫债发行机构）累计发行熊猫债总额达 2058.4 亿元[5]。从发行主体来看，发行主体以中资背景企业为主，粤港澳大湾区的主体分布呈现出如下特点：香港是熊猫债发行的首要地区，广东九市中只有深圳、广州和佛山发行，其他六个城市并未参与。

（三）点心债的发行现状

点心债是指在香港等离岸债券市场发行的以人民币计价的债券，由于发行规模较在岸债券市场小而不够投资者抢购，故被称为"点心债"。[6]在发行规模上，香港点心债在 2018 年、2019 年和 2020 年上半年的发行规模分别为 264 亿元、297 亿元和 52 亿元[7]。粤港澳大湾区广东九市企业主体发行香

---

〔1〕 约占中资美元债的 60%。
〔2〕 数据来源于亚洲金融智库编：《粤港澳大湾区金融发展报告（2020）》，中国金融出版社 2020 年版，第 143~145 页。
〔3〕 数据来源于葛福婷、张卫国：《粤港澳大湾区跨境债权融资发展研究》，载《城市观察》2020 年第 6 期。
〔4〕 傅冰：《"一带一路"倡议下熊猫债发展的现状及问题分析》，载《当代经济》2021 年第 3 期。
〔5〕 数据来源于葛福婷、张卫国：《粤港澳大湾区跨境债权融资发展研究》，载《城市观察》2020 年第 6 期。
〔6〕 张晗菡、刘金贺、韩熙良：《香港点心债的发展、现状与未来》，载《中国商论》2022 年第 4 期。
〔7〕 数据来源于亚洲金融智库编：《粤港澳大湾区金融发展报告（2020）》，中国金融出版社 2020 年版，第 143~145 页。

港点心债的参与度不足，发行主体数量少、发行规模小。据统计，截至 2020 年 8 月，仅有佛山碧桂园控股有限公司在新加坡证券交易所发行了 9.5 亿元的点心债，以及珠海大横琴集团有限公司在香港交易所发行了 8 亿元的点心债[1]。从发行主体类型来看，点心债以驻港金融机构以及香港当地企业为主要发行主体，澳门的金融机构以及粤港澳大湾区少量广东九市的企业主体也有参与。

中资美元债、点心债、熊猫债等债权融资产品为粤港澳大湾区提供了灵活多元的跨境融资路径，但三者在粤港澳大湾区的发展程度不同。粤港澳大湾区跨境发行人民币债券以点心债和熊猫债为代表，从发行规模来看规模较小，从发行主体来看以香港为主，广东九市仅深圳、广州、佛山、珠海参与；粤港澳大湾区跨境发行外币债券，以中资美元债为代表，从发行规模来看其存量规模远大于熊猫债和点心债，发行主体以广州和深圳为主，其他参与发行的主体活力不足，香港在存量上占有优势。由此可见，粤港澳大湾区中资美元债、点心债、熊猫债跨境债权融资发展不均衡、发行活力不足。粤港澳大湾区拥有深圳证券交易所、香港交易所两大交易所，以及于 2018 年 12 月 12 日正式揭牌的中国（澳门）金融资产交易股份有限公司，并于 2021 年 12 月 15 日正式启动澳门"中央证券托管系统"（MCSD），这是粤港澳大湾区债权融资的重要平台与独特优势。为了进一步激发标准化债权资产产品在粤港澳大湾区的发行活力与市场活跃度，有必要审视现行的债券跨境发行制度的不足，并提出粤港澳大湾区发展标准化债权资产产品的完善路径。

二、大湾区债券跨境发行的相应机制

在债券发行环节涵盖推进境内机构赴境外发债（"走出去"）机制和引进境外机构境内发债（"引进来"）机制（见表 3-3）。

（一）境内机构赴境外发债机制

根据币种的不同，境内机构境外发债可以分为境外本币债与外债，前者如点心债，后者如中资美元债。在点心债层面，2007 年发布的《境内金融机构赴香港特别行政区发行人民币债券管理暂行办法》（已失效）从发行主体、

---

〔1〕 数据来源于葛福婷、张卫国：《粤港澳大湾区跨境债权融资发展研究》，载《城市观察》2020 年第 6 期。

发行条件、监管部门以及募集资金回筹等方面对点心债的发行机制进行规定，并以后续一系列的政策规范逐步放宽在港发行人民币债券的限制。在中资美元债层面，并无专门的法律法规，其作为境外债券，可以参照国家发展和改革委员会《关于推进企业发行外债备案登记制管理改革的通知》（以下简称"2044号文"，已失效）等有关外债发行、管理等政策进行规范。1994年发布的《国有企业境外发行可转换债券试点》率先开展国有企业境外发行可转换债券试点。2000年原国家计委、中国人民银行发布的《关于进一步加强对外发债管理意见的通知》规定了境内机构发行外债实行审核制。[1]2003年发布的《外债管理暂行办法》对各类境内主体在境外发行外币债券予以规范。2015年发布的"2044号文"将一年期以上的外债发行由额度审批制改为备案登记制，根据这一文件，企业发行中资美元债将实行事前备案登记和事后信息报送的管理方式。[2]2015年国务院发布的《关于取消非行政许可审批事项的决定》以及国家发展和改革委员会发布的2044号文）等一系列放宽发行外债限制的政策为中资美元债带来了良好的发展契机。

（二）引进境外机构境内发债机制

2005年发布并于2010年修订的《国际开发机构人民币债券发行管理暂行办法》（已失效）规定了熊猫债的发行管理框架，并规定了人民币债券的信用评级等级要求。近年来，熊猫债的发行制度的改革有较大的变化。2018年《全国银行间债券市场境外机构债券发行管理暂行办法》生效，将国际开发机构发行人民币债券纳入境外机构在境内发行债券框架内统一管理，对在中国银行间债券市场发行债券的发行主体实行分类管理，即对境外金融机构法人在中国银行间债券市场发行债券实行核准制，对境外非金融企业法人、外国政府类机构、国际开发机构等实行注册制，这为境外发行人在中国银行间债券市场发行熊猫债提供制度支持。2019年中国银行间市场交易商协会配套出台的《境外非金融企业债务融资工具业务指引（试行）》（已被修改）在注册文件要求、资金募集使用、信息披露等方面为境外非金融企业发行债务融资工具提供了指引。2020年，中国银行间市场交易商协会制定了《境外非金融企业债务融资工具分层分类管理细则》与《境外非金融企业债务融资工具

[1] 参见类承曜：《债券市场对外开放：从历史到未来》，载《中国外汇》2021年第22期。
[2] 参见欧阳辉、叶冬艳：《关于中资美元债的一些思考》，载《债券》2019年第3期。

注册文件表格》，旨在根据境外企业市场认可度、信息披露透明度等条件对境外非金融企业进行分层管理。2023 年 1 月，中国人民银行、国家外汇管理局《关于境外机构境内发行债券资金管理有关事宜的通知》开始实施，完善了熊猫债涉及的资金收付及汇兑、账户开立及管理、外汇风险管理等规则。

（三）大湾区债券跨境发行的相关机制

目前粤港澳大湾区中资美元债、点心债、熊猫债等债券的发行原则上仍然沿用一般的规则，但近年来出台了一些政策规范，旨在推进粤港澳大湾区企业主体、港澳金融机构与非金融机构跨境发行债券。例如，2021 年 12 月 30 日公布的《横琴粤澳深度合作区支持企业赴澳门发行公司债券专项扶持办法（暂行）》指出为符合条件的相关企业提供资金等方面的扶持；2021 年 7 月发布的《广东省金融改革发展"十四五"规划》也指出："支持深圳证券交易所设立大湾区债券平台，吸引符合条件的港澳金融机构和非金融企业发行债券。支持大湾区内地主体到香港、澳门发行债券筹资。""持续优化政府融资，探索赴香港、澳门发行离岸人民币地方政府债券。"这些举措的目的在于积极促进粤港澳大湾区本币外币债券、离岸在岸债券市场的良性互动。

表 3-3　跨境发行债券机制汇总[1]

	时间	政策/规范名称	具体内容
境内机构赴境外发债	1994 年	开展国有企业境外发行可转换债券试点工作	开展了国有企业境外发行可转换债券试点，并逐渐放宽大型国有企业海外发行外币债券的审批条件
	2000 年	《关于进一步加强对外发债管理意见的通知》	境内机构对外发债资格，由原国家计委会同人民银行和有关主管部门评审后报国务院批准
	2003 年	《外债管理暂行办法》	对各类境内主体在境外发行外币债券予以规范
	2007 年	《境内金融机构赴香港特别行政区发行人民币债券管理暂行办法》	从发行主体、发行条件、监管部门以及募集资金回筹等方面对境内金融机构在香港发型人民币债券作出具体规定

---

〔1〕 来源：根据现有政策整理。

时间	政策/规范名称	具体内容
2010 年	香港金融管理局宣布	放宽在港发行人民币债券的限制，允许香港当地及海外企业在香港发行人民币债券；扩大了点心债的发行主体范围
2010 年	《香港银行人民币业务的清算协议》	容许符合条件的企业开设人民币账户，允许银行、证券及基金公司开发及销售人民币产品，促进点心债的发展
2012 年	《关于境内非金融机构赴香港特别行政区发行人民币债券有关事项的通知》（已失效）	将赴港发行人民币债券的发行主体扩容到境内非金融机构
2013 年	《外债登记管理办法》	设立由国务院、国家外汇管理局等不同主管部门对不同的境内发债主体进行审批的外债管理制度
2015 年	《关于取消非行政许可审批事项的决定》	取消了境内企业境外发行人民币债券的地域限制
2015 年	《关于推进企业发行外债备案登记制管理改革的通知》（已失效）	将一年期以上的本外币外债发行由额度审批制改为备案登记制。根据该文件，企业发行中资美元债将实行事前备案登记和事后信息报送的管理方式
2016 年	《关于在全国范围内实施全口径跨境融资宏观审慎管理的通知》（已失效）	建立了宏观审慎外债管理制度
2018 年	《关于完善市场约束机制严格防范外债风险和地方债务风险的通知》	从防范外债风险角度（尤其是针对城投企业的地方债务风险）提出了更细化的几点要求
2019 年	《关于对房地产企业发行外债申请备案登记有关要求的通知》	房企跨境融资进一步收紧

时间	政策/规范名称	具体内容
2005 年	《国际开发机构人民币债券发行管理暂行办法》	初步确定了熊猫债的发行管理框架
2008 年	《银行间债券市场非金融企业债务融资工具管理办法》	对银行间债券市场的非金融企业直接债务融资的注册、登记、托管、结算、信息披露、信用评级等事项进行规定
2010 年	《国际开发机构人民币债券发行管理暂行办法》（已失效）	要求人民币债券信用等级达到 AA 级以上
2013 年	《关于境外非金融企业在银行间市场发行人民币债务融资工具有关事项的批复》	
2014 年	《关于境外非金融企业境内发行人民币债务融资工具募集资金境外使用的批复》	
2014 年	《关于境外机构在境内发行人民币债务融资工具跨境人民币结算有关事宜的通知》（已失效）	规定境外非金融企业等境外机构在境内发行人民币债务融资工具跨境人民币结算有关事宜
2015 年	《推动共建丝绸之路经济带和 21 世纪海上丝绸之路的愿景与行动》	支持沿线国家政府和信用等级较高的企业以及金融机构在中国境内发行人民币债券
2016 年	《关于境外机构境内发行人民币债券跨境人民币结算业务有关事宜的通知》	规定了熊猫债发行募集资金账户、募集所得人民币资金跨境调用等
2017 年	《信用评级机构在银行间债券市场开展信用评级业务有关事宜公告》	

（左侧合并单元格：境外机构赴境内发债）

时间	政策/规范名称	具体内容
2018 年	《银行间债券市场信用评级机构注册评价规则》	
2018 年	《全国银行间债券市场境外机构债券发行管理暂行办法》	确立了熊猫债的监管框架，针对不同类型的发行人分别设定发行条件、发行程序和信息披露等规则；例如，境外金融机构法人在中国银行间债券市场发行熊猫债将由人民银行核准，境外非金融企业法人、外国政府类机构、国际开发机构等在中国银行间债券市场发行熊猫债将由中国银行间市场交易商协会进行事先注册
2019 年	《境外非金融企业债务融资工具业务指引（试行）》（已失效）	规定境外非金融企业债务融资工具信息披露、募集资金使用、中介机构等方面的内容
2021 年	《境外机构境内发行债券资金管理规定（征求意见稿）》	
2022 年	《关于进一步便利境外机构投资者投资中国债券市场有关事宜的公告》	从境外投资者资格条件、投资债券市场方式、托管交易机制等方面对境外机构投资者投资中国债券市场有关事宜进行规定
2022 年	《关于开展熊猫债注册发行机制优化试点的通知》	持续优化熊猫债注册发行机制，提高注册发行效率

三、大湾区标准化债权资产跨境发行制度的不足

（一）债券发行制度不完善

我国债券市场发行制度经历了从核准制到注册制的转变。核准制下的发行机制效率低下，扭曲了债券市场的供求关系，阻碍了债券市场的发展进程。2019 年修订的《证券法》标志着公开发行债券进入注册制时代；2023 年 6 月 20 日，证监会发布《关于深化债券注册制改革的指导意见》以及《关于注册

制下提高中介机构债券业务执业质量的指导意见》，这意味着债券注册制改革全面落地。然而，我国债券发行注册制还有待健全，尤其是信息披露方面。我国债券市场信息披露在规则上政出多头、效力上互不接洽[1]。显然，在债券市场发行制度的改革中，粤港澳大湾区标准化债券的发行机遇与挑战共存。在债券发行市场"引进来"环节，入市准入、监管要求以及境内外制度差异等方面面临着较大的挑战，同时粤港澳大湾区跨境发行人民币债券的政策激励不足、局限性较大。[2]以熊猫债为例，其一，境外发行人境内发行人民币债券的入市条件仍然较为严格，监管要求较为苛刻；其二，在债券发行市场注册制改革的背景下，注册制以信息披露为核心，境内外债券市场信息披露制度的差异为境外机构境内发行人民币债券带来了困境。

（二）外债备案登记管理制度亟须变革

2000 年发布的《关于进一步加强对外发债管理意见的通知》实行由原国家计委会同中国人民银行和有关主管部门评审后报国务院批准的外债管理制度；2013 年生效的《外债登记管理办法》（已被修改）实行由国务院、国家外汇管理局等不同主管部门对不同的境内发债主体进行审批的外债管理制度；2015 年发布的 2044 号文取消企业发行外债的额度审批，实行外债备案登记制管理。由此可见，外债的备案登记管理政策文件效力较低，带有较强的行政色彩。

从具体内容来看，境内机构境外发债分为直接发债和间接发债[3]两种，前者是指境内企业直接作为发债主体到境外发债，后者是指境内企业通过其在境外设立的平台公司在境外发债。国家发展和改革委员会对直接发债与间接发债负责发行备案，国家外汇管理局仅对直接发债的外债登记进行外债统计，对间接发债无明确要求，登记制度的不全面影响登记管理效率。

（三）债券发行市场对外开放配套措施不健全

一方面，信用评级制度不足。信用评级有利于填补信息不对称带来的漏洞，是债券发行和市场监管的重要依据。当前，在跨境发行人民币债券方面，无论是境内机构境外发行点心债还是境外机构境内发行熊猫债，均较少使用

---

[1]　转引自张梁：《从"行政化"到"法治化"：中国债券市场的治理转型与进阶——基于改革开放 40 年来债券市场治理范式的考察》，载《金融法苑》2019 年第 2 期。

[2]　葛福婷、张卫国：《粤港澳大湾区跨境债权融资发展研究》，载《城市观察》2020 年第 6 期。

[3]　参见邓翊平：《企业境外发债的思考》，载《金融理论与教学》2017 年第 1 期。

国内信用评级结果；中资美元债甚至出现了信用评级缺失严重的现象〔1〕。究其原因：一是，国内信用评级相关规定散见于《证券法》《可转换公司债券管理暂行办法》（已失效）等法律法规以及多个部门的规范性文件中，法律约束力不足；二是，信用评级业务经验不足，信用评级虚高；三是，国内信用评级标准与国际标准不一致，我国信用评级开放水平较低，评级机构的国际公信力较低。

另一方面，我国会计、审计标准与境外会计、审计标准存在差异。目前，境外主体在我国发债在会计标准方面以内地会计标准或者经财政部与境外主体所在国签订的认可协议认可的"等效准则"标准为依据，在审计标准方面以内地标准或者香港准则为依据。会计、审计标准的内外差异增加了债券跨境发行的难度。

四、大湾区标准化债权资产跨境发行制度的完善路径

（一）发挥大湾区的试点作用深化注册制改革

2021年7月广东省人民政府发布的《广东省金融改革发展"十四五"规划》指出："以深圳证券交易所全市场注册制改革为中心完善创新资本链……积极发展连接港澳的跨境'金融通'。"在政策支持的背景下，应当充分利用粤港澳大湾区、广东自贸区、深圳先行示范区等片区试点作用，深化以信息披露为核心的债券市场注册制改革，探索发行制度与国际接轨，提高注册发行率。

发挥粤港澳大湾区广州、深圳等地方的作用，尤其是深圳证券交易所的作用，一方面应降低熊猫债的发行门槛，逐步拓宽发行主体范围、完善发行监管机制；另一方面应优化鼓励机制，推动在粤企业赴港澳发债，支持港澳金融机构与非金融机构来粤发债。例如2021年7月16日广州市地方金融监督管理局印发的《关于贯彻落实金融支持粤港澳大湾区建设意见的行动方案》指出："支持符合条件的港澳金融机构和非金融企业在广州发行金融债券、公司债券和债务融资工具。"2021年3月25日广州市推进粤港澳大湾区建设领导小组印发的《广州市关于推进共建粤港澳大湾区国际金融枢纽实施意见》

---

〔1〕 截至2019年1月31日，在已发行的中资美元债中，有3/4未获评级，未获评的中资美元债金额占比70%。欧阳辉、叶冬艳：《关于中资美元债的一些思考》，载《债券》2019年第3期。

和《广州市关于推进共建粤港澳大湾区国际金融枢纽三年行动计划（2021—2023 年）》鼓励在穗企业赴港澳发行境外人民币债券，并压实主体责任，明确由市地方金融监督管理局与发展和改革委员会牵头、中国人民银行广州分行与广东证监局支持。上述文件仍较为分散，有必要作进一步整合，适应粤港澳大湾区实际进展，健全相关试点机制。

（二）推进大湾区外债登记管理制度改革

2019 年 10 月 30 日国务院发布的《关于进一步做好利用外资工作的意见》指出要推进企业发行外债登记制度改革；2020 年 9 月 11 日广州市地方金融监督管理局印发的《关于贯彻落实金融支持粤港澳大湾区建设意见的行动方案》指出允许广州符合条件的非银行债务人直接在银行办理外债注销登记，取消在穗企业办理外债注销登记时间限制。然而，粤港澳大湾区外债登记管理制度仍需进一步完善：其一，填补外债管理的立法空白。不少市场经济发达国家都有专门的外债管理法律法规，如瑞典有《国债条例》、日本有《外汇法》，我国也应当将外债管理的目标等内容纳入法律[1]。其二，简化外债登记手续。国家外汇管理局应当将境内企业境外分支机构在境外发债纳入外债统计和登记范围，进一步完善外债监管和统计框架。另外，在统一人民币与外币外债管理的"全口径跨境融资宏观审慎管理"[2]实行的情况下，应当探索其与 2044 号文所规定的中长期外债备案管理制度的有效衔接。其三，推进粤港澳大湾区外债登记制度改革，建立以"内地—香港""内地—澳门"为依托的粤港澳大湾区发行主体资本跨境管理体系，[3]创新跨境发行债券登记管理制度。

（三）推进信用评级、会计审计标准与国际接轨

2020 年 3 月 30 日中共中央、国务院发布的《关于构建更加完善的要素市场化配置体制机制的意见》指出："加强债券市场评级机构统一准入管理，规

---

〔1〕 参见吕红兵：《建立我国外债管理的法律体系》，载《法学》1990 年第 3 期。

〔2〕 陈军等根据中国人民银行《关于全口径跨境融资宏观审慎管理有关事宜的通知》给"全口径跨境融资宏观审慎管理"下的定义如下："在跨境融资管理部门通过运用宏观审慎管理工具，合理调控本外币跨境融资规模，优化跨境融资币种、期限等结构，防范由跨境融资流出入引发跨境资金流动风险，从而维护我国国际收支基本平衡与经济金融稳定。"参见陈军等：《我国全口径跨境融资宏观审慎管理问题研究》，载《西部金融》2018 年第 6 期。

〔3〕 参见葛福婷、张卫国：《粤港澳大湾区跨境债权融资发展研究》，载《城市观察》2020 年第 6 期。

范信用评级行业发展。"在国内信用评级的建设层面，应当加强信用评级制度建设，在 2018 年 9 月中国人民银行、证监会联合发布的第 14 号公告《加强信用评级统一管理　推进债券市场互联互通》确定的信用评级监管框架基础上，一方面通过制定专门有关评级规定的上位法统筹信用评级法律体系，另一方面细化实施规则使信用评级法律法规落到实处。在信用评级对外开放层面，推进国内信用评级标准与国际标准接轨，同时利用粤港澳大湾区的优势，推进建设粤港澳三地信用评级结果互认机制，从而为中资美元债、熊猫债、点心债的发行减少信用评级层面的境内外标准差异等制度障碍。

在会计审计标准层面，应当完善粤港澳三地会计审计准则互认制度。香港、澳门分别于 2005 年、2007 年起采用国际财务报告准则，2007 年内地与香港签署《内地与香港会计审计准则等效联合声明》，推进会计、审计准则实现等效[1]；2010 年广东省与香港签署了《粤港合作框架协议》，2011 年广东省与澳门签署了《粤澳合作框架协议》，上述两份协议涵盖了会计审计衔接有关的内容。随着粤港澳大湾区的建设，粤港澳三地的会计审计准则互认与衔接形成了良好的合作状态。坚持三地会计审计准则互认制度，下一步，可以考虑对债券发行市场的会计审计标准、要求进行对比，形成一套符合三地债券发行市场要求且与国际趋同的会计审计制度。另外，对于未互认的会计审计准则，适当采用单边模式，放宽要求、降低发债成本。2018 年中国人民银行、财政部制定的《全国银行间债券市场境外机构债券发行管理暂行办法》放宽了银行间债券市场的会计审计标准，对于未经互认的境外发债主体可以通过提供差异说明的方式发行债券；未来可扩大其适用范围至交易所债券市场。

第五节　粤港澳大湾区非标债权资产跨境交易机制

目前粤港澳大湾区非标债权资产[2]跨境交易尚处试点起步阶段，规模较

---

〔1〕　参见朱峰：《粤港澳大湾区会计合作的变迁与发展趋势》，载《财会月刊》2019 年第 10 期。

〔2〕　根据 2020 年 8 月 3 日施行的《标准化债权类资产认定规则》，非标准化债权类资产是指不符合标准化债权类资产（指依法发行的债券、资产支持证券等固定收益证券）、经认定为标准化债权类资产、经申请认定为标准化债权类资产条件的债权类资产，但存款（包括大额存单）以及债券逆回购、同业拆借等形成的资产除外。

小。中国人民银行等《关于金融支持粤港澳大湾区建设的意见》指出"稳步扩大跨境资产转让业务试点。探索扩大跨境转让的资产品种"。以下将以现行监管框架下粤港澳大湾区跨境资产转让试点实践为切入点，剖析非标债权资产跨境交易机制及其制度障碍，提出推进粤港澳大湾区非标债权资产跨境交易的对策建议。

一、大湾区非标债权资产跨境交易的概况

（一）非标债权资产跨境转让的制度沿革

非标债权资产跨境转让涵盖"境内金融机构境内贷款本息收益权、跨境贷款本息收益权、国际国内贸易融资项下应收账款、商业银行不良资产、融资租赁业务、境内和离岸保理业务形成的收益权的跨境转让"等[1]。2013年中国人民银行《关于简化跨境人民币业务流程和完善有关政策的通知》规定境内银行可开展以人民币为交易币种、以贸易融资为资产类别的资产跨境转让业务。2015年国家外汇管理局《关于金融资产管理公司对外处置不良资产外汇管理有关问题的通知》对金融资产管理公司对外处置不良资产外汇管理政策继续精简化。2016年国家发展和改革委员会《关于做好对外转让债权外债管理改革有关工作的通知》规定境内金融机构向境外投资者转让不良债权纳入外债登记等事宜。上述政策规范主要针对金融机构的不良资产与银行贸易融资的跨境转让业务。

近年，海南、广东、上海等自贸区以及粤港澳大湾区对跨境资产转让进行了各种探索。2020年国家外汇管理局海南省分局《关于支持海南自由贸易港建设外汇创新业务政策的通知》提出在海南自由贸易港开展境内信贷资产对外转让业务，为银行不良贷款和银行贸易融资等境内信贷资产对外转让业务提供了操作指引；2020年多个政策文件为粤港澳大湾区内试点机构跨境资产转让业务提供支持；2020年中国人民银行上海总部《关于在中国（上海）自由贸易试验区临港新片区开展境内贸易融资资产跨境转让业务试点的通知》指出在上海自贸区开展境内贸易融资资产跨境转让业务试点。

由此可见，跨境资产转让发展情况呈现出循序渐进、逐步开展的特点，

---

[1]　刘冬梅、刘瑜晖：《加强跨境资产转让外汇管理》，载《中国金融家》2017年第12期。

相关政策在逐步完善，依托自贸区、粤港澳大湾区等地区先试先行，在资产类别上以不良资产、贸易融资为主，在风险管理上以纳入外债登记管理为手段。

（二）大湾区非标债权资产跨境交易的试点情况

在目前的试点里，粤港澳大湾区涵盖内地与香港、澳门两个境内境外市场，同时拥有广东自贸区、深圳先行示范区两个特色建设地区，开展跨境资产转让试点有明显的"涉外"优势与区位优势。2015 年有关广东自贸区建设的政策文件（如《中国（广东）自由贸易试验区总体方案》、中国人民银行《关于金融支持中国（广东）自由贸易试验区建设的指导意见》）探索在广东自贸区分别开展以信贷资产为资产类别、以租赁资产为资产类别的人民币资产跨境转让业务。2020 年 3 月国家外汇管理局广东省分局、国家外汇管理局深圳市分局《关于外汇管理支持粤港澳大湾区和深圳先行示范区发展的通知》允许粤港澳大湾区内试点机构开展以银行不良贷款与银行贸易融资为资产类别的资产跨境转让业务。

2017 年，深圳经国家外汇管理局授权获得了为期一年的开展不良资产跨境转让试点业务，并于 2018 年争取到了试点续期、放宽限制、升级业务的批复以及制定具体的操作指引。2018 年 5 月，国家外汇管理局广东省分局授权同意广东金融资产交易中心开展不良资产跨境转让试点业务，同年 6 月批准设立银行不良资产跨境转让业务试点，并明确不良信贷资产跨境出让主体范围。2020 年 7 月 21 日，粤港澳大湾区首笔银行贸易融资资产跨境转让业务落地广州，金额为 298.79 万美元[1]。2020 年 12 月，在广东金融资产交易中心协助下一笔转让价款为 3.25 亿元的不良资产挂牌并成功向境外银行转让[2]。2022 年 1 月 24 日，《中国（广东）自由贸易试验区广州南沙新区片区开展跨境贸易投资高水平开放外汇管理改革试点实施细则》及其《操作指引》为南沙自贸区贸易融资资产跨境转让提供具体可行的指南，并于同年 6 月成功助力促成南沙自贸区首笔金额为 115 万美元的贸易融资资产跨境转让。[3]"截至

〔1〕 数据来源于《粤港澳大湾区首笔贸易融资资产跨境转让业务落地广州》，载 http://guang-zhou. pbc. gov. cn/guangzhou/129136/4062290/index. html，最后访问日期：2022 年 12 月 20 日。

〔2〕 彭涞：《浅谈银行不良资产跨境转让》，载《债券》2022 年第 6 期。

〔3〕 数据来源于《南沙自贸区首笔贸易融资资产跨境转让业务落地》，载 https://baijiahao. baidu. com/s？id=1737431654895054472&wfr=spider&for=pc，最后访问日期：2022 年 12 月 20 日。

2022 年 6 月末，中国人民银行广州分行辖内跨境人民币资产转让业务可转让的资产品种已涵盖贸易融资资产、不良信贷资产、融资租赁资产和绿色信贷资产，累计办理跨境资产转让人民币结算业务达 2619.85 亿元。"[1]在上述机制的支持下，粤港澳大湾区跨境资产转让呈现出良好的发展趋势。

表 3-4　粤港澳大湾区跨境资产转让试点机制汇总[2]

试点	文件	资产类别	具体内容
深圳市	《关于深圳市分局开展辖区内银行不良资产跨境转让试点业务有关事项的批复》	不良资产	授权国家外汇管理局深圳市分局在辖区内开展银行不良资产跨境转让试点，为期一年
	《关于银行不良资产跨境转让试点续期的请示》		从取消试点期限限制、将试点业务由国家外汇管理局深圳市分局逐笔审核改为逐笔事前备案、允许通过外债账户接受境外投资者汇入的交易保证金等方面对试点业务进行升级
	《关于深圳市分局银行不良资产跨境转让试点续期有关事项的批复》		同意深圳继续在辖内开展银行不良资产跨境转让试点，取消试点期限限制
	《深圳地区开展银行不良资产跨境转让试点业务操作指引》		根据《关于深圳市分局银行不良资产跨境转让试点续期有关事项的批复》，为深圳地区银行不良资产跨境转让制定操作指引细则
广东省	《关于广东金融资产交易中心有限公司开展银行不良资产跨境转让试点有关事项的批复》	不良资产	同意广东金融资产交易中心开展相关试点业务

---

[1] 唐柳雯、洪光：《上半年粤跨境人民币业务额达 1.28 万亿》，载《南方日报》2022 年 7 月 23 日。

[2] 来源：根据现有政策整理。

续表

试点	文件	资产类别	具体内容
南沙自贸区	《中国（广东）自由贸易试验区广州南沙新区片区开展跨境贸易投资高水平开放外汇管理改革试点实施细则》	贸易融资资产	涵盖拓宽企业跨境投融资渠道等9项资本项目改革措施、便利优质企业经常项目资金收付等4项经常项目便利化措施、相关风险防控和监管要求等内容
	《跨境资产转让试点业务操作指引》		为贸易融资资产跨境转让提供了具体可行的指引
粤港澳大湾区、深圳市	《关于外汇管理支持粤港澳大湾区和深圳先行示范区发展的通知》	银行不良贷款和银行贸易融资	提出开展境内信贷资产对外转让试点，按照风险可控、审慎管理的原则，允许粤港澳大湾区内试点机构对外转让银行不良贷款和银行贸易融资，并提供操作指引

二、大湾区非标债权资产跨境交易的制度障碍

（一）缺乏健全的规范体系

从非标债权资产跨境交易的制度梳理以及试点情况来看，跨境资产转让缺乏健全的法律法规、政策规范和操作指引体系。

第一，跨境资产转让本质是"债权转让"，这将引起债权人和债务人权利义务的变化。在我国法律体系中，《民法典》第545条至第550条规定了债权转让的限制条件、生效要件、主从权利变动等内容，但针对债权跨境转让仍缺乏专门性规定，这导致相关机构开展不良资产、贸易融资等资产跨境转让业务时适用法律面临困难。目前跨境资产转让依赖中国人民银行、国家外汇管理局、国家发展和改革委员会等部门从监管、外汇管理、试点方案等方面制定的各种规范性文件，缺乏健全、系统的法律法规。

第二，非标债权资产跨境交易将导致国家外债规模的变化，这涉及外汇管理。然而，非标债权资产跨境交易机制与外债管理制度的对接仍不顺畅，容易产生规避全口径跨境融资宏观审慎管理政策、脱离外债统计监测范畴的风险，这不仅影响国家外债风险的把控，也将在转让主体、资产类别等层面

制约跨境资产转让的发展。

第三，目前各试点的政策与操作指引相互独立，缺乏关联，规范性与统一性不足。在粤港澳大湾区，深圳发布了银行不良资产跨境转让试点业务操作指引以及南沙自贸区发布了贸易融资资产跨境转让试点业务操作指引，两个操作指引适用的资产类别不同，适用地区范围仅限于深圳、广东南沙地区，操作指引的不统一难以服务于粤港澳大湾区稳步扩大跨境资产转让业务的目标。

（二）"涉外"因素导致法律冲突

贸易融资、不良资产、融资租赁业务等非标债权跨境转让的本质是债权的跨境转让，其涉及"涉外""跨境"因素，不可避免地产生境内境外的法律差异与法律冲突问题。具体而言，境内境外的法律冲突主要体现在债权的可转让性、债权转让的生效要件、债务人与受让人之间的关系等方面。

在债权的可转让性方面，我国《民法典》第545条规定，根据债权性质、当事人约定、法律规定不能转让的债权不得转让。但当境内境外在债权可转让性的问题上存在法律冲突时，适用何种法律将决定债权能否转让。

在债权转让的生效要件方面，存在三种立法模式：一是债权转让以债务人同意为生效要件的严格限制主义；二是债权转让不以债务人同意为生效要件的自由主义；三是债权转让不以债务人同意为生效要件但以通知债务人为前提的折中主义。对此，日本、瑞典、荷兰等国采用严格限制主义，美国、西班牙等国适用自由主义，我国则采纳折中主义。[1]债权转让生效要件的法律冲突将决定跨境资产转让是否有效。

在主体法律关系方面，跨境资产转让存在债务人与转让人之间的原始债权债务关系、转让人与受让人之间产生的转让合同关系、受让人基于转让合同取得了转让人的债权人地位，从而与债务人发生法律上的权利义务关系。跨境资产转让中转让人与受让人的法律关系在适用上产生冲突时，直接以资产转让协议为连接点，适用一般合同的法律适用规则；而债务人与受让人之间并无直接的合同作为连接点，二者在依据各自的法律行使权利、履行义务时可能会发生法律适用争议，如何确定适用的法律有待明确。[2]

---

〔1〕　参见颜林：《论跨国资产证券化中的法律适用：以资产转让和证券发行为核心》，载《甘肃政法学院学报》2011年第2期。

〔2〕　参见颜林：《论跨国资产证券化中的法律适用：以资产转让和证券发行为核心》，载《甘肃政法学院学报》2011年第2期。

综上，粤港澳大湾区存在着"一国两制三法域"，在大湾区内开展资产跨境转让业务时，债权的可转让性、债权转让的生效要件、债务人与受让人之间的关系等法律冲突问题亟须解决。

（三）配套设施不完善

不良资产、贸易融资等非标债权资产多在场外进行交易，缺乏具体的信息披露要求，透明度低；同时较少进行信用评估，信息不对称问题严重。目前粤港澳大湾区等试点地区缺乏相应的配套措施保障跨境资产转让业务的开展。一方面，缺乏统一的跨境资产转让信息发布和交易平台。在目前的试点里，上海于 2020 年 11 月 3 日上线了跨境人民币贸易融资转让服务平台。粤港澳大湾区试点拥有广东金融资产交易中心、前海金融资产交易所两个跨境资产交易场所，但缺乏统一的跨境资产转让信息发布、交易平台，跨境资产转让对手方无法充分了解资产状况、限制条件、风险情况。另一方面，缺乏跨境资产转让的第三方信用评级机制。实践中通过提供隐形担保、刚性兑付等手段解决非标债权资产业务信息不对称问题，往往导致信用虚高，不利于非标债权资产跨境交易安全。

三、大湾区推进非标债权资产跨境交易的对策建议

（一）健全非标债权资产跨境转让的法规体系

第一，推进政府部门协调，建立统一的规范体系。首先，应当加强中国人民银行、国家外汇管理局、国家发展和改革委员会等部门协调，统筹海南、广东、上海等地区非标债权资产跨境转让的试点经验，在遵循不良债权等资产转让真实性、整体性、洁净转让三原则的基础上，统一监管思路、明确外债管理路径，研究制定跨境资产转让管理办法。其次，加强外汇管理机制与现行外债管理制度的对接，将不良资产、贸易融资等资产跨境转让纳入全口径跨境融资宏观审慎管理框架，并完善不良资产、贸易融资等资产跨境转让时跨境资金流动的数据采集报送机制。最后，在业务监管方面，针对非标债权资产跨境转让信息发布、转让交易、资金流动、国际收支申报等业务环节进行监管，协调中国人民银行、国家外汇管理局等监管部门建立监管信息共享机制。从上述三方面解决法规不统一、不规范、不衔接的问题，为粤港澳大湾区开展试点业务提供统一的指引，方能夯实非标债权资产跨境交易的制度基础。

第二，优化粤港澳大湾区非标债权资产跨境转让的运行机制。充分发挥国家外汇管理局广东省分局的统筹作用，建设粤港澳大湾区统一、规范的跨境资产转让政策体系。在《关于金融支持粤港澳大湾区建设的意见》以及《关于外汇管理支持粤港澳大湾区和深圳先行示范区发展的通知》"扩大资产转让业务试点""允许开展银行不良贷款与银行贸易融资"的政策指引下，逐步开放跨境资产转让主体，拓宽资产类别范围，在信息发布、运行操作、外债管理、监管等方面作出与粤港澳大湾区试点特点相匹配的规定与要求。同时，总结粤港澳大湾区内广东金融资产交易中心、前海金融资产交易所的业务规则与经验，统一相关转让交易协议文本以及操作流程。

（二）建立法律冲突协调机制

法律冲突的解决途径通常有选择适用法律、援引国际公约、参照国际惯例等。在我国，民事法律冲突的法律适用以《中华人民共和国涉外民事关系法律适用法》（以下简称《涉外民事关系法律适用法》）为指引，这同样适用于跨境资产转让产生的部分法律冲突。

跨境资产转让在债权可转让性层面产生法律冲突时，在我国现行法律适用法体系无法找到确切指引，国际实践中存在着适用债务人与转让人原始合同的准据法与适用转让人与受让人转让合同的准据法两种模式。债权可转让性的法律冲突适用原始合同的准据法更合理，原因在于债权的可转让性是转让合同得以产生和生效的前提，以转让合同的准据法作为债权可转让性法律冲突的法律适用有本末倒置的嫌疑。[1]

在债权转让生效要件法律冲突层面，"各国实体法渐渐向有利于转让的方向迈进"[2]，其实质是转让合同的效力问题，因此应当以转让合同为连接点，寻找准据法。《涉外民事关系法律适用法》第41条规定，以当事人意思自治选择合同适用的法律，没有约定的适用履行义务最能体现该合同特征的一方当事人经常居所地法律或者其他与该合同有最密切联系的法律。

在债务人与受让人法律关系的法律适用方面，存在着适用原始合同的准据法与适用转让合同的准据法两种立法实践。适用不同的立法模式体现了不

---

〔1〕　参见颜林：《论跨国资产证券化中的法律适用：以资产转让和证券发行为核心》，载《甘肃政法学院学报》2011年第2期。

〔2〕　宋晓：《涉外债权转让法律适用的法解释路径》，载《法学评论》2011年第4期。

同的立法倾向，适用原始合同的准据法更符合债务人的期待，适用转让合同的准据法更有利于保护受让人。鉴于原始合同先于转让合同成立，这意味着受让人对原始合同的存在知情，因此适用原始合同的准据法也未超过受让人的期待。

（三）完善非标债权资产跨境交易配套措施

标准化债券市场、股票市场有相对完善的交易平台、信用评级、金融中介服务体系等，而粤港澳大湾区非标债权资产交易亟须完善相关配套措施。一方面，建设粤港澳大湾区跨境资产信息发布与交易平台。可由国家外汇管理局广东省分局牵头整合广东金融资产交易中心、前海金融资产交易所等广东省现有交易场所的平台资源，批准依法成立的交易所作为粤港澳大湾区不良资产、贸易融资等非标债权资产跨境转让的交易平台，以技术化的手段实现跨境资产转让业务信息发布、转让交易的标准化与专业化，为跨境资产转让业务提供交易平台与交易机制。另一方面，引入第三方信用评级机构对粤港澳大湾区跨境转让非标债权资产进行评级的增信机制。债券市场较为成熟的信用评级机制可以为粤港澳大湾区跨境资产转让业务的信用评级提供借鉴经验，鼓励第三方信用评级机构围绕跨境资产转让业务探索评级业务，解决非标债权资产的信息不对称问题。

第六节　粤港澳大湾区债券市场融合机制

粤港澳大湾区债券市场互联互通，以"债券通"为典型。目前境外投资者投资内地债券市场，超过六成交易额[1]是通过"债券通"进行的。2020年上半年，粤港澳大湾区主体通过"债券通"发行债券达 638 亿元人民币[2]。截至 2022 年 8 月末，国际投资者持有内地银行间债券 3.48 万亿元人民币，较"北向通"开通前增加了近 2.6 万亿元人民币[3]。这表明"债券通"正成为粤港澳大湾区债权融资的重要渠道。《发展规划纲要》明确指出：加快推进金

---

〔1〕　数据来源于香港金融管理局总裁余伟文于 2020 年经济峰会开幕式上的讲话。

〔2〕　数据来源于亚洲金融智库编：《粤港澳大湾区金融发展报告（2020）》，中国金融出版社2020 年版，第 144 页。

〔3〕　数据来源于 https://mp.weixin.qq.com/s/pI7bLF3h55kB XBSMe5vbtg，最后访问日期：2022年 11 月 20 日。

融开放创新；不断完善"沪港通""深港通"和"债券通"。以下针对"债券通"机制存在的问题，提出相应的优化方案。

一、大湾区债券市场融合的制度供给

"债券通"是指境内外投资者通过香港与内地债券市场在交易、托管、结算等方面的基础设施连接，参与两个市场债券交易的安排，包括"北向通"与"南向通"，两者分别于2017年7月和2021年9月开通。

（一）"债券通"的制度梳理

从2017年起，"债券通"制度体系逐渐形成（见表3-5），《内地与香港债券市场互联互通合作管理暂行办法》确定了"债券通"机制的基本框架，中国人民银行与香港金融管理局联合发布的《"债券通"项目下中国人民银行与香港金融管理局加强监管合作谅解备忘录》（以下简称《监管合作谅解备忘录》）就"债券通"的监管问题作出了原则性规定；中央国债登记结算公司（以下简称"中央结算公司"）、上海清算所、银行间市场清算所股份有限公司等机构的业务规则为"债券通"的交易、托管、结算、清算等具体运行问题提供了详细指引。"债券通"机制中，突出的创新在于：一是采用多级托管体系，与国际业务习惯和交易规则接轨；二是叠加穿透式监管，遵循内地债券市场的监管要求；三是内地与香港两地监管机构开展跨境监管合作。

表3-5 "债券通"制度汇总[1]

出台部门	时间	规则与指引名称
中国人民银行	2017年6月21日	《内地与香港债券市场互联互通合作管理暂行办法》
	2017年6月29日	《"债券通"结算操作暂行规程》
中国人民银行、香港金融管理局	2017年7月2日	《"债券通"项目下中国人民银行与香港金融管理局加强监管合作谅解备忘录》

---

[1] 资料来源于"债券通"官网。

续表

出台部门	时间	规则与指引名称
全国银行间同业拆借中心	2017 年 6 月 22 日	《全国银行间同业拆借中心"债券通"交易规则（试行）》
	2021 年 9 月 15 日	《全国银行间同业拆借中心债券通"南向通"交易规则》
中央国债登记结算公司	2017 年 6 月 26 日	《中央国债登记结算有限责任公司"债券通"北向通登记托管结算业务规则》
银行间市场清算所股份有限公司	2017 年 6 月 23 日	《银行间市场清算所股份有限公司内地与香港债券市场互联互通合作登记托管、清算结算业务实施细则（试行）》
	2017 年 6 月 28 日	《银行间市场清算所股份有限公司"债券通"北向通业务指南（试行）》
	2021 年 9 月 15 日	《内地与香港债券市场互联互通南向合作业务实施细则》
	2021 年 9 月 15 日	《内地与香港债券市场互联互通南向合作业务指南》
中国外汇交易中心暨全国银行间同业拆借中心	2020 年 9 月 24 日	《中国外汇交易中心关于落实完善债券通渠道资金汇兑和外汇风险管理有关安排的公告》
	2021 年 3 月 21 日	《中国外汇交易中心关于推出债券通外汇风险管理信息服务的公告》

（二）"债券通"的多级托管机制

在结算机制方面，"债券通"并未采用 QFII、RQFII、CIBMDirect[1]等机制的结算代理模式，而是创新性地采用国际主流的多级托管体系，内地经中国人民银行指定的中央债券存管机构与香港金融管理局的债务工具中央结算系统（以下简称为"香港 CMU"）进行连接，为境内外投资者办理跨境债

---

[1] 在当前监管法规的框架下，除了债券通，境外投资者进入中国银行间债券市场的渠道还有合格境外机构投资者与银行间债券市场直接投资模式（CIBMDirect），其中合格境外机构投资者又分为以外汇募集和投资的合格境外机构投资者（QFII）和以人民币募集和投资的人民币合格境外机构投资者（RQFII）。

券登记、托管、结算等业务实现了"结算通"。具体而言，香港 CMU 在上海清算所或者中央结算公司开立名义持有人账户，香港 CMU 为 CMU 成员开立次级托管账户，CMU 成员为投资者开立债券持有人账户，投资者的债券被层层托管，形成了多层级的托管架构（见图 3-1）。

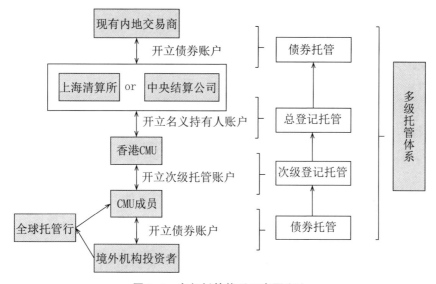

图 3-1　多级托管体系示意图 [1]

(三)"债券通"的监管机制

在《监管合作谅解备忘录》的原则性规定下，中国人民银行与香港金融管理局实现了多方面的监管合作。

第一，强化相关托管机构的报告义务，实现穿透式监管。次级托管机构日终上报最终投资者信息、托管机构的托管数据、资金跨境划转数据等，并要求下一级托管机构对其上报的数据信息的真实性、准确性和完整性负责。这种穿透式监管的安排体现了"中央确权、穿透监管、多级服务、合作共赢"的思路。

第二，对两地监管机构的跨境监管合作进行协调，其中包括：建立信息收集与报送机制，一方可因应监管需要向对方提出信息索取请求，对方应予

---

〔1〕 来源：根据"债券通"官网资料及"债券通"相关规则整理得出。

以配合；双方根据两地法律和各自的法定权限在"债券通"的执行领域加强合作，并依据国际金融市场基础设施有关原则对相关登记托管机构展开评估等。

二、大湾区债券市场融合存在的问题

"债券通"开通数年以来，粤港澳大湾区不仅在金融基础设施方面实现了"硬联通"，还在规则对接方面推动了"软联通"。但值得注意的是，一些制约"债券通"运行与发展的制度问题仍有待解决。

（一）多级托管证券权益性质不明确

与一般债券交易关系相比，"债券通"涉及的法律关系呈现出更为复杂的层级性与间接性，这导致投资者行使证券权利的方式发生较大变化。[1]以"北向通"为例，境外投资者虽享有证券权益，但其行使权利需要通过名义持有人进行；若投资者要突破多级托管、名义持有而直接提起诉讼，则须对其拥有的债券实际权益予以证明，起诉的依据是与案件有利害关系。[2]尽管"债券通"投资者证券权益的行使规则已较为详细，但此类投资者权益的性质并未得到明确，使投资者权益保护面临着风险。

一方面，多级托管体系下投资者对证券的所有权较为隐弊，传统的所有权观念弱化。这是因为多级托管体系下法律关系的层级性、间接性导致投资者与发行人之间的直接债权债务关系被名义持有人所割裂，投资者对债券失去了直接控制。另一方面，在多级托管体系下，基于托管协议产生的合同请求权观念强化。托管协议以及托管机构为投资者开设的账户构成了投资者对其托管证券权益的确定以及相关权利行使的基础，因此有观点认为在多级托管、间接持有的情况下投资者享有的是合同请求权，匈牙利对于名义持有模式下证券权益的确定便是采用合同请求权的立法模式。[3]所有权是绝对权，而合同请求权是相对权，因此对于投资者托管在托管机构的证券，其权益性质是所有权还是合同请求权的认定并非单纯的理论问题，而是将影响到证券

---

〔1〕 徐士敏主编：《证券结算》，中国人民大学出版社2006年版，第400~406页。

〔2〕 根据《中华人民共和国民事诉讼法》第119条的规定，原告是与本案有直接利害关系的公民、法人和其他组织。

〔3〕 罗成：《证券间接持有国际法规制研究及我国之借鉴——以投资者保护为视角》，华东政法大学2016年硕士学位论文。

的流转与担保、投资者权利的行使、投资者的救济程序以及投资者与善意第三人之间的冲突解决。[1]

（二）穿透式监管效率低下

"债券通"通过托管机构逐级上报托管数据的方式来实现穿透式监管，然而账户结构的层层嵌套，也容易导致监管机构获取投资者信息以及市场交易信息的难度大大增加，穿透式监管的实际效率低下。

第一，监管机构对市场主体的信息穿透困难。一方面，基于"债券通"的多级托管体系和名义持有制度，实际投资者并不直接具备发行人的债权人身份，这无疑增大了穿透式监管的难度。另一方面，监管机构无法直接掌握实际投资者的交易信息和资金流动信息，信息经逐层汇总后才能报送到监管机构，这使得境内监管机构难以有效监控和调查境外投资人的内幕交易、市场操纵等违规行为[2]。

第二，监管机构获取相关数据和信息不够及时。在多级托管体系下，监管机构须依靠下级托管机构上报相关托管数据，由于数据信息传递链条较长，导致数据信息的层级隔阂、传递迟延，监管机构往往无法实时、及时、有效地获取相关的数据与信息，影响监管效果。

第三，监管机构核实数据和信息真实性的难度大。一方面，对于发行人所披露的信息，以"南向通"为例，境内监管机构难以核实境外发行人所披露信息的真实性，即使展开调查也需要依赖相关托管机构以及香港金融管理局等机构的协助。境内监管机构无法一一实时跟踪、监督境外发行人募集资金的用途是否与所披露的信息相符。另一方面，多级托管体系下，由托管机构自行报送信息，虽然规定下级托管机构对其上报的数据信息的真实性负责，但是并未规定违反真实上报义务的惩罚或者责任机制，因此托管机构信息造假的风险仍然存在。

（三）跨境监管协调存在不足

第一，债券市场的跨境监管合作机制尚不够系统化。"债券通"的监管合

---

[1]　楼建波、刘燕：《证券持有结构对投资人证券权利法律定性的影响——一个新的分析框架》，载《商事法论集》2009年第1期。

[2]　例如，2016年"沪港通"机制中发生的首例"唐某博等操纵证券市场案"，唐某博正是利用名义结算账户体系的层层掩护、作为实际权益拥有者的香港投资者不会通过证券账户显现、监管机构难以掌握实际投资人的相关细节信息等漏洞，通过多种手法操纵证券市场，损害其他投资者的利益。

作主要以《监管合作谅解备忘录》为基础，属于一事一议的政策协调，规则效力较低，且仅适用于"债券通"，粤港澳大湾区债券市场合作仍缺乏高层级的制度设计。另外，《监管合作谅解备忘录》的规定较为粗疏，诸如线索与调查信息通报、信息使用、送达、协助执行等具体合作问题的规定与"沪港通"的合作备忘录规定仍存较大差距。

第二，债券市场的监管冲突问题有待解决。两地监管机构在监管主体、监管对象、监管内容等方面存在差异[1]，而"债券通"对此种差异的处理存在缺陷，主要体现在："债券通"实行主场原则，其交易结算活动遵守交易结算发生地的监管规定及业务规则，各地制度差异有可能被不法投资者利用以逃避监管措施。

第三，交易所债券市场的监管合作仍存在真空。2022 年 6 月 30 日生效的《关于进一步便利境外机构投资者投资中国债券市场有关事宜的公告》规定，已进入银行间债券市场的境外机构投资者可以直接或通过互联互通方式投资交易所债券市场，未来将"债券通"互联互通的范围扩展至交易所债券市场的情况下，必然涉及两地监管协调问题。在内地，银行间债券市场和交易所债券市场适用不同的监管依据、受不同的监管主体监管，前者以《中华人民共和国中国人民银行法》为依据，由中国人民银行监管，后者则以《证券法》为监管依据、由证监会监管，这种分割的监管体系将为两地监管合作带来挑战。

三、大湾区债券市场融合问题的对策建议

（一）完善"债券通"的多级托管规则

为了优化"债券通"机制，有必要从宏观、微观两个层面对"债券通"机制的多级托管规则进行完善。

在宏观层面，吸收香港成熟的托管规则。香港托管制度强调投资者保护，更贴近国际规则，应当在吸收香港经验基础上进一步优化具有穿透模式的多

---

〔1〕 内地债券市场的监管以《证券法》为法律基础，监管框架呈现出分业监管、多头监管等特点；香港债券市场的监管以《证券及期货条例》为法律基础，政府监管和行业自律相结合，监管主体包括香港金融管理局与香港证监会，监管内容涵盖对经纪行、投资顾问、中介人、投资者、市场运营机构等对象进行监管和对内幕交易、操纵价格、虚假交易、披露虚假或者具有误导性资料操纵市场等行为进行监管。

级托管体系：一方面，可以充分利用粤港澳大湾区各城市的地方立法权，通过立法吸收香港证券市场多级托管制度等金融判例法；另一方面，将香港部分多级托管业务规则吸收融入"债券通"的业务规则中，为两地托管机构参与多级托管业务提供具体指引。

在微观层面，明确"债券通"中的证券权益为信托权益。其依据在于以下方面：其一，信托模式符合内地和香港的信托立法基础。从域外来看，对于多级托管下名义持有人与实际权益拥有者法律关系的厘清以及证券权益性质的确定，主要有美国的"口袋权""证券权益"模式、德国的"共同持有"模式以及英国的"信托权益"模式三种立法模式。综合来看，"一揽子"权利包揽证券权益的立法模式不符合我国立法国情，共同持有的立法模式又容易混淆名义持有的本质。由于我国具备《中华人民共和国信托法》基础，香港《证券及期货条例》也要求客户资产存入信托账户或客户独立账户[1]，因此运用信托关系确定"债券通"多级托管体系下的证券权益具有合理性。其二，信托模式契合多级托管体系特点。"债券通"要求自营账户与托管账户有效隔离，反映了信托财产的独立性，投资者依赖托管机构行使权利，以及托管机构行使相关权利须征求投资者意见，反映信托关系中委托人与受托人的权利义务特点。其三，信托模式在内地具备相关实践基础。由中国证券业协会发布的《融资融券合同必备条款》规定，合同应约定证券公司与投资者就融资融券的特定财产成立信托关系。"债券通"机制下投资者与托管机构的托管协议可以参照《融资融券合同必备条款》中的规定，对二者之间的法律关系定性为信托关系，明确证券权益归属。除了明确证券权益归属、各方责任、债券本息，托管协议还应该对投资者的权利行使、维权途径、债券违约退出机制等内容进行规范约定，例如明确投资者如何通过托管机构行使债权人会议的相关权利以及托管机构如何协调多方投资者意见履行职责等。[2]

---

〔1〕《香港证券及期货条例》第Ⅵ部第149条第（1）款规定："证监会可订立规则，规定持牌法团及其有联系实体以该等规则指明的方式，对待和处理该法团的客户款项"；第（2）款规定："在不局限第（1）款的一般性及不损害第398（7）及（8）条的原则下，证监会可在第（1）款所述的规则中——（a）规定持牌法团的客户款项或其任何部分须存入客户款项开立并指定为信托账户或客户账户的独立账户……"

〔2〕李莉莎、周雪芹：《"债券通"机制存在的问题及其解决路径》，载《金融经济》2022年第11期。

（二）优化"债券通"的穿透式监管规则

优化"债券通"机制的穿透式监管，不仅要完善托管机构的报告义务规则，还要强化金融科技在监管中的应用。

在托管机构的报告义务方面，应当建立信息核对制度，保证数据和信息的真实性。美国的经验值得借鉴：一是采用日终月终双重对账制度[1]以确保证券托管系统的精确性，保证托管数据等相关信息真实准确；二是美国金融业监管局于2021年发布的《关于债券市场交易报告制度（征求意见稿）》提出缩短报告周期、增加报告指标等要求以获取更详细的交易数据。以此为启发，可在"债券通"日终上报数据信息制度的基础上进行改进，建立日终月终双重定期信息核对和不定期抽查信息核对制度，遏制造假风险；建立必要时的跨级信息核对制度，从而避免信息层级传递可能发生的出错风险，并便于发现出错源头从而对相关机构进行追责。另外，还应强化托管机构违反报告义务的责任机制，将托管机构数据报送义务落到实处，防止托管机构虚假披露。

在强化监管中心金融科技应用方面，首先应当强化政策效应。《广东省国民经济和社会发展第十四个五年规划和2035年远景目标纲要》提出将设立粤港澳大湾区债券发行平台。在此背景下，应进一步细化激励措施推动区块链、云计算、大数据、联盟网络等信息技术的应用，将法律规则与技术规则相结合，建设安全、可控、透明的债券托管登记系统。同时，应当注意防范金融科技风险。例如，美国DTC规则要求DTC一直处于被保险状态，澳大利亚Austraclear建立了三套异地备份系统以应对意外事故与数据丢失等。[2]"债券通"托管登记系统应当构建应对系统风险的措施框架，落实相关保险制度和数据备份制度等。

（三）推进"债券通"的区际监管协调

内地与香港有必要在债券领域加快形成监管合作备忘录，一方面为"债券通"两地监管合作提供上位规则指引，另一方面为粤港澳大湾区背景下内地与香港债券市场合作的监管提供制度性基础。此外，还应当推进常态化监

---

[1] 也就是，参与人应当在每日日终以及每月月末将相关数据与全美证券托管机构（以下简称"DTC"）进行对账，以便DTC进行核查是否会有数据差异或者偏差。

[2] Yao Lanqu：《金融市场基础设施风险的法律规制——以证券交易后程序为中心》，华东政法大学2021年博士毕业论文。

管合作，促进两地监管机构交流沟通。

针对两地的监管差异问题，建议引入跨境证券交易监管中的等效认可制度[1]。经济学家巴曙松提出促进粤港澳大湾区金融监管体系互补的途径之一就是考虑在相关金融监管领域开展监管"等效"评估，推动部分监管领域的相互认可。因此，可考虑在债券市场领域开展监管"等效"评估，推动债券市场相关监管规则、监管执行效果的相互认可，避免两地监管机构监管中的工作重复，减少监管空白。"债券通"机制下可以通过对照两地债券市场监管规则、执行效果的相似之处以及差异情况，对于相似之处无需经认可程序即可予以相互适用，而对于差异较大或者难以协调的方面则须通过两地监管机构的协调制定统一标准。

而对于未来"债券通"机制范围拓展至交易所债券市场的情况下，中国人民银行、上海证券交易所、香港金融管理局监管合作问题，应当考虑在现有的监管制度框架内予以协调。有观点主张，在内地债券市场互联互通的情况下，选择证监会作为债券交易市场的统一监管机构是解决长期困扰我国债券市场发展的权力博弈问题的根本途径[2]。如果能实现监管主体的统一，不仅有利于推进内地交易所债券市场和银行间债券市场互联互通，也有利于化解未来"债券通"机制拓展至交易所债券市场的监管协调问题。

---

[1]　跨境证券交易监管中的等效认可制度是指以证券交易监管规则相似或者监管达成的结果相似为基准，一国或者地区监管者承认他国或者地区监管者的相应监管规则或者监管成果在本国或者地区内的效力。这项制度可追溯至最初国际贸易领域各国之间对质量评定标准的相互认可，后来类似的方案逐渐应用至金融领域。

[2]　张东昌：《债券市场互联互通下的监管体系重构与债券法制统一》，载《证券法苑》2016 年第 1 期。

第四章
粤港澳大湾区跨境金融联通机制

　　《发展规划纲要》提出有序推进粤港澳大湾区金融市场互联互通，不断丰富投资产品类别和投资渠道，建立资金和产品互通机制。粤港澳大湾区金融要素的跨境流通本身就是粤港澳大湾区建设的重要内容，同时也是促进粤港澳大湾区发展愿景的重要力量。2023 年 2 月，中国人民银行会同原银保监会、证监会、国家外汇管理局、广东省人民政府联合发布的《关于金融支持横琴粤澳深度合作区建设的意见》《关于金融支持前海深港现代服务业合作区全面深化改革开放的意见》提出，应不断优化粤港澳大湾区金融资源配置，提高资金融通效率，加速三地金融市场互联互通，推动资金和金融要素跨境流通。此外，广东省、深圳市也分别出台了贯彻落实金融支持粤港澳大湾区建设意见的实施方案，切实推动内地金融市场开放，促进粤港澳大湾区资金和金融产品流通。本章将围绕推进粤港澳大湾区跨境金融联通的四方面机制，包括跨境理财、跨境支付结算、数据跨境流动和跨境征信合作，探析三地资金和产品互联互通的发展脉络，为进一步推进内地与港澳金融市场全方位互联互通，实现以更高水平对外开放促进粤港澳大湾区经济高质量发展提出建议。

第一节　粤港澳大湾区跨境理财通机制

　　《发展规划纲要》提出"扩大香港与内地居民和机构进行跨境投资的空间，稳步扩大两地居民投资对方金融产品的渠道"。2020 年 6 月 29 日，中国人民银行、香港金融管理局、澳门金融管理局发布《关于在粤港澳大湾区开展"跨境理财通"业务试点的联合公告》，决定在粤港澳大湾区开展"跨境理财通"业务试点。试点三年来，"跨境理财通"业务稳步增长，拓宽了粤港澳大湾区居民的跨境投资渠道，促进了金融市场互联互通。2023 年，随着港澳与内地恢复正常通关，"跨境理财通"业务迎来新机遇，部分试点银行"南向通"业务在 2 月份增长超四成。截至 2023 年 2 月末，粤港澳大湾区内地九市已有 31 家银行参与"跨境理财通"业务试点，为 4.36 万名个人投资者提供相关服务，涉及跨境资金汇划 1.86 万笔，金额 26.66 亿元。其中，"南向通"资金汇划 20.97 亿元，"北向通"资金汇划 5.69 亿元。在粤港澳大湾区蓬勃的经济发展和旺盛的金融需求驱动下，粤港澳大湾区财富管理市场具有广阔的发展前景。

一、大湾区跨境理财通的基本状况和制度安排

开展"跨境理财通"试点业务，对促进我国金融市场对外开放、提升金融科技发展水平以及社会经济共同发展具有重大意义。作为当前推进粤港澳大湾区金融市场互联互通的新生事物，有必要对其构成和创新性的制度安排进行探讨，进而为构建跨境理财通机制探索更加完善的方案。

（一）跨境理财通的基本构成

按照购买主体身份，"跨境理财通"业务可分为"北向通"和"南向通"两种。"北向通"指大湾区港澳居民通过在粤港澳大湾区的内地银行开立投资理财专户，购买内地银行销售的合资格理财产品；"南向通"指大湾区内地居民通过在港澳银行开立投资理财专户，购买港澳地区银行销售的合资格投资产品。

在跨境理财通的机制构建中，"北向通"和"南向通"发展程度并不平衡。其中，"北向通"发展条件相对成熟，内地通过出台一系列政策，鼓励港澳居民在粤港澳大湾区内地城市投资金融理财产品。例如，2018 年出台的《港澳台居民居住证申领发放办法》规定，办理了居住证的港澳台居民，在内地办理银行、保险、证券和期货等各项金融业务方面，有权享受与内地（大陆）居民同等的便利。2019 年 3 月，实施了港澳居民在代理见证下，开立内地个人银行账户的试点业务。相比起来，"南向通"在政策层面受限较多，根据 2007 年 1 月印发的《个人外汇管理办法实施细则》（已被修改），我国境内个人的境外直接投资、财产对外转移、返程投资、参与境外上市公司股权激励计划及境外证券投资等涉外项目，仅在部分领域及有限范围内实现了部分可兑换。"南向通"的运行面临制度障碍。因此，有待出台进一步的"南向通"专门机制，为其运行提供效力保障。

（二）跨境理财通的制度安排

2021 年 9 月 10 日《粤港澳大湾区"跨境理财通"业务试点实施细则》（以下简称《试点实施细则》）的出台，标志着跨境理财通业务正式进入实操阶段。在遵循"统筹协调、稳步推进、安全便利、风险可控"的原则下,"跨境理财通"试点作出多项创新制度安排,反映了国家支持粤港澳大湾区建设,积极推动粤港澳金融合作的决心,体现了当前粤港澳大湾区金融发展的时代性和科技性。

第一,"跨境理财通"是粤港澳大湾区金融业深度融合发展的重要举措,不仅深化了大湾区金融基础设施"硬联通",还推动了粤港澳大湾区金融运行和监管规则的"软联通"。"跨境理财通"的目标在于最大限度地便利大湾区个人投资者的跨境投资,实现全流程远程办理,包括线上签约、代理见证开户、线上风险测评、远程购买产品等。在此过程中,有必要在硬件和软件上实现三地联通。一方面,在开展"跨境理财通"业务中,粤港澳大湾区内地与港澳两地银行机构在多方面进行跨境合作,尤其是在账户基础、业务系统网点布局等硬件设施上进行对接;另一方面,在运行规则上也实现衔接,包括营销服务、业务规则、投诉处理等。

第二,"跨境理财通"在投资者保护方面进行了制度创新。由于粤港澳三地金融市场和金融制度存在区别,投资者的消费模式和习惯迥异,对此,《试点实施细则》明确规定遵循"业务环节发生地原则",分别按照内地和港澳有关法律制度,由业务环节发生地的金融管理部门负责投资者保护工作。另外,通过加强三地金融管理部门的协调合作,建立和健全投资者权利、主体责任、投资者信息保密、产品的风险评估动态调整以及纠纷解决等机制,也为投资者权益保护提供制度保障。

第三,"跨境理财通"设置了严密的金融风险防控机制,采取资金闭环管理和额度管控的宏观审慎管理模式。"北向通"和"南向通"的投资者在购买投资产品时,均应当在投资产品购买地开立投资专户,在资金汇出地开立汇款专户,并建立起投资专户与汇款专户之间的资金闭环汇划关系。另外,"北向通"和"南向通"均对跨境资金实行总额度1500亿元人民币的额度管理,并对单个投资者实行100万元人民币的额度管理。资金闭环汇划以及额度管控机制的设置,进一步加强了跨境金融风险防控,为深化粤港澳大湾区金融市场的互联互通提供了保障。

第四,"跨境理财通"业务进一步促进了人民币跨境结算机制的发展。为便于个人投资者识别和避免银行理财产品风险,降低跨境交易环节的汇兑成本,"跨境理财通"业务开展时,汇款专户与投资专户之间的跨境汇款均通过人民币跨境支付系统（CIPS）进行，资金兑换在离岸市场完成。该制度安排不仅降低了粤港澳大湾区投资者的跨境投资风险和交易成本，而且进一步探索和发展了人民币跨境使用实践，对推动人民币国际化产生了深远影响。

二、大湾区跨境理财通机制的完善建议

2021 年 9 月出台的《试点实施细则》对跨境理财通的业务准入资格、"南向通"业务与"北向通"业务的运行、额度管理、投资者保护、信息披露和监督管理等问题进行了规定。经过两年的试点，跨境理财通运行和操作中的各种新问题逐渐暴露并亟须解决，因而应当以《试点实施细则》作为宏观指导，结合跨境理财通的实践以及金融科技的应用需要，探索粤港澳大湾区跨境理财通机制的完善进路。

（一）完善类别化的主体准入机制

从主体分类来看，"跨境理财通"包括个人投资者以及银行机构。其中，个人投资者具体分为"港澳投资者"和"内地投资者"，前者指符合"北向通"业务试点条件的港澳地区居民个人，后者指符合"南向通"业务试点条件的粤港澳大湾区内地居民个人。而银行机构具体因"北向通"和"南向通"而有所差异："北向通"中包含"内地代销银行"和"港澳合作银行"，"南向通"中则包含"港澳销售银行"和"内地合作银行"（见表 4-1）。当前《试点实施细则》详细规定了银行展业条件、港澳投资者以及内地投资者应具备的准入条件，且内地代销银行和内地合作银行的业务报备也有流程参照操作指引，对于具体的银行展业资格审查程序、投资者资格审查操作程序以及审查判定的标准，均未作详尽的规定，影响了准入审查的可操作性。

表 4-1　"跨境理财通"银行机构分类

"北向通"	内地代销银行	指代理销售"北向通"投资产品的粤港澳大湾区内地银行业金融机构
	港澳合作银行	指与内地代销银行合作开展"北向通"业务、为港澳投资者开立"北向通"汇款账户并进行资金汇划的港澳地区银行业金融机构

续表

"南向通"	港澳销售银行	指销售"南向通"投资产品的港澳地区银行业金融机构
	内地合作银行	指与港澳销售银行合作开展"南向通"业务、为内地投资者开立"南向通"汇款账户并进行资金汇划的粤港澳大湾区内地银行业金融机构

对此，应当理顺银行机构与政府部门以及银行机构与个人投资者的关系，完善类别化的跨境理财通主体准入机制：

一方面，健全审查组织机制。建议在中国人民银行、国家金融监督管理总局、证监会的协调下，成立专门的大湾区"跨境理财通"展业条件审查组织，对从事"跨境理财通"业务的银行机构进行统一的事先审查。而且，应当通过引入第三方审查制度，提高银行业务资格认定的公信力和专业性。

另一方面，建立银行机构与金融监管部门双重审查机制，强化对投资者业务资格和资金来源的审查。目前在"南向通"业务中，依据《试点实施细则》的规定，由内地合作银行承担内地投资者业务资格和资金来源的审核责任。这是由于，内地合作银行为内地投资者办理资金收付结算业务，并且与内地投资者进行直接的业务对接，由其负责有关审核工作，符合当前"跨境理财通"业务试点阶段的实际情况。然而，从长远来看，随着"跨境理财通"业务的成熟，个人投资者的跨境资金规模将进一步扩大，应当补充和健全金融监管部门的审查职能，从而更有效地防控因投资者资金来源而引发的潜在风险。

（二）完善涵盖业务全流程的投资者保护机制

"跨境理财通"为内地与港澳投资者的权益提供了一定制度保障，尤其是信息披露制度。在"跨境理财通"业务中，内地代销银行、内地合作银行、港澳销售银行、港澳合作银行均掌握着投资者的信息来源，故均应负起相应的信息披露义务。依据《试点实施细则》所确立的"业务环节发生地原则"，银行机构在进行业务推介时分别遵守内地与港澳有关的法律制度，并且受业务环节发生地金融监管部门相关规定的约束。然而，若仅由业务环节发生地的银行机构进行相关信息披露，无法完全解决信息不对称问题，无法改变投资者的弱势地位。

完善涵盖业务全流程的投资者保护机制，建议区分事前、事中以及事后三个阶段，细化"跨境理财通"的具体规则。在事前阶段，应建立投资者风险揭示与预评估制度，即银行机构通过线上远程宣讲，不仅向投资者充分揭示业务中的风险，而且向投资者详细讲解业务环节发生地的法律制度、金融管理政策等有关规定，帮助投资者评估投资的潜在风险。在事中阶段，应在遵循公平、公开、公正等投资者保护原则的前提下，建立内地与港澳金融监管部门的投资者保护协商会议机制，并且三地应推动出台统一的大湾区"跨境理财通"投资者保护细则。同时，应建立合作银行投诉处理协助制度，运用区块链等金融科技，协助处理投资者与内地代销银行或港澳销售银行之间的业务纠纷。在事后阶段，应当进一步完善投资者个人信息保密制度。目前"跨境理财通"的跨境结算业务统一使用人民币跨境支付系统（CIPS）进行，按《试点实施细则》的规定，银行机构应及时向指定的金融管理部门报送"跨境理财通"业务试点的账户信息、跨境收支信息和持仓信息等。对于已报送的投资者个人信息，银行机构应当成立专门部门负责相关的管控和保密工作，其中非必要的个人业务信息应当及时从系统中删除，并且应按季度向金融监管部门报告投资者信息保密工作的落实情况。对于未履行谨慎保密义务的银行机构，应规定相应惩罚机制。

（三）完善以监管科技为核心的风险防控机制

为了打击利用"跨境理财通"进行逃税、洗钱、恐怖融资等的违法犯罪行为，遏制相应跨境资金风险，《试点实施细则》对投资者资金的跨境流动实行闭环式管理，并且由内地代销银行、内地合作银行与港澳销售银行、港澳合作银行共同建立业务动态监测协作机制，这在一定程度上反映了金融科技时代的制度创新，也为进一步完善"跨境理财通"风险防控机制指明了方向。

为顺应金融科技的发展特点，我国目前金融监管已从机构监管转向行为监管。一方面要发展监管科技，将金融科技作为提升监管穿透力和促进监管智能化的核心手段；另一方面要注意防范金融科技所带来的新型风险，提高监管效能。在"跨境理财通"的风险防控上也要贯彻此种思路：

第一，在应用监管科技的基础上，三地金融监管部门应协调建立"跨境理财通"交易数据统计和跨境风险预评估机制，统一跨境风险指数标准，当预评估结果达到中高风险指数时，应采取及时而有效的隔离应急处理措施。

第二，进一步升级"跨境理财通"的反洗钱风险分析机制。早在2021年

7月，香港金融管理局就提出"金融科技2025"策略，通过推出反洗钱合规科技实验室（AMLab）系列，加强银行防范外部欺诈风险的能力，并提升银行应对金融犯罪导致客户损失的能力。推动"跨境理财通"业务纳入AMLab范畴，有利于应用合成数据进行更全面的跨境风险分析。

第三，建立投资者个人数据安全监测平台，并由内地与港澳金融管理部门实施共同监管。该平台利用区块链技术，一方面加强对跨境投资者个人信息的保护力度，另一方面保障投资者个人数据出境的真实性、有效性和安全性。

（四）建立和健全跨境金融监管协作机制

如前所述，目前粤港澳大湾区在监管层面的互联性仍不充分，且粤港澳三地的金融监管体系、标准和方式迥异，"跨境理财通"业务和机制的纵深发展，有赖于更为高效灵活的监管协调。

目前《试点实施细则》下的监管合作，主要是三地金融监管部门以签订备忘录形式的"软法"模式，建立监管合作安排和联络协商机制。2021年10月，中国人民银行与香港金融管理局共同签署了《关于在粤港澳大湾区开展金融科技创新监管合作的谅解备忘录》，旨在通过"联网"方式实现金融科技在创新监管工具与监管沙盒上的对接。基于粤港澳大湾区特殊的背景，现阶段"软法"治理模式克服了硬法监管的不足，符合区域内金融业创新发展的实际需求。

此外，为促进"跨境理财通"创新业务的顺利开展，应当继续运用和完善跨境金融监管沙盒模式，加强内地与港澳金融监管部门的信息交流与业务沟通，推动粤港澳大湾区金融监管规则与国际金融规则的逐渐对接，提高粤港澳三地在跨境金融监管沙盒试点中的协调性与联动性。[1]

第二节　粤港澳大湾区跨境人民币支付结算机制

2023年2月中国人民银行会同原银保监会、证监会、国家外汇管理局、广东省人民政府联合发布的《关于金融支持横琴粤澳深度合作区建设的意见》《关于金融支持前海深港现代服务业合作区全面深化改革开放的意见》提出促

---

〔1〕　参见林嘉琪：《论粤港澳大湾区金融市场互联互通机制——基于跨境理财通机制视角》，载《金融科技时代》2022年第6期。

进合作区移动支付便利化、促进贸易结算便利化、推进跨境人民币结算、探索跨境支付清算新机制，旨在使港澳居民能在内地便利地使用移动电子支付工具进行人民币支付，推动移动支付工具在粤港澳大湾区互通使用。

当前，数字人民币在满足内地零售支付需求的同时，也具备在跨境支付领域应用的技术条件。粤港澳大湾区探索建立数字人民币国际示范区，构建数字人民币跨境支付机制，有助于推动大湾区跨境数字人民币合作创新，进一步优化跨境数字人民币业务，为内地和港澳居民提供更加便捷的跨境金融服务。同时，通过衔接三地数字人民币跨境支付规则及加强数字人民币支付监管，为未来更多场景和更大规模的数字人民币跨境支付做好准备。

一、大湾区跨境人民币支付结算的发展状况

（一）大湾区人民币跨境使用呈现良好态势

随着粤港澳大湾区人民币跨境使用机制的丰富和创新，人民币正逐渐成为粤港澳大湾区跨境支付结算的第一币种。2009 年，广州、深圳、珠海、东莞四个湾区城市率先开展了人民币跨境结算试点，推动人民币在粤港澳大湾区跨境使用机制的快速发展，2017 年广东省跨境人民币业务占比 23.4%，累计业务量为全国第一，与港澳之间的跨境人民币累计结算总额达 9.93 万亿元，占全省比重的 71.6%。[1] 随着近年来多项贸易投资便利化举措的出台，本外币合一资金池试点、跨境贸易投资高水平开放试点等率先在粤港澳大湾区落地，截至 2023 年第一季度末，广东省跨境人民币结算额达 1.67 万亿元，占本外币结算总额的 51.6%，人民币首次超越其他币种，成为广东省第一大跨境结算货币。[2]

（二）大湾区人民币跨境结算便利化加速

2018 年，中国人民银行发布《关于进一步完善人民币跨境业务政策促进贸易投资便利化的通知》，满足市场主体真实、合规的人民币跨境业务需求和个人项下的人民币跨境结算需要。2020 年，中国人民银行等六部委联合发布《关于进一步优化跨境人民币政策　支持稳外贸稳外资的通知》，从业务审批、

---

〔1〕　亚洲金融智库编：《粤港澳大湾区金融发展报告（2018）》，中国金融出版社 2018 年版，第 66 页。

〔2〕　唐柳雯：《人民币首次成粤第一大跨境结算货币》，载《南方日报》2023 年 4 月 15 日。

账户管理、资金结算等环节不断优化企业跨境人民币使用体验。随着上述文件的发布，粤港澳大湾区跨境人民币结算便利化不断加速。一方面，粤港澳大湾区正逐步放开跨境资金的汇兑限制，根据国家外汇管理局广东省分局的要求，银行在遵循"展业三原则"的同时，应允许符合条件的企业贸易外汇收入直接进入经常账户。在资本项目汇兑机制方面，广东依托自贸区建设不断推动资本项目收入支付便利化，如允许横琴自贸区的合规企业资本项目收入直接结汇、允许蛇口自贸区内的合规银行为境外机构办理境内外汇账户结汇业务等。另一方面，粤港澳大湾区跨境人民币使用场景不断拓展，自由贸易（FT）账户体系连接了粤港澳大湾区中的境内境外市场，跨境人民币应用场景从传统贸易投融资结算逐步拓展至 FT 账户体系。另外"跨境理财通"业务的覆盖面不断扩展，截至 2022 年 10 月 19 日，粤港澳大湾区内地试点银行累计开立"跨境理财通"业务相关账户 50 167 个，办理资金跨境汇划 15.61亿元人民币。[1]

（三）大湾区人民币跨境业务为人民币国际化带来机遇

粤港澳大湾区跨境人民币业务的发展，其目的一方面是通过提高人民币在大湾区内汇兑与使用的便利性以促进大湾区的金融市场融合，另一方面是以大湾区作为窗口，充分利用珠江三角洲城市群与港澳的特色优势，为人民币在全球的配置提供相适应的市场工具与政策便利，从而提高人民币的国际化水平。2018 年以来，人民币汇率进入双向波动通道，跨境贸易人民币结算金额企稳回升，证券投资跨境人民币收支快速增长，"一带一路"倡议进一步增强了人民币跨境使用的实际需求。[2]粤港澳大湾区作为连接中国与世界的重要枢纽，在人民币走向世界的过程中发挥了重要作用，香港作为全球最大的离岸人民币清算中心，其离岸人民币结算额约占全球的 75%，而人民币跨境贸易结算决定着人民币"国际货币"功能的实现和提升，香港的离岸人民币市场长期流动性供应机制为人民币国际化提供了很大助力。同时，澳门正在积极打造葡语系国家人民币清算中心，依靠不断完善的 CIPS 系统以及与葡语系国家金融机构的合作，推动中葡贸易人民币结算。可以说，粤港澳大湾

---

［1］《粤港澳大湾区"跨境理财通"试点一周年 资金跨境汇划超 15 亿元》，载 http://www.gov. cn/xinwen/2022-10/28/content_ 5722422. htm，最后访问日期：2023 年 3 月 28 日。

［2］牟灵芝：《人民币国际化的动因演进及展望》，载《新金融》2023 年第 1 期。

区是人民币"走出去"的重要枢纽。

二、数字人民币：大湾区跨境支付结算的新契机

(一) 数字人民币的发展背景

根据发行主体的不同可以将数字货币分为私人数字货币（Private digital tokens）与央行数字货币（Central Bank Digital Currency，CBDC）。在数字货币发展初期，以私人发行模式为主，随着国家对数字货币发行权的强化，各国央行发行的 CBDC 逐渐成了主流数字货币。CBDC 在支付结算领域显示了巨大潜力，这为我国数字人民币的发展提供了契机。

1. 私人数字货币的风险性

加密货币是数字货币发展的最初形态，即非由中央机构发行、不代表任何对发行人的请求权，仅代表区块链自身的价值，旨在用作商品与服务交换媒介的数字货币。其中最典型的代表就是比特币。加密货币主要有以下两方面特征：一是去中心化，加密货币的记账和结算不依赖于某个中心服务器，而是采用公有链模式，每一个系统节点都能够记录和验证交易信息；二是无价值锚定，加密货币本身不具有内在价值，并不标记特定的实物资产，也不兑换特定的商品或服务，基本上仅作为一种纯粹用于交易的资产存在。加密货币在运作上具有创新性，但由于缺乏信用支撑，交易价格波动的风险很大。

为了克服加密货币的弊端，部分金融机构和企业自主发行与法定货币、大宗商品等财产锚定的"稳定币"（StableCoin），其中最典型的代表是 Facebook 公司在 2019 年推出的 Libra（现更名为 Diem），其与一篮子低波动率、流动性良好的法定货币和政府债券挂钩，通过储备金和兑付机制与现实资产保持稳定的兑换关系。基于 Facebook 公司在全球广泛、稳定的客户基础，Libra 具备在全球范围内应用的潜力，七国集团稳定币工作小组也在其发布的报告中将该类数字货币称为"全球稳定币"。但 Libra 的风险性仍相当突出：对于小型经济体而言，Libra 的使用将引入非国家化货币局制度，从而使该国或地区的货币政策失去独立性；对于大型经济体而言，Libra 可能影响政府对货币流动性的管理从而造成通货膨胀和金融脱媒。[1]

---

〔1〕 李莉莎、温迪：《跨境支付场景下数字人民币的法律机制构建》，载《海南金融》2022 年第 11 期。

2. 央行数字货币的兴起

主权信用货币是货币史上的主要形式，现代货币的本质即信用。私人数字货币始终面临着信用不足的瓶颈而难以维持长期竞争力。数字货币要在真正意义上发挥货币职能，只能向央行数字货币的形式发展，即 CBDC。

CBDC 是指由中央银行发行的，具有明确的中心化组织、以国家信用为担保的数字货币。2020 年国际清算银行（BIS）发布的报告《中央银行数字货币：基本原则和核心特征》显示，全球 80% 的央行都参与了对 CBDC 的研究，其中至少有 36 家央行发布了具体的 CBDC 计划，欧美日等国的全球主流央行对 CBDC 的态度也从审慎保守转向积极进取。欧洲央行于 2021 年 7 月 14 日宣布启动数字欧元项目并开展相关调查研究，而欧洲央行与日本央行联合开展的关于数字货币跨境支付创新解决方案的研究已经进行到第三个阶段。为了维护和巩固美元地位，美联储正与包括国际清算银行在内的多方合作推出数字美元。

早在 2014 年，中国人民银行就成立了专门团队开展数字货币电子支付（Digital Currency Electronic Payment，DC/EP）项目的研发，对数字人民币的发行框架、关键技术、发行流通环境等问题进行专项研究。截至 2023 年 1 月，中国人民银行已在 17 个省份的部分地区开展数字人民币试点，场景多元覆盖各领域。目前世界上法定货币数字化的竞争愈趋激烈，而数字人民币正处于较领先位置。

（二）数字人民币对跨境支付困境的积极意义

从中国人民银行发布的《中国数字人民币的研发进展白皮书》（以下简称《白皮书》）对数字人民币的设计框架和技术特性的说明来看，数字人民币的跨境流通将有望更好地满足跨境支付中安全、高效和低成本的需求，具有广阔的发展前景。

1. 数字人民币的基本特征

根据《白皮书》的概括，数字人民币具有以下几方面特征：

第一，运营模式的双层化。即采用"中央银行—商业银行"的双层架构，由央行负责数字人民币的发行及生命周期管理，由受央行指定的商业银行（或其他运营机构）负责兑换流通服务，受指定的银行（或机构）需向央行上缴 100% 的准备金，以 1:1 的比例向央行兑换数字人民币后再兑换给用户。这种运营模式一方面保证了央行的发行权和中心化管理权，另一方面适当分散了央行的风险和压力，避免了风险过度集中带来的消极影响。

第二，"账户松耦合"的设计。CBDC 在交易和存储形式上存在两种技术路线，即基于账户（account-based）和基于代币（token-based）：在基于账户的 CBDC 体系中，只有当交易双方确认了数字身份的有效性，交易才能进行；而在基于代币的 CBDC 体系中，用户匿名化，无需进行身份验证。数字人民币的设计同时兼具账户和代币特征，在进行小额零售交易时，用户可以脱离身份信息使用，保持一定的匿名性；而在进行大额交易时则需要进行身份核验，从而满足反洗钱、反恐怖融资的需要。

第三，兼具零售和批发功能。根据面向对象的不同，CBDC 可以分为两类：一是批发型（wholesale CBDC），主要面向银行等金融机构，用于大额支付结算，如加拿大的 Jasper 项目、新加坡金融管理局的 Ubin 项目等；二是零售型，主要面向社会公众，用于日常小额零售支付，如瑞典的 E-Krona 项目。就我国而言，数字人民币的发行目标和定位主要在于提高国内普惠金融水平，满足公众的数字支付需求，因此数字人民币的性质主要为零售型。但数字人民币也具备批发功能，《白皮书》指出数字人民币已具备跨境使用的技术条件，在未来将探索用于改善跨境支付。

2. 数字人民币对我国跨境支付的影响

传统跨境支付的主要模式为代理行模式，即为收、付款方开立账户的银行无法直接进行资金结算，付款行需要在其他能与收款行开展特定币种结算的银行开立账户，由后者与收款行进行结算。这种以银行为主导的跨境支付模式存在以下缺陷：一是支付效率较低。由于付款行与代理行、代理行与收款行之间通常不存在直接账户联系，需要多个代理行参与结算来建立账户联系，因此一笔跨境转账可能需要数个代理银行花费数天才能最终完成；二是支付成本过高。多重代理银行的参与，延长了结算链条，而结算链条中的每个节点的银行都需要对该笔转账进行数据格式处理、合规处理以及对账等，这显然提高了跨境支付的成本。根据麦肯锡发布的报告测算，代理银行完成一笔跨境支付的平均成本是完成一笔国内清结算支付成本的 10 倍以上。

数字人民币采取的分布式账本技术（Distributed Ledger Technology，DLT）可以有效弥补代理行模式的上述缺陷：一是支付效率更高。在分布式账本技术中，各个节点通过扁平式架构相互连接，每个拥有节点的用户能以点对点方式直接共享数据库。在应用于跨境支付时，即体现为点对点的交易模式，收付款人之间可以直接进行支付和结算，资金转移与记账过程几乎同步完成，大大缩短了交易链条，有效地节省了交易时间。二是支付成本更低。基于 DLT 的点对点网络机制，数字人民币的跨境支付无需经过多个银行结算系统进行余额变动，这减少了多层代理银行的中转网络维护成本、后台操作成本以及合规成本。根据麦肯锡发布的报告估算，使用 DLT 的跨境支付结算将可使每笔交易成本从约 26 美元下降到 15 美元。

（三）数字人民币在粤港澳大湾区跨境支付中的发展态势

1. 大湾区推进数字人民币跨境支付已有进展

近年来，粤港澳大湾区内部不断深化合作，大湾区居民日常生活深度融合、人员往来日益频繁，亟须更专业、更优质和更安全的跨境支付服务。为了推动粤港澳大湾区普惠金融发展，满足跨境支付需要，粤港澳三地纷纷在政策和实践上发力，支持数字人民币跨境支付在大湾区落地。

在政策方面，2021 年 9 月 1 日，广东省人民政府印发《广东省深入推进资本要素市场化配置改革行动方案》，提出推动移动支付服务跨境互联以及探索更加便利的跨境支付业务；2022 年 10 月，澳门特别行政区完成《货币设立及发行的法律制度》法律草案的讨论，拟将数字货币纳入法定货币；2023 年 2 月 4 日，深圳市地方金融管理局发布《深圳市金融科技专项发展规划（2023—2025 年）》，提出支持数字人民币应用场景创新，包括推进数字人民币跨境支付和国际业务中心建设，支持多边数字货币桥等重大项目建设，拓展跨境支付场景等。

在实践方面，香港金融管理局与中国人民银行数字货币研究所完成了数字人民币在香港的跨境支付测试，就利用数字人民币进行跨境消费做出技术准备；2023 年 2 月 22 日，深圳市福田区金融工作局确认全国首笔数字人民币跨境消费在福田口岸成交，中国农业银行深圳相关部门为从福田口岸来深港籍客户成功开设数字人民币 SIM 卡，并实现全国首笔数字人民币跨境消费；2023 年 3 月 23 日，国家税务总局横琴粤澳深度合作区税务局通报，横琴已成功进行数字人民币境外缴税试点，满足了个人和企业使用数字人民币在境外缴税的需要[1]。

---

[1] 广东省人民政府港澳事务办公室：《横琴实现数字人民币跨境缴税》，载 http://hmo.gd.gov.cn/hq/content/post_ 4139031.html，最后访问日期：2023 年 3 月 28 日。

2. 大湾区推进数字人民币跨境支付的机制障碍

数字人民币虽然在跨境支付结算领域显现出了较大优势，但其作为一种新的货币形态，在实际应用中仍面临诸多挑战。一方面，由于立法的滞后性，数字人民币的法律性质仍存争议，与其他立法存在冲突；另一方面，数字货币的跨境支付涉及不同货币区的流通，各地监管规则的不统一阻碍跨境支付的顺利进行。目前数字人民币与粤港澳大湾区跨境支付机制仍存在一定程度的不兼容，主要表现为以下几方面：

第一，国内立法基础的缺失。数字人民币跨境支付首先面临着数字人民币是否具备无限法偿性的问题。从传统的货币理论来看，法偿性是法定货币的固有属性，也是区分于其他货币的重要标志。现行的《中华人民共和国中国人民银行法》第16条和《中华人民共和国人民币管理条例》第3条均规定了人民币作为我国法定货币，在支付境内的一切公共的及私人的债务时任何人不得拒收，人民币的法偿性规定具有严格的强制力。然而，数字人民币与现金人民币的存在形式和支付方式迥异，数字人民币需要收付款双方同时使用智能设备且均开通数字钱包，以现有的设备普及程度和金融设施配套情况，数字人民币无法像现金人民币一样便捷流通。2020年10月，中国人民银行发布的《中国人民银行法（修订草案征求意见稿）》第19条第2款规定："人民币包括实物形式和数字形式。"这虽然可直接为数字人民币的发行流通提供法律依据，但考虑到数字人民币对交易者的设备以及交易环境都具有更高要求，直接将无限法偿性的规定适用于数字人民币将影响市场的正常交易，不利于人民币的有序流通，因此仍有必要作更细致的制度设计。

第二，区际立法的不协调。统一的支付规则是货币跨境流通的重要保障，包括用户数据保护、互操作性、反洗钱和恐怖主义融资等方面规则，以保证跨境金融交易的可及性和安全性。目前粤港澳大湾区的区际立法存在差异，数字人民币的跨境使用缺乏统一的标准和规范。

首先，个人信息的跨境传输存在制度壁垒。数字人民币采用"小额匿名，大额可溯"的规则设计，可后台集中全量用户信息和交易数，体现了数字人民币跨境支付的可控性，同时也意味着数字人民币在跨境流通过程中应当受到《中华人民共和国个人信息保护法》（以下简称《个人信息保护法》）的规制。然而粤港澳三地之间的法律对个人信息保护和数据跨境传输的规定都不尽相同，香港的《个人资料（私隐）条例》《跨境资料转移条例》，澳门的《个人资料保护法》与内地的《中华人民共和国网络安全法》（以下简称《网络安全法》）、《个人信息保护法》，分别规定了不同的个人信息监督管理机构，同时对数据和隐私的范围界定也有区别。不同地区法律法规的适用范围不同，法规政策之间缺乏衔接，导致数字人民币在粤港澳大湾区内的跨境流通面临障碍。

其次，粤港澳三地反洗钱规则不兼容。从整个货币流通体系来看，数字人民币的流通记录能与银行体系货币的流通记录有效衔接，从而提高我国货币流通的透明度，在很大程度上破除现金洗钱难以追踪的难题。[1]但这并不意味着数字人民币完全消除了洗钱风险，由于数字人民币在交易额较小时完全匿名，当洗钱行为人通过多个匿名账户进行小额交易时，运营机构仍然面临着反洗钱监测的挑战。因此，数字人民币在粤港澳大湾区的跨境流通仍然面临洗钱风险。然而，粤港澳三地在反洗钱规制上存在几方面挑战：一是各地在洗钱罪的认定上存在差异，比如上游犯罪的范围、洗钱行为的标准、犯罪主观要件等存在不同；二是内地与港澳之间的区际刑事司法合作仍然遵循着"个案协查"模式，数字人民币相关的反洗钱合作机制亟待优化；三是三地之间对于数字货币的监管态度存在差别，数字经济的发展程度也存在较大差异，客观上影响了三地协同监管的效果。

最后，粤港澳大湾区数字人民币规则对接困难。目前内地对数字人民币在港澳跨境适用的主要方案是搭建区域性的跨境支付平台，未来还可能运用DLT技术升级人民币跨境支付系统，无论采取何种方案，都需要解决数字人民币"互操作性"相关的问题，比如CBDC间的结算规则、标准等。[2]当前，由中国人民银行印发的《人民币跨境支付系统业务规则》以及CIPS运营机构发布的《人民币跨境支付系统业务操作指引》等配套运行规则为人民币的跨境支付结算提供了制度保障，但有关数字人民币跨境支付的相关技术规则尚未涉及，包括账户所有权归属、客户间结算最终性等问题。考虑未来可能需要与数字港元（e-HKD）进行对接，对相关技术规则漏洞的填补显得尤为

---

〔1〕 林木西、蔡凌楠：《数字人民币的反洗钱机理及政策建议》，载《湖南科技大学学报（社会科学版）》2022年第6期。

〔2〕 郎平：《数字人民币跨境适用的支付场景前瞻及法制障碍透视》，载《现代经济探讨》2022年第10期。

重要。

第三，区际监管规则不完善。当前，粤港澳三地对于数字人民币跨境支付的监管缺乏统筹，存在区际监管规则不匹配的问题，这不仅不利于数字人民币的区际流通，也难以应对私人数字货币对数字人民币可能造成的风险。

就数字人民币而言，粤港澳大湾区尚缺乏支持其深度流通的监管规则。一方面，粤港澳三地所采用的金融监管模式不一样，香港和内地实施分业监管，而澳门则实行混业监管，从监管框架来看，广州、深圳的监管权限与港澳并不匹配，上述差异可能妨碍金融协调机制的实施，影响数字人民币等跨境创新业务的展开；另一方面，数字人民币的跨境支付流动加大了宏观经济管理的难度，多币种的无序流动可能造成一定的市场波动。面对更加复杂的监管环境，粤港澳三地仍然缺乏一套行之有效的风险监测机制。

就私人数字货币而言，粤港澳三地的监管差异可能产生监管套利。尽管加密货币、稳定币等私人数字货币并不由国家信用背书，但是由于其自身的技术优势和创新导向，满足了部分市场需求，因此仍然具备与数字人民币竞争的潜力，可能对数字人民币的跨境支付造成挑战。从内地的监管来说，2013年12月3日、2017年9月4日，中国人民银行联合多个不同部委分别发布《关于防范比特币风险的通知》与《防范代币发行融资风险的公告》，禁止了加密货币在境内的兑换交易。2021年9月15日，中国人民银行、最高人民法院、最高人民检察院等十部门联合发布《关于进一步防范和处置虚拟货币交易炒作风险的通知》，将加密货币相关业务定性为非法金融活动。然而，港澳地区的情况有所不同，2022年10月31日，香港特别行政区政府发布《有关香港虚拟资产发展的政策宣言》[1]，该宣言表明香港特别行政区政府对代币化资产的产权和智能合约的合法性抱持开放态度，并表示香港金融管理局未来会就稳定币制定更加灵活、务实的监管制度。总的来说，内地对私人数字货币采取了一揽子的禁止措施，而在港澳地区，稳定币等私人数字货币的交易仍然被允许。这一区际间的监管措施差异，可能使得内地的禁止性监管政策因监管套利而趋于无效，从而对数字人民币的跨境支付业务产生不利影响。

---

〔1〕《香港特区政府发表有关虚拟资产在港发展的政策宣言》，载 http://hm.people.com.cn/n1/2022/1031/c42272-32555895.html，最后访问日期：2023年3月28日。

三、大湾区数字人民币跨境支付机制的初步构想

数字人民币的发展既需要金融科技等"硬件"的推动，同时也需要规则和制度的"软件"保障，相较于国内支付机制，数字人民币跨境支付机制的构建更为复杂，不仅要立足于我国统一的货币制度框架之内，还要适应各个司法管辖区域的相关法规。因此，数字人民币跨境支付需要同时从国内、区际两个层面进行机制构建。

（一）明确数字人民币的法律地位

为了维护以人民币为信用支撑的主权货币体系，必须明确数字人民币的法偿性，但这种法偿性应受一定的例外条款限制，以适应当前数字经济的发展实际。事实上，这种限制思路在早前央行执法过程中就已经体现。2018年7月中国人民银行发布的《关于整治拒收现金支付行为的公告》规定"经自愿、平等、公平、诚信协商一致，通过互联网等信息网络方式、无人销售方式提供商品或者服务、履行法定职责，且不具备收取现金条件的，可以使用非现金支付工具"。因此，可以对数字人民币设置例外条款以明确其有限法偿性：其一，在交易一方使用数字人民币确有困难并事先声明不接受数字人民币时，允许其选择其他支付方式；其二，在特定场景中可以对数字人民币的交易数额上限作出分级限定，尤其是涉及境外组织或个人在我国境内持有数字人民币时，设置一定时期内的交易限额，以避免溢出效应。

（二）建立大湾区数字人民币跨境支付规则

中国人民银行发布的《白皮书》指出，数字人民币的跨境支付应当秉持"无损""合规""互通"三项要求。数字人民币在粤港澳大湾区跨境支付的机制构建同样应以上述要求为基本导向，在促进数字人民币有序流通的同时，维护港币作为香港地区和澳门币作为澳门地区的法定流通货币地位，加强对数字货币兑换、流通中的消费者权益的保护。具体而言，粤港澳大湾区数字人民币跨境支付规则的建立应当强调以下几个方面：

第一，加强数字人民币个人数据跨境流通的协同治理规则。具体来说，应在《个人信息保护法》《中华人民共和国数据安全法》（以下简称《数据安全法》）的框架下细化个人信息的跨境流动规则，对数字人民币跨境支付过程中所涉及的个人信息进行分级分类保护，廓清数字人民币运营机构在个人信息安全保障义务方面的归入标准和择出机制；在监管层面，应探索建立粤

港澳大湾区数据流动的协调机制，统一大湾区内的个人信息分类审核标准，对数字人民币中所涉数据权属进行确认和保护。

第二，完善粤港澳三地反洗钱的监管合作规则。一方面，明确数字人民币跨境支付的反洗钱责任主体，组建多部门联合的数字人民币反洗钱工作小组，建立跨境洗钱风险监测合作机制，开展三地洗钱风险分析与部署合作；另一方面，建立洗钱风险识别机制及特别交易保存制度，要求粤港澳三地节点上的运营机构和各类服务商及时报告可疑交易，并存储相关交易数据。[1]

第三，优化粤港澳大湾区数字人民币的技术规则对接。数字人民币在技术上以分布式账本作为基础，尽管中国人民银行已经发布了《金融分布式账本技术安全规范》，但其主要侧重分布式账本系统的运营和潜在的技术风险应对，对于数字人民币跨境使用的所有权转移等问题缺乏相应规范。因此，未来可以在粤港澳大湾区先试先行，创设专门的数字人民币跨境支付技术规范，对数字人民币的链上发行、赎回、所有权归属以及结算最终性等问题进行规定，为粤港澳大湾区数字人民币跨境支付提供明确的技术指引。

（三）多边央行数字货币桥的监管标准

为了应对粤港澳三地监管规则不匹配的问题，实现区际监管合规，搭建多边央行数字桥（Multiple CBDC Bridge，mBridge）是一项可行措施。2022年10月26日，一篇题为《多边央行数字货币桥项目：以央行数字货币连接经济》的报告发布，该报告由香港金融管理局联合中国人民银行数字货币研究所和多国央行共同参与完成。mBridge能够将多家央行的CBDC映射到同一DLT系统中，实现CBDC的发行和回收、监控本国CBDC的交易和余额，并通过可编程的智能合约实现监管合规等功能。当前，mBridge已完成概念验证，并成功运用真实交易数据进行测试。未来应从以下方面继续完善监管规则：

第一，在mBridge的基础上，完善数字人民币跨境支付的监测和风险预警机制。一方面是完善风险识别机制，对于数字人民币跨境支付可能产生的风险进行系统分类，例如资金流动状况、交易数据波动、市场行情异常等，从而制定系列识别标准；另一方面是完善风险评价，即对各类金融风险进行初步评价，分为高、中、低三个等级，根据等级确定风险预警的时间和对应的

---

〔1〕　李智、黄琳芳：《法定数字货币跨境流通的法律问题研究》，载《武大国际法评论》2022年第2期。

救济措施，对等级划分进行及时而灵活的调整，同时通过大数据手段提取数字钱包或账户中的数据，更精准地监测和追踪大额交易的资金流向与使用情况。

第二，转变监管范式，鼓励私人部门参与。mBrigde 体系涉及央行与商业银行等多方参与者，因此在研发试点过程中，应该鼓励引导商业银行、非银行金融机构、第三方支付机构等积极参与。对于私人数字货币，内地监管部门可以从"禁止式"转入"管理式"，据此调整实体规则，构造激励性的法律规范，明确私人数字货币的法律地位，将不同类别的私人数字货币分别纳入证券法、税法等法律框架之下进行调整；同时，接纳私人数字货币企业参与数字人民币跨境业务研发，在此过程中监管者可以作为私人数字货币底层区块链中的特权节点，获得与被监管者相同的信息获取机会，实现合作型监管。这样一来，可以使粤港澳的监管步调趋于一致，减少监管套利的现象。

数字人民币的跨境支付不仅面临技术路线的选择、运行架构、地区技术条件限制等技术性问题，更涉及诸多制度安排的问题。以上仅对数字人民币的部分问题进行了讨论，在实践中还面临着诸如外汇管理政策、汇兑制度安排和跨境资金管控等复杂难题。目前数字人民币的顶层设计已基本完成，在未来应着重完善国内相关法律法规，积极与港澳探讨如何打造包容、安全、高效的数字货币跨境支付体系。

第三节　粤港澳大湾区金融数据跨境流动治理机制

党的二十大报告指出要推进粤港澳大湾区建设，支持香港、澳门更好融入国家发展大局，完善金融、数据等安全保障体系建设，加快发展数字经济，建设数字中国。随着数据时代的到来，粤港澳大湾区金融数据跨境需求日益强烈，亟须探索创新粤港澳三地数字经济合作机制。粤港澳大湾区作为金融数据跨境的先行区，拥有丰富的金融数据资源，但也存在金融数据规范体系未臻完善、金融监管主体权能缺失、监管规则标准不统一等问题。如何盘活区域内的数字资源，促进其金融数据的跨境流动，对我国金融数据跨境流动规则的构建有着重要意义。

一、大湾区金融数据跨境流动治理的现状分析

粤港澳大湾区金融数据跨境是区域内金融协作的重要环节，也是推进区

域一体化的重要手段。目前，内地与港澳之间分别出台了数据跨境流动的规则，并已开展相关实践。通过对现有文件与实践的梳理与研究，把握区域内金融数据跨境治理的现状，研究粤港澳大湾区构建金融数据跨境的必要性与可行性，为后续治理机制的构建奠定先行条件。

（一）大湾区金融数据跨境流动的现状

我国内地与港澳针对数据跨境治理出台了一系列法规与办法，内地形成以三大法规为基础的数据流动法律体系，港澳数据跨境则更多侧重个人隐私保护。与此同时，粤港澳大湾区内部积极建设数据跨境平台与监管机构，致力打通三地的数据流通壁垒。

1. 内地金融数据跨境立法

目前，我国内地形成了以三大法规为支柱，行业规范、评估办法等为补充的数据跨境流动法律体系。三大法规分别是指 2016 年颁布的《网络安全法》，2021 年先后颁布的《数据安全法》与《个人信息保护法》。《网络安全法》明确指出数据跨境流动应当进行安全评估的基本要求[1]。《数据安全法》与《个人信息保护法》进一步规定了数据跨境的具体条件和评估情形[2]，确立了个人数据和重要数据的评估情形、数据分类分级保护、政府数据安全公开等保护机制[3]。三大法规构建起我国内地金融数据跨境流动的制度框架。

《网络安全标准实践指南——个人信息跨境处理活动安全认证规范 V2.0（征求意见稿）》《信息安全技术数据出境安全评估指南（征求意见稿）》《个人信息出境安全评估办法（征求意见稿）》《个人信息出境标准合同规定（征求意见稿）》《个人信息和重要数据出境安全评估办法（征求意见稿）》等行政法规与规范文件，通过细化不同类型数据跨境传输的评估方式、标准，对数据跨境传输的要求进行了具体规定。2022 年 7 月，国家互联网信息办公室出台《数据出境安全评估办法》，落实上位法的数据出境管理规定和要求，标志着我国数据出境安全评估制度的进一步落地，为数据处理者开展数据安

---

〔1〕《网络安全法》第 37 条规定："关键信息基础设施的运营者在中华人民共和国境内运营中收集和产生的个人信息和重要数据应当在境内存储。因业务需要，确需向境外提供的，应当按照国家网信部门会同国务院有关部门制定的办法进行安全评估；法律、行政法规另有规定的，依照其规定。"

〔2〕《个人信息保护法》第 36 条规定："国家机关处理的个人信息应当在中华人民共和国境内存储；确需向境外提供的，应当进行安全评估。安全评估可以要求有关部门提供支持与协助。"

〔3〕《数据安全法》第 11 条、第 18 条、第 21 条、第 23 条、第 30 条、第 42 条等。

全评估工作提供了确定且可操作的法律依据。

2. 港澳金融数据跨境立法

在港澳地区，香港在 2022 年重新修订的《个人资料（私隐）条例》对侵犯个人隐私的行为予以严厉打击，并赋予个人资料私隐专员包括发出停止披露通知、要求停止或限制披露涉及"起底"[1]内容的权利。现有《个人资料（私隐）条例》对个人资料出境作了相关限制，并设立个人资料私隐专员公署负责监管实施。同时规定除非符合书面同意、条例豁免、传输地法律与《个人资料（私隐）条例》实质相似和目的相同等条件，个人资料原则上不可被传输至香港以外。然而，《个人资料（私隐）条例》第 33 条[2]对数据跨境传输制定的规则至今仍未实施，仅于 2014 年及 2022 年发布了两份指引[3]为第 33 条的实施做好准备。因此，香港实质上并无监管跨境数据转移的特定法律。澳门于 2005 年通过的《个人资料保护法》对敏感资料和个人资料作了区分，针对个人资料跨境转移，明确应遵循"严格限制"的立场，即将个人资料转移到澳门以外的地方的同时应满足《个人资料保护法》第 19 条规定的两款条件：其一，接收转移信息当地的法律体系能确保适当的保护程度；其二，信息转移行为须同时遵守该法其他有关规定（第 19 条第 1 款）。若不具备此两项条件，则有关信息资料等跨境转移行为原则上被禁止。

3. 大湾区金融数据跨境实践

粤港澳大湾区积极开展数据跨境的相关实践，并取得了较好的收效。一方面，粤港澳大湾区建立多个数据跨境服务平台，以加快区域内的金融等相关数据的便捷流动，包括 2019 年"琴澳通"跨境服务创新平台、2021 年大湾区跨境数据互信互认平台和 2022 年粤澳跨境数据验证平台的启动使用，以及粤港澳大湾区九市和港澳地区政府数据开放平台。另一方面，深圳已开启跨境金融监管初期探索，率先创新跨境金融监管。2019 年 2 月，深圳市前海地方金融监督管理局正式揭牌，其作为广东自贸区首家地方金融监管机构，致

---

[1] 起底，又称人肉搜索或人肉搜寻，是指查出对方的个人资料或相片等个人私隐资讯，然后公之于世，用作"网络公审"。"起底"被视为现今资讯安全分类当中的一项资讯威胁。

[2]《个人资料（私隐）条例》第 33 条明确禁止资料使用者把个人资料转移到香港以外的地方，除非符合法律规定的条件。

[3] 该指引分别为 2014 年的《保障个人资料：跨境资料转移指引》及 2022 年的《跨境资料转移指引：建议合约条文范本》。

力于探索构建粤港澳大湾区金融监管合作机制。

（二）构建大湾区金融数据跨境流动机制的必要性

在数字时代，金融数据跨境流动已是大势所趋，由于数据的特殊性，单纯禁止数据跨境传播实现难度大，且背离时代发展的潮流。"堵不如疏"，建立粤港澳大湾区金融数据跨境流动机制不仅有利于探索我国金融数据跨境的重要试验场，同时也是保障数据主体权益，推动区域跨境金融融合以及维护国家金融安全的重要手段。

1. 保障金融数据主体权益

建立粤港澳大湾区金融数据跨境流动机制是保障金融数据主体权益的需要。金融数据包括金融监管信息、经营管理信息、金融机构业务信息、客户个人金融信息等各类信息，涵盖的信息类型非常广泛。承载信息的数据愈加多元化。金融数据影响个人财产安全，也关系企业经营发展、经济社会秩序稳定乃至国家安全。例如，朱某某在 2004 年至 2016 年期间，利用木马病毒非法控制逾 2000 台计算机，入侵 40 多家国内金融机构的内网交易数据库，非法获取交易指令和多条内幕信息，进行股票交易牟利。金融数据的泄露和不恰当使用给信息主体的利益造成极大损失，与此同时，取证难、维权成本高，导致信息主体事后难以通过司法手段切实维护自身合法权益。因此，为确保粤港澳大湾区金融信息主体的权益遭受损害，有必要要求责任部门制定明确可行的数据跨境流动规范。

2. 推动区域跨境金融融合

粤港澳大湾区金融数据跨境能够推动区域内一体化的进程。粤港澳三地处于三个关税区、三个法域，各地静态的立法体系和动态的执法、司法运作均存在较大差异。近年来，粤港澳大湾区在经济贸易、投资融资、科技交流合作、人员往来等多个方面都开展了广泛深入的合作且成效显著。在数据跨境流通、基础制度体系建设、管理体制机制完善、标准规范和通用协议制定、数据安全流通技术应用等重大问题上先行先试，及时总结有效做法。三地政府管理部门积极探索、实践金融数据跨境流动的大湾区方案。粤港澳大湾区金融数据跨境流通治理机制的完善，能为珠江三角洲金融协同助力大湾区深度建设打下夯实基础，深化内地与港澳的合作，从而进一步为中国乃至全球的跨区域（境）金融融合发展打造示范样本。

3. 维护国家金融数据安全

建立粤港澳大湾区金融数据跨境流通机制能够维护国家金融数据安全。数字化经济时代下，金融数据跨境流动是跨国贸易的重要一环。但与此同时，这种数据流动所带来的潜在风险将威胁国家的安全与稳定。拥有数据掌控优势的一方，可以通过对特定群体或个人的行为习惯、购买能力、消费偏好等情报信息进行收集并数据分析，对数据输出国的经济实力与社会发展情况进行判定，由此对他国的安全构成巨大威胁。比如，近几年不断有一些外国势力参与香港发生的一系列危害社会安全的事件，他们以在港跨国企业作为掩护，收集各类商业与非商业数据信息并传输到境外。这也反映出粤港澳大湾区是国家安全治理的"敏感地区"，对其金融数据跨境流动机制的治理应当尽快建立。

（三）大湾区金融数据跨境流动的优势

粤港澳大湾区在发展跨境金融数据流动上具有先天的优势。首先，区域内数据资源丰富，对于金融数据跨境需求强烈；其次，港澳数据跨境制度起步早，发展相对完备，能够为区域内金融数据跨境流动治理提供先行经验；最后，广深两地积极开展金融数据跨境制度探索，粤港澳大湾区金融数据交流联系愈发密切。

1. 大湾区金融数据资源丰富

粤港澳大湾区经济活跃，数据资源丰富。一方面，粤港澳大湾区是我国对外开放的前沿，作为连接香港、澳门与广东九个城市的一个湾区经济集群，其围绕经济社会运行和大湾区内外规模庞大的人员、物资、资金、技术等产业要素流通，产生集聚了海量数据流和信息流。21世纪以来，我国的数据交易发展步入快车道。《数字贸易发展与合作报告2022》显示，2021年我国数字服务进出口总值达到3596.9亿美元，同比增长22.3%。据初步测算，目前粤港澳大湾区"9+2"城市群总数据存储量超过2500EB（艾字节），约占全国的21.5%。其中商贸、港口、航运、物流、海关、商检、医疗、金融、通信等领域数据规模均处于全国前列[1]，这为粤港澳大湾区金融数据跨境流动奠定了雄厚的数据资源基础。

另一方面，粤港澳大湾区是我国数据跨境规则构建的先行区。近年来，

---

〔1〕 曾坚朋等：《打造数字湾区：粤港澳大湾区大数据中心建设的关键问题与路径建构》，载《电子政务》2021年第6期。

粤港澳大湾区在经济贸易、投资融资、科技交流合作、人员往来等多个方面都开展了广泛深入的合作且成效显著。中央与地方政府积极探索、实践数据跨境流动的大湾区方案。2019 年中共中央、国务院印发的《发展规划纲要》，广东省出台的《广东省数字经济促进条例》《深圳经济特区数据条例》均支持粤港澳大湾区发展数字经济和数据互联互通，为实现粤港澳大湾区数据有序跨境流动、推动区域经济融合发展奠定了坚实的政策基础。2022 年 6 月，香港金融管理局推出"商业数据通"[1]，旨在为香港打造更加安全顺畅的互换数据生态圈。

2. 港澳金融数据跨境的先进经验

1996 年，香港出台了体系完备的个人信息安全保护法——《个人资料（私隐）条例》，成为亚洲最早全面保障个人信息的法域之一。该条例不仅以欧盟和经济合作与发展组织（OECD）的标准为参照基础，而且还根据该地区的经济发展动态适时进行调整与改革。香港主要以《个人资料（私隐）条例》《跨境资料转移条例》为基础，并配套成熟的律师、顾问团队，保护数据在跨境传输中的安全。香港是亚洲首个就个人资料保障制定法例的司法管辖区，能够覆盖公、私营机构，并且紧贴全球标准，建立了国际认可的保障资料原则。《个人资料（私隐）条例》设立了收集目的及方式、准确性、储存及保留、使用、保安措施、透明度、查阅及更正六个方面的原则。《跨境资料转移条例》包含三种资料转移的情况，分别由香港转移至境外、在其他两个司法区之间转移，以及有关的转移由香港使用者控制。与条例相配套的还有《保障个人资料跨境资料转移指引》，通过"合规—问责—伦理道德监督"的机制，保障个人资料的安全。澳门的《个人资料保护法》对于流动至澳门以外区域的信息数据也进行了规制。

3. 广深金融数据跨境的试点实践

2021 年初，琶洲被选作广州人工智能和数字经济的试点地区，正式启动数据生产要素统计核算试点工作。同年 7 月份，广州为促进数据治理、共享、利用，更是落实了"首席数据官"制度的试点工作，率先探索粤港澳数据跨境流动和深入融合的最优路径。2022 年，广州数据交易所和深圳数据交易所

---

〔1〕　香港金融管理局：《商业数据通新闻稿》，载 https://www.hkma.gov.hk/gb_chi/news-and-media/press-releases/2022/10/20221024-3/，最后访问日期：2022 年 11 月 17 日。

分别于 9 月和 12 月正式揭牌，据统计，深圳数据交易所目前已收录入库超过 55 大类数据资源信息，涵盖超过 600 个数据产品〔1〕。未来广深两个数据交易所将成为粤港澳大湾区数据资源最丰富、流通支撑最有力的数据要素流通枢纽。由此可以看出，广深两地旨在通过促进数据要素流通的试点工作，为粤港澳大湾区探索数字经济创新发展，构建金融数据跨境治理提供创新思路。

二、大湾区金融数据跨境流动治理的困境

随着粤港澳大湾区金融合作进一步加深，相关制度的衔接、改革也逐步进入深水区。目前，粤港澳大湾区金融一体化更多集中于金融服务的领域，在金融数据的联通上发展滞后，主要体现在金融数据的规则衔接、金融监管、数据共享等方面存在壁垒。

（一）金融数据跨境规则冲突

粤港澳大湾区数据跨境涉及三个法域、两种法系，造成金融数据跨境流动规则衔接难题。

首先，在立法层面，粤港澳三地对个人信息跨境流通的规范并不相同。香港的《个人资料（私隐）条例》《跨境资料转移条例》，澳门的《个人资料保护法》与我国内地的《网络安全法》《个人信息保护法》，分别规定了不同的个人信息监督管理机构，同时对数据和隐私的范围界定也有区别，不同地区法律法规的适用范围不同。而当涉及法律冲突时，我国《涉外民事关系法律适用法》也并未对金融数据跨境中的权属和责任等问题进行阐明。

其次，在执法层面，粤港澳三地有关数据跨境监管尺度松紧不一。我国内地目前对数据跨境流通管理较为严格，在政府、法人、社会团体内部都有数据跨境流入流出的审查机制，法务风控等部门也有相关职能，甚至部分企业还设置了数据合规官来负责数据出入境的合规性审查。而香港和澳门的数据跨境流通环境相对宽松自由，尤其是香港致力于打造国际数据流通中心，用以接纳来自世界各地的数据流、信息流。

最后，在司法层面，粤港澳三地司法规则不衔接。三地的司法体系各自独立，在起诉、举证等方面存在程序不同、要求不同等具体问题，如何依法高效解决数据跨区域流动的法律纠纷，平等保护粤港澳大湾区数据主体的合

---

〔1〕 数据来源于深圳市人民政府国有资产监督管理委员会。

法权益，成为粤港澳大湾区加强跨区域司法交流和协作以及提升司法效率必须面对和考虑的问题。

（二）金融数据跨境监管衔接难

从目前粤港澳大湾区金融监管的实践来看，三地的金融监管协作机制正处于初步探索阶段。内地数据跨境流动监管机构包括各级网信部门、各行业主管机构、法人、社会团体等，澳门、香港两地则分别设立独立的个人资料保护办公室和个人资料私隐专员公署监督管理数据跨境流动相关事务，导致跨部门协同中存在数据壁垒困境，进而削弱了数据保护和治理能力：其一，当各部门权责边界不明确时，容易出现相互推诿、相互推脱等问题；其二，各行业主管部门标准难以统一，金融数据出境的评估标准主要依靠各部门自身判断，容易出现评估标准存在不合理差异的问题；其三，受制于三地未成熟的金融监管协作能力，目前难以健全粤港澳监管信息共享机制，使金融监管信息仍然呈现"孤岛"状态。

此外，在跨境金融活动中，各地金融监管资源配置不均衡，特别在证券、保险、互联网金融、民间融资等金融领域，由于监管能力和监管手段以及监管尺度不一，极易形成"金融洼地"[1]，吸引资金大量流入，此时若地方政府只关注资金带来的税收盈利，出现金融风险的概率将大大提高。未来粤港澳大湾区的金融市场发展将高度融合，互联互通，与此同时金融风险的跨区域性、交叉性和隐蔽性将加剧监管难度。有鉴于此，目前粤港澳大湾区金融数据跨境传输的关键环节是如何实现现有部门和机构的跨境监管协调与合作，并衔接与重构当前的监管协作机制，否则难以有效发挥金融风险的事前预警和监管作用。

（三）金融数据垄断与数据孤岛现象

粤港澳大湾区金融业发达、发展潜力巨大，有望成为我国重要的金融数据流通与交易中心，但区域内依然存在大型金融机构对数据予以垄断，造成"数据孤岛"现象，致使金融数据开放进程受阻、数据质量和数据安全难以保障，这制约着区域金融数据等开放程度及交易的整体效率。一方面，数据交易平台的业务范围及交易效果受制于政府、企业、科研机构等交易主体对数据开放与共享的程度。以大型金融企业为例，随着粤港澳大湾区金融业的快

---

〔1〕"金融洼地"来源于经济学中的"洼地效应"，即利用比较优势，创造理想的经济环境，使各类生产要素向交易成本较低的地区聚集。

速发展，一些金融科技巨头利用其独家技术优势、强大的议价能力和显著的互联网马太效应，不断扩张商业版图，累积海量的个人金融信息及交易数据，垄断竞争市场进而成为数据寡头，严重影响金融市场自由、公平的竞争秩序。另一方面，金融数据的实际控制权在大型科技企业上，拥有了不加限制的数据使用权。这种金融数据市场垄断极易引发"数据孤岛"现象，导致三地的金融信息难以互联互通，个人、企业、机构、政府不能及时获知金融市场的动向，金融监管机构难以识别和处理金融风险，严重阻碍了大湾区金融数据产业的快速提升和发展。

三、大湾区金融数据跨境流动治理的底层逻辑

粤港澳大湾区具有区域特殊性，要实现金融数据跨境流动治理效果最优化，畅通金融数据的有序流动，应当从两个维度进行治理：一是基于金融数据本身的特点，采用多维度、分阶段、立体化的治理模式；二是基于粤港澳三地的特殊性，提升三地在金融数据治理领域的效率。

（一）金融数据的本质属性

金融数据的本质仍是数据，具有数据的普遍性特征。数据兼有公共性与私有性双重属性。数据由个人产生，产生后既可以成为个人独占的私有财产，任其自行控制与处置，也能够以公共物品的形态由社会共同享有，满足公共资源分配的现实需求。金融数据的特殊性，一方面体现在其具有高度精确性与私密性。金融数据无论是账户信息、身份信息还是交易信息，都可以直接或间接地指向特定的个体，据此金融数据的主体比其他数据的主体更为清晰透明，并且往往涉及主体的敏感信息。另一方面体现在与数据公共性不同的两个方面：其一，金融机构收集数据通常用于履行法定义务，如用于公共事业与行政单位；其二，在特定金融数据的传输、使用过程中，需要数据处理者对数据进行加工处理方可发挥数据的实际价值，在此过程中，数据完成私有财产到公共物品的属性转化，从而具备公共属性。

由于金融数据公私属性交织，单一公共部门无法独立完成对金融数据的监管，需基于协同治理机制下多主体联合共治，在公私两者利益中取得平衡，从而达成治理目标。因此，治理机制的构建既不能忽视金融数据的私有性，需要将充分的金融数据权利（力）授予个人或行业组织，同时也不能忽视其公共性，应构建金融数据跨层级共治体系。这体现为治理机制的主体已扩充

至私人主体、其他利益相关者及行业组织，而不再拘泥于管制模式下的政府部门，意味着金融数据跨境流动的治理规则可反映多面向的利益需求。

（二）大湾区区域的特殊性

粤港澳大湾区不同于杭州湾、渤海湾和北部湾等无区域行政壁垒、无制度差异性的国内湾区，也与国外典型湾区，如旧金山湾区、纽约湾区和东京湾区等差异较大。粤港澳大湾区包含珠江三角洲九市以及两个特区，囿于特殊的地理位置和历史原因造成的制度差异，涉及"一国两制""三个法域""三个关税区"，是典型的跨行政区域制度特殊城市群，同时面临着三地法律制度冲突、信息共享渠道阻滞、司法活动、行政执法协调难等亟待解决的问题。

基于粤港澳大湾区区际机制的特殊性，构建粤港澳大湾区金融数据跨境流动治理机制是一个兼具多元性、差异性与冲突性的复杂系统工程。面对该困境，欧盟的跨边界合作模式给出了成效显著、形式多样的参考范例[1]。由于二者均涉及跨边界的治理与权力的尺度重组，借鉴欧盟的跨边界合作经验可以构建推动金融数据在内地与港澳间的跨境有序流动治理体系。具体而言，欧盟跨边界合作，是通过制度建设以构建满足不同尺度下的跨境治理模式、以合作项目为依托促进各边界地区之间的交往，建立非正式制度以协调复杂的多方关系。

四、大湾区金融数据跨境治理机制的构建思路

鉴于金融数据的公私属性及粤港澳大湾区区域的特殊性，对粤港澳大湾区金融数据跨境流动治理机制的构建可以从宏观层面上优化金融数据跨境流动的顶层架构，安排相关规则与规则衔接，降低三地之间的数据壁垒；中观层面上创新监管体制，联结不同监管部门、金融机构、行业组织等多方力量保障数据有序流动，展开多方监管合作；微观层面上建立联通三地的金融数据共享机制，在保障数据传输安全的前提下建设金融基础设施，建立互联互通的数据平台以高效畅通三地数据共享开放渠道。

（一）搭建区域金融数据跨境流动治理框架

粤港澳三地同根同源，具有扎实的地缘、亲缘和史缘基础，使得三地金融数据跨境流动协同治理成为可能。要落实粤港澳大湾区协同治理，需要在

---

〔1〕 跨边界（跨越国家或地区行政边界）合作，是指在边界两侧、地理相邻的部分地区间的合作，涉及制度、法律、经济、文化、教育等多个领域。

纵向上由中央进行统筹协调，横向上强化区域政府间的合作。一方面，从权力结构看，粤港澳大湾区域内广东省与港澳地区是三个地位平行的地方行政区域，但由于港澳地区享有高度自治权，拥有远远大于广东省单一制下地方行政区域传统的权力范围，故产生出"非对称关系"。[1]地位上的不对等在一定程度上制约着粤港澳区域合作。因此，需要中央政府出面统筹协调粤港澳政府间关系。另一方面，实现粤港澳三地金融数据跨境流动在立法程序、司法执行、对外合作等方面的制度协同，共建数据权益、交易流通、跨境传输和安全保护等基础性制度规范，以及大湾区金融数据跨境协同治理，需要在中央和地方权力行使框架下，建立制度互认、行政协调、多元纠纷解决、市场自律等规则衔接机制，以实现金融数据畅通的新格局。

此外，加强区域监管规则的衔接。粤港澳大湾区金融数据流动应确保港澳与内地的法律合理衔接。例如，加快修改和完善《个人资料（私隐）条例》，尽量与内地相关法律接轨，将"个人资料"定义范围扩大至与内地《个人信息保护法》中的"个人信息"一致，对"个人资料"分级分类，拉齐三地金融数据保护水平。同时三地应立足于金融数据确权，以法律的形式明确数据采集、存储、共享的流程，以及金融数据的流通范围、利益分配、流通规则、权责关系、保护对象等，确保有章可循。另外，为方便企业克服三地法律及监管上的规制差异，内地政府可与港澳联合制定一套符合三地监管规定的标准合同条款。为达致此目标，可参考东盟《跨境数据流动示范合同条款》，以内地的《标准契约条款》及香港的《跨境资料转移指引：建议合约条文范本》为参考样式。

（二）探索区域金融数据跨境流动监管机制

粤港澳三地应当有序推动金融数据交易监管组织建设，调动各市场主体的积极性，确立数据分级监管的制度。

首先，三地应当将金融数据安全审查纳入统一的审核部门进行，这样既可以实现审核能力的集中投入，又可以实现审核标准和尺度的统一，防止不同部门审核造成的协调不畅，更加符合数据的规律，便于在整体上判断数据可能带来的国家安全风险。

---

〔1〕 参见官华：《区域地方政府间的非对称关系研究——以粤港政府合作为例》，载《福建论坛（人文社会科学版）》2011 年第 12 期。

其次，有必要推动粤港澳大湾区出台金融监管"软标准"。就粤港澳大湾区而言，在"硬法"难以协调统一的情形下，采用金融监管"软标准"的优势在于能够在跨境金融监管过程中实现跨政府、跨区域的约束效果。在国际金融监管中，国际保险监督官协会（International Association of Insurance Supervisors）、国际证监会组织（International Organization of Securities Commissions）、巴塞尔银行监管委员会（Basel Committee on Banking Supervision）等组织所创制的监管规范是典型的"软法"，虽不具有形式上的法律强制约束力，但基于其专业、灵活、适应性强等特点，获得了大多数成员方或非成员方的认同和遵循。因此，应充分发挥地方政府、社会组织及中间机构的积极作用，以行为守则、方案、非正式准则、备忘录等确立"软标准"的形式，加快粤港澳大湾区出台金融监管"软法"。

最后，粤港澳大湾区的数据分级监管需要制定大湾区的金融数据分级分类规范，即应在遵循信息安全管理标准的基础上，对数据的关键性和敏感性进行分类。具体而言，可分为三步进行：第一步，设立大湾区总的数据管辖组织，由其负责制定数据分级分类总的框架性原则；第二步，由各个主管机构在总体框架性原则之下根据领域内的特点进行数据具体分类；第三步，将各个领域内的分类汇总，形成统一的大湾区数据分级分类规则指南，以及形成"大湾区总监管+三地职能部门分工监管"的监管网络。

（三）建立粤港澳三地金融数据共享机制

粤港澳三地金融数据的跨境流通需要搭建大湾区的金融数据平台，构建金融数据共享开放机制，推动三地在金融数据领域展开广泛的交流，为金融数据跨境有序流动奠定坚实的基础。

第一，政府主导金融数据共享开放，扩大数据共享范围。首先，在国家层面推进金融数据共享的同时，充分释放地方的积极性，鼓励地方政府出台金融数据开放政策。同时有必要优化政府部门间信息开放共识，并通过联合网络理政办等相关部门，建立联席会议制度，搭建有效信息共享平台机制。此外，增加金融数据共享渠道，扩大金融数据共享范围，弥补各平台数据不足，提高金融数据跨境监管效率，为市场主体提供安全、准确、快速的信息核查渠道。其次，各地政府部门机构进一步推进金融数据的开放和再利用，借鉴欧盟《数据治理法案》（Data Governance Act）中对公共部门机构所能共享数据类型的规定，明确各地政府部门开放共享金融数据的类型[1]，推进粤港澳大湾区金融数据开放目录和互联互通的金融数据开放平台建设，为金融数据的开放利用助力。

第二，营造安全可靠的金融数据共享环境。深圳数据交易所通过建设数据交易信息化系统，为交易主体构建了一个安全、可信、可控、可溯源的数据交易环境。粤港澳大湾区金融数据的开发共享，可通过构建金融数据可信流通机制，借鉴粤澳跨境数据验证平台基于区块链底层平台进行验证，利用区块链去中心化、去信任化、不可篡改性和可追溯性等特点，为数据流通构建有利于确保数据真实可靠及隐私安全的传输环境。采用数据安全保密技术手段，建立契合高、中、低三种保密要求场景的统一数据流通环境（见图4-1）：在高保密场景下，实现数据"不出门"；在中保密场景下，实现数据"可用不可见"；在低保密场景下，实现数据"阅后即焚"。

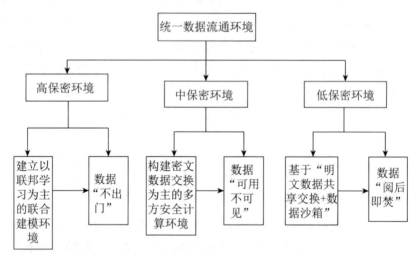

图4-1 构建统一数据流通环境示意图

---

[1] 《数据治理法案》第3条规定："（1）本章适用于公共部门机构持有的数据：（a）商业保密；（b）统计保密；（c）保护第三方的知识产权；（d）保护个人数据。（2）本章不适用于：（a）公共事业单位持有的数据；（b）公共广播机构及其附属机构，以及其他机构或附属机构为履行公共广播服务的职责而持有的数据；（c）文化机构和教育机构持有的数据；（d）因国家安全、防卫或公共安全理由而受保护的数据；（e）提供的数据不属于相关成员国法律或其他具有约束力的规则所界定的公共部门机构公共任务范围内的活动；或在没有相关规则的情况下，按照该成员国的一般行政惯例定义可进行数据提供，前提是公共任务的范围是透明的，并接受审查。"

第三，积极开展区域内跨境金融数据共享试点项目。如对满足特定条件的金融机构及公司之间的金融数据流动，可以适当减少限制规定。试点项目的范围应逐步有序扩大，初级阶段仅限于选定的粤港澳大湾区城市内的数据流通，确保项目渐进的同时实现风险可控。举例来说，政府可参考海南、上海及北京自贸区〔1〕的相关政策，在粤港澳大湾区内进行跨境金融服务行业相关数据的试点项目。在此情况下，安全评估、认证和标准合同审查流程可简化进行。目前香港特别行政区政府已制定多项政策，积极促进粤港澳大湾区金融服务业的联系，包括跨境使用人民币、投资理财、保险产品等，这些领域的政策可作为跨境金融数据政策的基础。

针对粤港澳大湾区金融数据跨境流动的具体机制，一方面，大湾区要继续健全金融数据跨境流通的治理方式，完善更为高效的金融数据监管协作机制，构建足以融合与汇通三地金融数据，畅通金融数据跨境共享的渠道，保障数据流通安全稳定；另一方面，大湾区应推动政府、企业、个人等多方面的协作来强化协同治理。个人作为数据的拥有者，应提高对自己的隐私权的保护意识，企事业单位作为数据的"处理者"，应确保数据在整个传输过程中的有序流动及安全；粤港澳大湾区各地政府作为金融数据跨境流动的组织者，应通过监测各种金融数据来实现跨境数据的安全。

第四节　粤港澳大湾区跨境征信合作机制

日前，港资企业越发倾向在广东进行投资经营活动，直接查询港商信用状况对内地金融机构而言不可或缺。随着珠江三角洲九市放宽港澳居民在当地购置物业的条件，越来越多的港澳居民选择到珠江三角洲城市工作、生活，截至 2020 年，香港居民在粤港澳大湾区内地城市置业成交 1.61 万宗〔2〕。与

〔1〕　上海市人民政府：《上海市全面深化服务贸易创新发展试点实施方案》，载 https://www.cs.com.cn/xwzx/hg/202011/t20201113_6111251.html，最后访问日期：2023 年 2 月 10 日。北京市商务局：《北京市关于打造数字贸易试验区实施方案》，载 http://www.beijing.gov.cn/zhengce/zhengcefagui/202009/t20200923_2088196.html，最后访问日期：2023 年 2 月 10 日。中共中央、国务院：《海南自由贸易港建设总体方案》，载 http://www.gov.cn/zhengce/2020-06/01/content_5516608.htm，最后访问日期：2023 年 2 月 10 日。
〔2〕　参见《〈深港跨境征信合作研究报告〉发布，促进大湾区深层次融合发展》，载 https://www.dutenews.com/p/7216643.html，最后访问日期：2023 年 8 月 9 日。

企业类似，内地的金融、商业机构对港澳居民个人信用状况的查询需求也与日俱增。2020 年 4 月 24 日中国人民银行、原银保监会、证监会和国家外汇管理局四部门联合发布的《关于金融支持粤港澳大湾区建设的意见》提出要支持粤港澳三地征信机构开展跨境合作。2023 年，中国人民银行、原银保监会、证监会、国家外汇管理局、广东省人民政府等五部门联合发布了《关于金融支持前海深港现代服务业合作区全面深化改革开放的意见》及《关于金融支持横琴粤澳深度合作区建设的意见》，《关于金融支持前海深港现代服务业合作区全面深化改革开放的意见》提出要探索深港市场化企业征信机构依法开展跨境交流合作，《关于金融支持横琴粤澳深度合作区建设的意见》提出要探索合作区与澳门两地市场化企业征信机构依法开展跨境交流合作。然而，由于粤港澳三地的征信体系在法律法规、监管模式和发展路径三方面存在较大的出入，三地相互独立、各不相通的征信体系已难以适应当前大湾区征信体系的发展趋势，即缺乏统一的征信平台和信息共享机制，大湾区内企业和个人的信用状况难以得到准确的评估和有效的管理，区域经济的发展合作受到阻碍。基于此，粤港澳大湾区征信合作机制的构建是大势所趋，本节将对在构建粤港澳大湾区征信合作机制过程中所面临的立法、监管方面的困境进行分析，并提出相应的完善建议。

一、大湾区三地征信体系的对比

（一）广东：以政府为主导的征信体系

我国内地以政府为主导建设征信系统，广东省亦遵循该征信模式，建立信息信用数据库。广东省在市场化方面整体以企业征信先行、个人征信审慎监管为发展路径，企业征信市场化出现较早，发展较为迅速，已取得一定的成果。与之相反的是，虽然个人征信市场化在多年前已经进入实践阶段，但目前的发展速度仍然相对缓慢，未达到预期。

在征信业的法律制度方面，内地有关法律制定较晚，相关的立法目前仍在探索中。2013 年出台的《征信业管理条例》和《征信机构管理办法》规定，中国人民银行及其派出机构是征信业监督管理部门，企业征信业务实行备案制，应自准予登记之日起 30 日内向所在地的国务院征信业监督管理部门派出机构办理备案。个人征信业务实行审核制，应向国务院征信业监督管理部门提交有关材料并由国务院征信业监督管理部门予以审核。由此，内地以政府为主导的征信模式被确立。《征信业管理条例》对征信机构的准入退出、征信业务规则、征信异议和投诉、征信监督管理、法律责任等多个方面进行了较为详尽的规定，内地征信业取得了重要进展。2021 年，中国人民银行发布《征信业务管理办法》，对信用信息的定义进行了明确规定，并扩大了信用信息的范围。此外，《征信业务管理办法》对信用信息的采集、整理、保存、加工、使用、跨境流动等进行了一定程度的规定。广东省也在自身的区域特点以及信用体系的基础上积极研究地方征信立法。2021 年 3 月，广东省人民代表大会常务委员会正式颁布《广东省社会信用条例》，该条例对广东省内社会信用信息的环境建设、管理、守信激励与失信惩戒，信用主体权益保护、信用服务行业规范与发展等方面作出了规定。

在市场化方面，2014 年，中国人民银行为第一批第三方企业征信机构发放企业征信牌照，截至 2022 年 2 月末，全国共有 26 个省（市）的 136 家企业征信机构在中国人民银行分支行完成备案[1]，其中，广东省备案的征信机构有 11 家，占比 8.1%[2]（详见表 4-2），这 11 家征信机构大都以大数据技术为基础提供征信产品和服务。基于个人信息具有私密性和敏感性的独特特征，内地对个人征信持谨慎态度。2018 年 2 月，中国人民银行经过慎重考量，下发第一张个人征信牌照，批准设立百行征信有限公司。截至 2022 年，百行个人征信系统新增收录信息主体 1.65 亿人，总量达 5.68 亿人，较上年末增长 41%[3]。依照中国人民银行的构想，百行征信有限公司能扩大中国人民银行征信系统收集信用信息的范围，将个人及小微企业的信用信息纳入其信息数据库，减少信用风险。2020 年，中国人民银行下发第二张个人征信牌照，批准设立朴道征信有限公司，这是全国第二家同时持有个人征信业务牌照和完成企业征信备案的征信机构。

---

〔1〕　参见征信管理局：《全国企业征信机构备案数量》，载 http://www.pbc.gov.cn/zhengxinguan-liju/128332/128352/2875623/index.html，最后访问日期：2023 年 8 月 10 日。

〔2〕　参见北京信用协会：《央行：全国企业征信备案机构 136 家》，载 http://www.bjcredit.org.cn/newsinfo/2540021.html，最后访问日期：2023 年 8 月 10 日。

〔3〕　参见百行征信：《百行征信召开 2023 年度工作会议、全面从严治党暨纪检监察工作会议》，载 https://www.baihangcredit.com/main/detailpage?articleId=74f4007a040a41338608193c3562933c，最后访问日期：2023 年 8 月 10 日。

表4-2 粤港澳大湾区内取得备案的企业征信机构[1]

序号	备案地	机构名称
1	中国人民银行广州分行	广州金科企业征信有限公司
2	中国人民银行广州分行	广州智乘企业征信有限公司
3	中国人民银行广州分行	广东德信行信用管理有限公司
4	中国人民银行广州分行	广州金电图腾软件有限公司
5	中国人民银行深圳市中心支行	鹏元征信有限公司
6	中国人民银行深圳市中心支行	深圳前海征信中心股份有限公司
7	中国人民银行深圳市中心支行	深圳微众税银信息服务有限公司
8	中国人民银行深圳市中心支行	深圳信联征信有限公司
9	中国人民银行深圳市中心支行	金蝶征信有限公司
10	中国人民银行深圳市中心支行	百行征信有限公司
11	中国人民银行深圳市中心支行	深圳征信服务有限公司

（二）香港：以市场化为主导的征信体系

与广东相比，香港征信业发展较早，现已构建了以私营征信机构为主，监管部门提供支持的征信体系。在立法方面，香港对于信息公开和个人信息保护予以极大的关注。1995年，香港特别行政区政府颁布《公开资料守则》，规定各政府部门每年应公布其组织机构详情、所提供的服务资料等，并就其职责范围以内的其他事宜提供额外资料，这大幅度地提高了该地区征信机构获取信用信息的效率。1996年，《个人资料（私隐）条例》出台，对个人资料的定义予以界定，并对保障资料的原则、投诉和补偿、个人享有的权益、查阅、改正、删除个人资料等内容进行了规定。2002年，香港金融管理局发布《透过商业信贷资料服务机构共用商业信贷资料》和《透过信贷资料服务机构共用个人信贷资料》，对认可机构保障资料的政策和程序、查阅资料的管制、资料的保密和保留等进行了规定。2021年，香港特别行政区立法会通过《2021年个人资料（私隐）（修订）条例草案》，赋予专员删除"人肉搜索"信息的域外管辖权。

---

[1] 数据来源于中国人民银行广州分行及深圳市中心支行网站公告信息。

当前，香港暂无专门的征信监管机构，有关的监管职责散落在各个不同的部门，主要的征信监管部门是香港个人资料私隐专员公署和香港金融管理局。个人资料私隐专员公署的职责是确保《个人资料（私隐）条例》被有效实施，保障个人信息被合理使用。金融管理局的主要职能包括促进香港银行体系的稳健发展，但金融管理局并不直接参与征信机构的设置，而是通过发布指令的方式，指引各认可机构在合法范围内通过信贷数据服务机构实现信用信息的全面共享和使用[1]，并通过对信贷机构的监管从而实现对征信机构的间接监管。

香港的信用信息数据库建设由私营征信机构主导。在企业征信方面，2004年，香港金融管理局、香港银行公会及存款公司公会宣布在香港设立商业信贷资料库（Commercial Bureau Hong Kong），该资料库致力于收集企业的欠款和信贷记录，包括中小企业的信贷资料，并将所收集的资料提供给银行公会及存款公司公会的会员查阅，以供其审批企业的信贷之用。另外，邓白氏集团建立了商业信用信息—邓白氏香港数据库（Commercial Credit Information-Dun & Bradstreet Hong Kong Example），该数据库涵盖了全球超过1.5亿条商业记录，包括香港18万家业务活跃的企业的信息。在个人征信方面，作为香港第一家个人征信机构，香港环联资讯有限公司（TransUnion Limited）目前已为全球约5.5亿个消费者和企业客户保存信贷记录，其提供的个人信用数据库为消费信用库（Consumer Bureau）。消费信用库作为信贷资料的参考机构，致力于收集个人信用信息，其获取信息主要是通过香港环联资讯有限公司的会员机构，这些会员机构一般是香港的银行、租赁公司以及小额贷款机构。

（三）澳门：以行业管理为主导的征信体系

受到经济结构的影响，澳门既无严格意义上的公共征信机构，也无私营征信机构。根据澳门特别行政区政府统计暨普查局发布的《2023澳门资料》，2019年，博彩及博彩中介业的产业比重占澳门全行业的51%，银行业的产业比重为5.5%。2021年，银行业的产业比重为11.3%，而受疫情影响，博彩及博彩中介业的产业比重降低，占澳门全行业的25.8%，但仍为占比最大

---

〔1〕　参见《香港征信业发展的启示和建议》，载 http://www.hbcredit.gov.cn/xyzx/xyyj/201604/ t20160421_ 1270.shtml，最后访问日期：2021年5月15日。

的产业[1]。银行业以及博彩业对征信的需求较高，是澳门的支柱性产业。银行业和博彩业分别依靠机构内部信用部门和行业协会来维持信用关系，银行一般通过实地走访或者与客户进行交易判断客户的信用状况；博彩行业协会则通过制定章程或者公约，约束行业内主体，促使其履行守信义务。由于澳门的银行业和博彩业信用信息的获取可通过本行业的管理实现，因此，澳门暂无专门的征信机构。另外，在征信立法方面，澳门的立法较为分散，多为行政法规和部门规章，专门性的法律数量较少。2003 年，澳门特别行政区政府制定《中小企业信用保证计划》，旨在解决中小企业融资难问题。2005 年，澳门特别行政区政府制定《个人资料保护法》，对敏感资料的处理、当事人的权利和个人资料的跨境传输等作出了相关规定。

表 4-3　粤港澳三地征信体系对比

	广东	香港	澳门
监管部门	中国人民银行	个人资料私隐专员公署、香港金融管理局等	无
征信模式	政府主导	市场化为主导	行业管理为主
征信机构	中国人民银行征信中心和市场化征信机构	私营征信机构	行业内部信用部门

二、大湾区建立征信合作机制面临的障碍

（一）粤港澳对信息保护的水平不一

随着互联网和信息行业的发展，依托大数据技术采集公民信息的情况越发普遍，个人信息泄露的风险亦越发明显。在此基础上，征信活动应将个人信息保护作为重点，要实现粤港澳三地征信数据的跨境流动，数据流入方必须实行较为健全的个人信息保护制度和有效的个人信息保护措施。当前，香港已经具备较为成熟的个人信息保护体系，《个人资料（私隐）条例》和《个

---

[1]　参见澳门特别行政区政府统计暨普查局：《2023 年澳门资料》，载 https://www.dsec.gov.mo/getAttachment/f83dac33-c5a8-457e-9627-16ae3620a997/C_MN_PUB_2023_Y.aspx，最后访问日期：2023 年 8 月 11 日。

人信贷资料实务守则》等制度文件均对个人信用信息的保护作出了规定，如《个人资料（私隐）条例》第66条规定任何人在个人信息受损害时有权就该损害向有关的资料使用者请求补偿。澳门对个人信息保护也予以了充分重视，其《个人资料保护法》不仅对个人信息的性质、处理的正当性条件、资料当事人的权利等作出了规定，还对个人信息跨境流动作出了一定限制，如《个人资料保护法》第19条规定"仅得在遵守本法律规定，且接收转移资料当地的法律体系能确保适当的保护程度的情况下，方可将个人资料转移到特区以外的地方"。

就内地而言，我国全面的征信信息保护缺乏明确具体的法律指引，征信信息保护法律体系构建尚处于初级阶段。目前，我国内地关于征信信息保护的法律条文散见于《民法典》《个人信息保护法》《数据安全法》《网络安全法》等法律文件中，缺乏深度，保护征信信息的力度尚须加强。尽管《征信业务管理办法》在征信机构的信用信息采集、信用信息整理、保存、加工、信用信息安全等方面作出了与个人信息保护相关的规定，但是其效力层级较法律而言较低，保护力度稍弱，信息主体的权利难以得到全面有效的保护。粤港澳三地对信息保护的程度差异较大，征信数据在三地间的跨境流动必然会对个人信用信息安全造成风险，且在内地对个人信用信息保护不成熟的情况下，广东或成为个人信用信息的"净流出地"。

（二）广东征信市场驱动力不足

粤港澳三地要实现征信合作，市场发挥着极大作用，是不可缺少的驱动力。当前，香港征信业市场化程度极高，政府监管作用的发挥受到限制；澳门则以行业自律为主；与香港和澳门不同，广东省征信行业以政府为主导，这种"大包大揽"式的监管以及严格的事前准入制度，使得市场参与度较低，对征信业发展的推动作用较为有限。

一方面，从《征信业务管理办法》可知，当前对征信业的监管趋严，未对征信行业加以区分以确定监管程度使得内地征信企业的发展受到阻却，影响市场信心。当前，依据《征信业管理条例》，广东省征信行业由中国人民银行内设机构征信管理局进行监管，征信管理局的职能主要是管理信贷征信业，目的是防范金融风险。因此，广东省采取审慎态度对征信业予以管理。根据《征信业务管理办法》第3条，"信用信息"是"为金融等活动提供服务，用于识别判断企业和个人信用状况的各类信息"等，中国人民银行征信管理局有关负责人在此基础上提出了利用信用信息对个人和企业作出画像、评价等活动应认定为征信业务，并纳入征信监管范围。然而，随着大数据技术的高速发展，市场上的商业主体为消费者提供何种等级的产品或者服务往往以市场征信机构提供的消费者信用评价为依据，从性质来看，其与金融征信存在着较大差异，应当属于信用咨询的范畴。《征信业务管理办法》扩大了征信监管的范围，但对性质不同的业务未予以区分，而是采取统一的标准进行严监管，这种严监管模式的设计还需进一步斟酌。以金融审慎监管的思路应对一般市场活动，会使得广东省一些征信机构陷入极大的合规风险中，其市场业务的顺利开展亦会受到限制，市场活力也会因此降低，阻碍粤港澳大湾区开展征信合作和信用信息交流。

另一方面，个人征信行业的事前准入制度过于严格。根据《征信业管理条例》的有关规定，企业要在内地获得个人征信业务的经营资格，需要经过国务院征信业监督管理部门进行审查以及发放牌照，牌照数量受到国务院征信业监督管理部门的严格控制。中国人民银行作为我国国务院的征信业监督管理部门，是外生于市场的监管部门，由于市场格局和经营者状况变化速度较快，对此难以全面地掌握，严格的事前准入制度可能会抑制个人征信市场的活力，不利于其发展。

此外，个人征信业务牌照属于一般许可，在数量上应当不存在限制，但截至目前，内地只有百行征信有限公司和朴道征信有限公司两家企业取得了个人征信业务经营许可。而百行征信有限公司的第一大股东是中国互联网金融协会，其是由中国人民银行会同多个部委建立的。朴道征信有限公司的第一大股东是北京金融控股集团有限公司，属北京市国资委旗下，二者均具有比较典型的官方背景。由此来看，个人征信业务的事前准入制度不排除被行政性垄断的可能，这严重影响了内地个人征信市场竞争的正当性和充分性。若内地的征信市场的高效运转受到阻碍，便会使得优秀的征信产品或征信服务寥若晨星。受此影响，在面对港澳一众具有核心竞争力的征信企业及其提供的征信产品和服务时，广东省征信市场难以与其竞争，在产品力方面较弱，尚未达到粤港澳征信合作所应该具备的"征信产品互认"条件。

（三）粤港澳信用信息跨境流动机制不完善

一方面，受到当前立法的影响，粤港澳信息跨境流动不畅。根据《网络安全法》第 37 条的规定，关键信息基础设施的运营者在中华人民共和国境内运营中收集和产生的个人信息和重要数据应当在境内存储。若因业务需要确需向境外提供，则应当先通过有关部门的安全评估。由该法条可知，内地的立法者希望通过将个人信息等重要数据储存本地化的方式来保障内地信息数据的安全。严格的信息跨境流动限制虽然能够较好地保障信息安全，降低信息泄露、篡改的风险，但这对粤港澳间的信息流动亦造成了负面影响，广东与港澳之间信息不对称现象的加剧将在所难免，更进一步会导致内地城市在一定程度上被粤港澳大湾区征信市场孤立。

另一方面，粤港澳三地对征信利益的诉求不同。就珠江三角洲九市而言，广州、深圳两地在城市信用体系的完善程度、信用交易风险程度以及信用经济的发展潜力等方面位于全国前列，而中山、肇庆等城市仍较为落后[1]。珠江三角洲九市间的信用建设情况差距明显。基于此，广东需在借鉴港澳征信业成熟经验的基础上提高对数据的处理能力，降低交易和信用风险，加强在征信业较为落后的城市的发展力度。而港澳对于跨境征信合作的主要诉求是获得有价值的信用数据，以促进当地征信业的发展。粤港澳三地都希望自己是数据流动的"净输入者"，从而减少本土信息的流动，以降低信息泄露风险，这与跨境征信合作的目标相矛盾，不利于跨境征信合作机制的建立。

三、推动大湾区建立征信合作机制的建议

（一）细化《个人信息保护法》，协调三地信息保护发展水平

近年来，各界正积极探索粤港澳大湾区征信合作的发展方向，2021年，全国人民代表大会常务委员会制定了《个人信息保护法》，该法的出台为个人信息权益保护提供了较为系统的法律依据，为个人信息保护提供了许多新思路，但其许多规定还亟待细化。虽然《个人信息保护法》可以对个人征信权益的保护提供指引，但由于征信信息与一般个人信息无法完全等同，有其独特特征，若完全以《个人信息保护法》来调整个人征信业务不可避免地会造成许多矛盾。当前，《个人信息保护法》已对个人信息的保护进行了较为全面的规定，现阶段可以《个人信息保护法》为基础，进一步分析其中的重要规定，并为粤港澳大湾区开展征信合作颁布指导方针，提供新的解决思路。

---

　　〔1〕　参见《2019中国城市商业信用环境指数排名出炉》，载 http://www.xinhuanet.com/enterprise/
2019-11/21/c_1125258545.htm，最后访问日期：2021年3月13日。

第一，确保信息保护机构的专业性和独立性。根据《个人信息保护法》第 60 条的规定，个人信息保护工作和相关监督管理工作由国家网信部门负责统筹协调。国务院有关部门在各自职责范围内负责个人信息保护监督管理工作。从国家网信部门的职责来看，其主要负责加强互联网信息内容管理，依法查处违法违规网站等网络安全治理工作，在个人信息保护方面专业性不足。此外，依据《个人信息保护法》第 60 条的规定，个人信息保护职能由多部门拥有，较为分散，从而使得个人信息保护在组织、资金以及人力方面，都缺乏足够的独立性。长此以往，内地个人信息保护的发展进程将受到负面影响。

第二，确立信息主体权利与信息自由流动间的平衡机制。一方面，要确立个人享有信息控制权，并在此基础上对信息控制权进行类型化处理，如设置知情权、查询权、更正权、删除权等权利，对明示同意、默示同意、专门同意等事项予以界定。另一方面，为防止信息主体对信息的控制过分严格影响数据流动的自由度，应设计合理有效的信息安全管理制度，以提高信息控制者保护个人信息的积极性，促使其主动承担个人信息保护的责任。通过确立信息控制权和设计信息安全管理制度，使得保护个人信息与促进数据要素有序自由流动协调发展，推动粤港澳大湾区的信息数据交流。

（二）革新监管思路，加强粤港澳征信市场化程度

与内地政府主导的征信体系相比，香港的征信体系更加市场化，监管更富有伸缩性。事实上，香港金融管理局和个人资料私隐专员公署均未采取严格的行政手段对征信市场进行管制，较为宽松的征信市场环境使得香港征信市场竞争激烈，并形成了一批具有核心竞争力的市场征信机构。内地的征信业起步较晚，各方面的机制还未健全，基于此，监管部门依法采取较为严格的监管措施以稳定征信市场秩序亦属合理范畴。然而，当前监管部门采取"大包大揽"式的强管制思路对征信业进行管理，使得适度竞争、有序高效的征信市场难以构建。因此，监管部门应在守住风险底线的条件下，给予市场一定的自由度，革新监管思路。

一方面，依据征信产品或服务的性质进行分类监管。经过多年发展，企业或者个人征信产品及服务已由金融借贷领域扩大至消费、商业营销等诸多领域，利用信用信息对个人和企业作出画像、评价等活动不应再一刀切地受到严管，应对不同性质的征信产品或服务予以不同程度的监管。对于以金融借贷服务为主的金融征信机构，应实施严格的监管；而对于以信用浏览、行

政许可或行政处罚信息公示为主要内容的公共征信和以提供信用信息咨询服务的商业征信，应采用较为松弛的监管手段，不必以审慎监管原则进行强监管。

另一方面，应适当放松事前准入审批。在欧盟等征信行业发达的国家或者地区，成立征信公司、从事征信业务并无事前审批要求，只需进行备案登记即可。为了提升广东省征信业的市场化程度，通过市场优胜劣汰的方式在大湾区形成一批具有核心竞争力的征信企业以提高广东省征信企业在大湾区的竞争力度，监管部门可以考虑放松事前准入审批制度，对于不涉及金融借贷领域的征信业务，采取登记备案制，减少监管压力并激发征信市场活力；或者在一定范围内增加征信业务牌照的数量，使内地的征信市场实现合理、充分的竞争。这样，广东省才能以市场为驱动，形成一批具有竞争力的征信企业，并提供符合市场动态的高质量征信产品和服务，从而推进大湾区的征信合作。

（三）健全数据跨境流动立法，寻求信息流动合作模式

一方面，我国内地的《网络安全法》第12条提出要"保障网络信息依法有序自由流动"，该规定虽然奠定了以数据本地化留存为原则、安全评估出境为例外的基本原则，但是并未予以更进一步的细化，故需对数据跨境流动的认证机制、合同出境方案签署以及对超过何种数量的信息采集才需要本地留存作出具体、明确的规定，针对不同类型的数据采取不同的管理举措。如对涉及国家秘密、经济安全等可能对国家安全造成损害的数据严格按照本地化存储的要求执行，对公共征信机构采集的数据由有关部门进行安全性评估后判断其是否符合跨境流动条件，依据评估结果允许满足安全管理要求的普通个人数据进行跨境流动。

另一方面，为克服粤港澳三地对征信合作利益诉求不一致的问题，促进粤港澳征信数据流动，还应主动探索适合大湾区发展的信息流动合作模式。以日本为例，日本征信业采取行业会员制的发展模式，由行业协会制定有关章程，对会员的准入、退出机制予以明确，行业协会内所有的会员都享有平等的权利并履行相同的义务。行业协会仅对其会员提供信用信息的查询服务，若要广泛获得真实可靠、有价值的信用信息，就必须成为某一征信机构的会员。粤港澳大湾区可借鉴日本的行业会员制模式探索信用信息共享模式的构建途径，可以粤港两地的征信管理部门为主导，建立征信信息共享会员系统，

粤港澳三地的企业或机构可自愿加入信息查询系统，并签署相关的数据保密协议。通过这种自愿的、市场化的方式，以市场利益为主要驱动，调动粤港澳三地企业信用信息共享的积极性。

为实现《发展规划纲要》提出的战略目标，中国人民银行积极推动粤港澳大湾区征信一体化，然而，大湾区征信一体化在推进过程中仍面临着法律法规差异、监管差异、征信发展路径差异等诸多障碍。但是，随着信息技术的飞速进步和金融科技的日益成熟，征信合作的实现可依托的技术逐渐丰富。例如，当前依托区块链技术构建大湾区跨境征信合作已有初步思路。区块链技术具有去中心化、不可篡改、开放性、安全性、去信任化等特点，不仅能有效缓解信息不对称现象，还能在缺少中央权威机构的情况下，使得彼此之间没有建立传统信任关系的主体达成合作。区块链技术的应用可以解决跨境征信合作中诸如征信标准不统一、信息数据互不相通等难题，并有利于稳定金融秩序，防范金融风险。然而，尽管区块链技术可为大湾区征信合作机制的构建提供支撑，但其应用目前仍在构想阶段，这当中不仅涉及诸多技术层面的问题，还涉及法律和监管层面的问题。如《征信业管理条例》第16条规定征信机构对个人不良信息的保存期限为5年，5年过后应当予以删除；第25条规定，信息主体认为征信机构所保存或提供的信息有错误、遗漏等问题的，有权请求征信机构予以更正。显然，区块链的不可篡改性与《征信业管理条例》的上述规定是相冲突的。此外，区块链技术的去中心化特性使得其在应用到征信领域时，中国人民银行的监管将在一定程度上被限制，与传统的监管方式相矛盾。因此，应先从立法以及监管方式上为粤港澳大湾区的征信合作奠定基石，缓解科技手段在推动粤港澳大湾区征信合作过程中产生的矛盾。

粤港澳大湾区作为中国最具经济活力、开放程度最高的区域之一，若想打造成为国际一流湾区和世界级城市群，则要加强湾区金融的深度合作，增强湾区整体实力和竞争力。为此，构建独特的跨境征信合作体系将是粤港澳大湾区的重点工作内容，而征信合作体系的构建应在未来通过法律法规、政府监管、科技和市场之间的相互配合中进行探索。

第五章

粤港澳大湾区金融科技合作机制

第一节　粤港澳大湾区金融科技的发展历程

金融与科技的结合大致经历了三个阶段。第一阶段为金融信息技术阶段，该阶段主要通过传统的信息技术提升金融业务中计算机的运用程度，为金融服务提供软硬件支持、服务和解决方案，其中以自动提款机（ATM）与银行交易系统为典型。第二阶段为互联网金融阶段，在此阶段，通过互联网技术搭建起金融业务资产端、交易端、支付端和资金端互联互通的桥梁，降低金融业务的交易成本并扩大交易范围。第三阶段为金融与科技深度融合阶段，得益于大数据、云计算、人工智能、区块链、移动互联网等新一代信息技术的发展，改变了传统金融信息处理流程、投资决策过程、信用中介角色。推动金融服务与交易向自动化、智能化与去中心化方向变革[1]。目前，粤港澳大湾区正处于金融与科技深度融合阶段，金融科技产业稳定发展。

一、大湾区金融科技发展的必要性

粤港澳大湾区是中国对外开放程度最高，金融活动最为频繁的地区之一，但大湾区金融发展也存在区域不平衡、协同难度大、监管标准不一等问题。金融科技的出现为解决大湾区金融发展中存在的问题提供了可行化方案。金融科技能够打破粤港澳三地之间的地域限制，综合各地区优势，提高金融活动效率，提升金融服务水平，推进中国对外开放的步伐。

（一）提升金融竞争力

发达的金融业是世界一流湾区的普遍特征。以纽约湾区为例，作为全球国际金融中心，仅华尔街内就聚集了3000多家银行、保险、交易所等金融机

---

〔1〕　参见袁康：《金融科技的技术风险及其法律治理》，载《法学评论》2021年第1期。

构，是全球金融系统的心脏。目前，金融业在粤港澳三地经济中占据重要地位，成为香港、深圳、广州等核心城市的支柱产业。但从金融产业绩效、金融机构自身实力以及金融市场规模等多个方面进行对比，深圳、广州的金融实力落后于上海、北京。香港与纽约、伦敦相比也存在不足。为推动粤港澳大湾区金融业发展，亟须提升大湾区在金融领域中的竞争力。

金融业发展需要转变以往的发展方式，调整金融产业结构，提高金融效率与服务水平。现阶段我国依靠增加数量、扩大规模的经济发展模式已日益疲乏。金融业要树立质量优先、效率至上的理念，运用金融科技来驱动发展。移动互联网金融的发展有效地推动了金融创新和普惠化的进程；大数据、人工智能、云计算深刻地改变了金融服务的供给方式；区块链为金融产品的基本架构和交易机制的变革提供了技术保障。金融科技通过多种应用场景，大幅度降低金融机构的运营成本，提高金融效率[1]。粤港澳大湾区要抓住金融科技的风口，增强金融竞争力，打造世界一流湾区。

(二) 防范系统性风险

粤港澳大湾区是中国金融创新最为活跃的地区之一，随着三地金融互联互通程度加深，跨境活动日益频繁，金融风险也日益复杂。2021年粤港澳大湾区金融业增长额超过1.5万亿元，与2018年相比增长近35%；粤港澳大湾区内使用人民币跨境结算总量超过21万亿元[2]。随着信息技术的发展，粤港澳三地金融交往越发深入，与此同时金融风险也更易在三地之间流动，造成系统性风险。2020年中国人民银行、原银保监会、证监会、国家外汇管理局联合发布的《关于金融支持粤港澳大湾区建设的意见》提出要大力发展金融科技，切实防范跨境金融风险，强化粤港澳之间的金融监管合作。

防范系统性金融风险的产生必须将金融科技运用到监管中，监管科技由此应运而生。监管科技可视作金融科技在监管领域的延伸，监管科技将人工智能、区块链和云计算等新技术运用于监管领域，提升了监管部门对金融风险的甄别、管控和处置能力，同时也弥补了监管部门在数据处理、算法和实时监控等方面的不足，使监管部门能够提前感知和预测金融风险态势，提升

---

〔1〕 参见广东互联网金融协会、广东金融学院中国金融转型与发展研究中心编著：《粤港澳大湾区金融科技发展报告（2018—2020）》，中国金融出版社2020年版。

〔2〕 数据来源于广东省地方金融管理局。

监管部门的监管效率和监管能力，更好地控制金融风险。

（三）金融服务于实体

习近平总书记指出："金融是实体经济的血脉，为实体经济服务是金融的天职，是金融的宗旨，也是防范金融风险的根本举措。""金融要把为实体经济服务作为出发点和落脚点，全面提升服务效率和水平，把更多金融资源配置到经济社会发展的重点领域和薄弱环节，更好满足人民群众和实体经济多样化的金融需求。"[1]

粤港澳制造业是大湾区最大的产业，占地区生产总值比重的33%，在世界四大湾区当中最高。但是，总体来看，粤港澳大湾区制造业生产模式仍较为传统、企业管理及营运质量还有较大提升空间，"大而不强"的问题较为突出，转型升级亟待金融支持。[2]近年来粤港澳大湾区也出现了金融"脱实向虚"的现象。一是实体经济"资金荒"，实体经济发展缺乏足够的资金，大量资金聚焦在金融体系中；二是金融牌照热，实体企业纷纷争取各类金融牌照，开展资本运营；三是金融机构乱象丛生，交叉性金融业务横跨多个市场与行业，存在过高杠杆、多重套利等问题；四是实体经济融资成本高、利润低，反观金融行业成本低、利润高，导致投机现象严重。金融科技将科技融入金融机构的日常运作中，采用技术手段解决信息不对称、融资成本高、交易效率低下等问题，服务实体经济需要，有效缓解了金融与实体经济之间的不协调状态。

（四）推进全面开放

广东是改革开放的排头兵、先行地、实验区；香港和澳门在国家改革开放中作出了巨大贡献，并有望成为"一带一路"沿线国家与中国内地之间的"超级联系人"。2019年中共中央、国务院印发的《发展规划纲要》指出粤港澳大湾区对于"一带一路"建设的重要意义，着重表明通过区域内的双向开放，构筑丝绸之路经济带和21世纪海上丝绸之路对接融汇的重要支撑区。2020年中国人民银行、原银保监会、证监会、国家外汇管理局发布的《关于金融支持粤港澳大湾区建设的意见》提出要进一步推进粤港澳大湾区金融开放创新，提升粤港澳大湾区在国家经济发展与对外开放中的支持引领作用。

---

〔1〕　参见《习近平：深化金融改革 促进经济和金融良性循环健康发展》，载 https://news. 12371. cn/2017/07/15/ARTI1500126456315843. shtml，最后访问日期：2020 年 10 月 20 日。

〔2〕　参见沈艳、谢绚丽、黄益平在"明珠湾金融峰会（2023）"上发布的《粤港澳大湾区数字金融的发展机遇、挑战与前景》报告。

金融开放是经济发展的重要手段，也是中国经济拥抱全球市场的关键所在。金融业开放体现在金融机构和金融市场两个维度。金融机构的对外开放主要体现在放开外资投资比例限制和业务准入限制。金融市场开放主要体现在双向制度更完善，投资渠道更多元。金融科技的发展有助于推动金融开放，进一步深化我国对外开放的进程。金融科技发展助推中资金融机构积极转型发展，提升中资金融机构的竞争力，推动国内金融体系的进一步完善，增强世界对于中国金融的认可度；有利于进一步深化我国的改革开放，建立起与国际接轨的开放型经济体制，高水平地参与国际经济合作。金融开放将服务于中国经济大局，助力实体经济把握国内国际两个市场，推动中国形成全面开放的新格局。

二、大湾区金融科技发展的优势

金融科技的发展离不开金融基础与科研实力作为支持，同时还要有广阔的市场空间用以转换金融科技成果。而粤港澳大湾区金融资产规模较大，科研实力雄厚，科技成果转换与应用能力强，在发展金融科技上具有得天独厚的条件。金融科技合作发展是粤港澳大湾区发展建设的重要一环，并肩负着打通三地经济"血脉"的重要使命。

（一）科研实力强劲

粤港澳大湾区创新能力强、人才储备佳、科技转换快，雄厚的科研实力为金融科技的发展奠定了良好的基石。从专利申请及研究成果来看，2022年世界知识产权组织（WIPO）发布的全球创新指数（GII）排名显示，"深圳—香港—广州"集群的创新指数仅次于"东京—横滨"位列第二[1]。《2022年全球金融科技专利排行榜TOP100》显示，粤港澳大湾区内进入榜单的企业数为15家，略少于北京。毕马威所公布的《中国2022领先金融科技双50强企业名单》显示，粤港澳大湾区进入榜单的金融科技企业数为24家，仅次于北京的29家[2]。从人才聚集程度上来看，在QS2022年世界大学排名中，中国有92所高校入选，其中粤港澳大湾区共占14所[3]，深圳、广州、香港和澳

---

〔1〕 数据来源于WIPO（中国）官网。
〔2〕 数据来源于毕马威（中国）官网。
〔3〕 数据来源于QSChina，世界大学排名。

门等中心城市人才密度较高。从高新技术平台与企业来看，截至 2021 年底，粤港澳大湾区有国家级和省级开发区 65 个，重要产业创新平台 57 个，其他产业集聚区 35 个，约 53% 的产业园区集中在深圳和广州〔1〕。粤港澳大湾区内产业优势十分突出，拥有一大批龙头企业，诸如华为、比亚迪、腾讯等，此类企业科技转换与应用能力强，是科技创新的重要主体，并发挥着引领支撑作用〔2〕。此外，企业还与高校、科研院所展开深度的双向合作，提升研究效率与应用价值。比如，微众银行与深圳大学联合成立了深圳大学金融科技学院。粤港澳大湾区内高校与人才在创新活力强的高新技术企业带动下，区域内科技成果转化与应用活跃，成为推动我国创新驱动发展的重要力量。

（二）金融基础良好

粤港澳大湾区无论是金融实力、金融市场体系还是特色金融板块在全国范围内都处于领先地位。从金融实力来看，2022 年 3 月发布的全球金融中心指数（GFCI32）中，香港在全球金融中心城市的排名位居第四（国内第一位），深圳位居第九（国内第三位）。〔3〕广东时代传媒集团发布的《粤港澳大湾区金融发展白皮书（2021）》显示，2020 年，粤港澳大湾区"9+2"金融业占 GDP 的比重为 12%，远高于全国同期平均水平；截至 2020 年年底，粤港澳大湾区金融机构存贷款余额超 75 万亿元，占全国的比重为 19%；上市公司共 2319 家，总市值超过 35 万亿元。〔4〕从金融平台来看，粤港澳大湾区有香港交易所、深圳证券交易所、广州期货交易所等大型交易平台，建立了包括广东股权交易中心、深圳前海股权交易中心在内的区域股权交易平台，挂牌企业数量及总体规模均位居国内各省（市、区）前列。从特色金融板块发展来看，香港和广州分别在绿色债券、绿色贷款领域处于国内前列，深圳则在发展绿色基金和绿色保险方面成效显著。此外，香港、深圳的私募基金发展水平也位居全国榜首。

---

〔1〕　数据来源于广东省人民政府门户网站。

〔2〕　刘春红、武岩：《香港国际金融中心助力粤港澳大湾区建设》，载《宏观经济管理》2023 年第 2 期。

〔3〕　数据来源于中国金融中心信息网。

〔4〕　数据来源于时代在线网。

（三）区域制度优势

2021年中国人民银行印发的《金融科技发展规划（2022—2025年）》提出金融科技下一阶段目标是推动金融数字化转型，建成一批可以复制、可供推广的金融科技样板项目、典型做法、模范机构以及示范区域。粤港澳大湾区作为我国金融科技的重点试验区，应响应国家号召出台相关政策。深圳市地方金融管理局于2023年2月4日发布的《深圳市金融科技专项发展规划（2023—2025年）》指出了深圳金融科技发展存在的不足，并提出了深圳金融科技的发展目标，即深圳将围绕八项主要任务推动金融科技发展。《广州市金融发展"十四五"规划》指出支持广州推进数字金融创新发展，创建数字金融标杆城市。此外，粤港澳大湾区各地积极推动金融科技项目建成。目前粤港澳大湾区内已成立深圳金融科技有限公司与国家金融科技测评中心，并积极推动着金融科技的研发。同时，香港也进一步加强金融科技的基础设施建设，促进"转数快""虚拟银行""商业数据通"等设施发展。与此同时，香港与内地积极开展金融合作。例如，香港与中国人民银行数字货币研究所合作开展"多边央行数字货币桥"项目研究；广深两地积极开展金融科技的创新监管、资本市场金融科技创新、金融科技转化应用等试点活动，率先建成地方金融风险监测防控平台——"灵鲲"金融安全大数据平台。

三、大湾区金融科技发展的现状

粤港澳大湾区由珠江三角洲九个城市和香港、澳门组成，各地的金融科技发展程度差异较大。金融科技产业主要集中在深圳、广州和香港三座中心城市，内地其他各市例如佛山、东莞、珠海、中山等城市金融科技创新能力不足。

（一）香港金融科技起步早

2016年，香港金融管理局设立了金融科技促进办公室，致力于推进金融科技发展，且取得显著成就。例如，建立"转数快"快速支付系统；推行虚拟银行牌照制度；建立区块链技术为基石的贸易融资平台等。2018年，香港金融管理局便认识到金融监管科技的战略意义，推出了一系列"银行便捷"计划，用以促进监管科技在香港的发展。在银行业、科技界和其他利益相关方的共同努力下，香港监管科技发展已取得了显著的进展。香港金融管理局也尤其重视监管科技的培育与推广，其于2020年11月发布了题为《改变风险管理和合规性：利用监管科技的力量》的白皮书，制定了一份为期两年的路线图，以进一步推动香港银行业采用监管科技。2021 年底香港已有超 600 家金融科技公司和初创企业。2022 年 9 月，香港金融管理局颁布了"金融科技概念验证资助计划"，该计划旨在鼓励银行、保险公司、证券公司和资产管理公司等金融科技公司合作，共同开展创新金融服务产品概念验证项目。此外，香港金融管理局与中国人民银行签署了《关于在粤港澳大湾区开展金融科技创新监管合作的谅解备忘录》，促进内地金融科技创新监管工具与香港的金融科技监管沙盒联网对接。

（二）广深两地发展势头强劲

近年来，内地核心城市开始发力。广东省搭建了区块链贸易融资企业系统，为企业进行风险评级和画像，推动企业和银行进行线上融资对接。截至 2021 年 8 月，粤港澳大湾区中共有 2 个城市、17 项创新应用被纳入创新监管试点，并正式向用户提供服务。17 项创新应用由广州市 5 个首批及 4 个第二批试点应用、深圳市的 4 个首批及 4 个第二批试点应用组成。两市的创新应用类型大部分为金融服务，科技产品较少，仅有 3 项；应用的业务领域主要为金融与政务，主要采用人工智能、区块链、机器人流程自动化等技术实现对金融数据的开发利用，助力政府服务的数字化转型；金融领域的创新应用高度集中在"信贷"场景，渠道类型主要为线上，其中同时具备线下渠道的仅有 3 项，且均为深圳市的创新项目。对比两批试点应用发现，相对第一批，第二批创新应用在覆盖领域及创新机构上有了更多拓展：地域范围从主要服务于区域内延伸到跨境业务甚至域外，如跨境贸易结算、外汇监管等；创新机构包括国有商业银行、地方性商业银行、科技公司，并延伸到政府部门、科研院所等。而相较于深圳市，广州市虽然起步较晚，但在技术运用上能够借助流媒体、虚拟现实技术、复杂网络等技术丰富金融应用场景、拓展服务渠道，在参测机构上更是首次出现农村股份制商业银行。

（三）内地非中心城市发展落后

粤港澳大湾区内部金融科技创新水平差异较大，香港、澳门开放程度高，金融体系较完善、金融科技起步早。广州和深圳是粤港澳大湾区的技术创新中心，产业基础雄厚，科技创新能力、吸引资本能力、辐射能力强，为粤港澳大湾区的科技、金融、产业深度融合提供了强有力的支撑。佛山、东莞、珠海、中山等城市虽受广深地区金融科技辐射影响，但是其优势主要体现在制造业上，金融发展较为落后，科技创新能力不足；惠州、江门、肇庆目前无论是产业发展实力，还是科技创新水平、金融发展水平等均较为薄弱。[1]从资金投入来看，广东省创新投资分布不均，深圳、广州两地投资金额占全省的比重为 90% 以上，佛山、中山、珠海有部分创新投资金流入，其他城市相较而言投入较少。因此，粤港澳大湾区内各地科技创新资源布局并不均衡，产业承接、创新资源流动、政策规划等众多方面整合仍需要一段时间。这将直接导致区域内资源在较短时间无法实现优势互补，难以为金融与科技创新融合提供助力[2]。

第二节　粤港澳大湾区的金融科技监管及其机制

金融科技对于粤港澳大湾区金融业发展而言是一把双刃剑，一方面，金融科技为大湾区金融领域注入新活力；另一方面，其带来的风险也对大湾区金融监管提出新挑战。与传统的金融行业相比，金融科技中金融与技术风险交织，传统的金融监管手段难以对其技术漏洞、数据安全、算法黑箱问题进行有效监管。因此，监管机构需要运用合理的监管模式，既保证有效监管，同时也要避免挫伤金融科技创新的积极性。

一、大湾区金融科技监管的必要性

巴塞尔银行监管委员会（Basel Committee on Banking Supervision，BCBS）以金融所覆盖的范围与领域为标准，将金融科技行业划分为存贷款与融资、支付与清结算、投资管理、市场基础设施服务四方面。金融科技在以上四方面都存在发生风险的可能：

（一）金融科技中存贷款与融资的法律风险

金融科技在存贷款与融资服务领域，以众筹和 P2P 网贷平台为典型。自2015 年起，互联网众筹、P2P 网贷平台先是呈雨后春笋般涌现的态势，随后网贷平台在行业的更新迭代与强监管的影响下宣告落幕。在不到十年的时间里，网贷平台经历了从兴盛到快速衰落，背后的原因值得深究。起初，P2P

---

〔1〕　参照张大为、黄秀丽：《粤港澳大湾区金融支持科技创新的现实困境及破解路径》，载《西南金融》2021 年第 3 期。

〔2〕　刘佳宁：《粤港澳大湾区科技金融协同发展路径研究》，载《南方金融》2020 年第 9 期。

网贷平台主要是作为信息中介，为借款人与投资人提供中介服务。然而平台经营为吸引更多借款人，充当起担保人的角色，角色的改变带来的是巨大的法律风险。我国金融服务的相关法规规定"担保"类金融服务只能由具有经营牌照的金融机构提供。在此情形下，网贷平台实际上超越了法律所允许经营的范围，属于无牌照经营。网贷平台由此逐渐走向衰败，一方面，网贷平台由于其非法经营，存在随时被监管部门取缔的可能；另一方面，投资人的资金安全无法得到保障。部分网贷平台将资金需求作为理财产品进行兜售，或者在接受投资人的资金后与不特定对象的资金需求进行配对，形成规模可观的资金池。这种经营模式的合法性存疑，在面向不特定对象上符合非法吸收公众存款的特征。此外，网贷平台无法准确鉴别借款人资金用途与还款能力，使投资人的资金有被借款人用于从事非法活动的风险，无形中为违法犯罪提供了资金链上的帮助[1]。

（二）金融科技中支付与清结算的法律风险

金融科技在支付与清结算服务领域，颠覆了传统的现金支付，支付宝、微信等移动支付在我国已相当普遍。移动支付本身具备超越空间、方便快捷的特性，用户在使用时提供的身份信息、生物信息具有唯一性与高度的可识别性。用户信息一旦被窃取，将会威胁用户的个人隐私，并有可能导致用户个人信息被盗用。不法分子通过流氓软件、盗读设备、摄像头等途径获取用户的账户信息。或是通过偷换用户向商家进行支付的链接，隔空盗走商家的营业收入，破坏线上交易的安全。同时，恶意套现花呗等借贷平台的虚拟信用，扰乱虚拟信用市场秩序的行为也十分常见。此外，数字货币凭借交易成本低、速度快、高度匿名性的三大特点实现了支付结算的快捷、经济、安全。而早在2017年，我国已发布公告要求全面禁止虚拟货币交易；2019年，国家发展和改革委员会在《产业结构调整指导目录（2019年本，征求意见稿）》中明确将虚拟货币的"挖矿"活动列为淘汰类产业。但对数字人民币的数字货币形式，我国则采取截然不同的态度，不仅投入大量精力及时间去研发，而且还通过国家信用背书赋予其法偿能力。这是因为一般的数字货币相较于我国数字人民币而言不具有法定货币的特性，且数字货币涉及跨国资金交易

---

〔1〕 李莉莎、尹颖欢：《金融科技的法律风险与制度回应——以监管沙盒为视角》，载《金融科技时代》2022年第1期。

但却不受跨国资金管制，冻结资金的难度大；数字货币匿名的账户体系、复杂的交易网络放大了执法部门在数字货币监管上经验欠缺的问题。

（三）金融科技中投资管理的法律风险

金融科技在投资管理服务领域，随着新技术的加入其内容得到延伸，涌现出不少新业态。其中，以智能投顾较为典型。智能投顾是指由机器人通过对投资者及相关数据进行分析，借助一定的投资理财分析方法为投资者的投资理财提供建议的一种财富管理模式。其与传统投顾最大的不同是投资理财过程中的人为干预较小，且能够为投资者提供更具有针对性的服务，可以满足其对金融服务的个性化和多元化需求。但是 1997 年国务院原证券委员会发布的《证券、期货投资咨询管理暂行办法》明令禁止证券投资咨询机构的人员和机构本身开展代理证券买卖的业务，2006 年《商业银行开办代客境外理财业务管理暂行办法》对可从事智能投顾服务的主体范围作出限定，要求提供智能投顾服务的公司应先取得相关资质。由此看来，智能投顾取代自然人投资顾问为投资者提供投资理财建议、协助投资者作出投资决策与上述办法所作的禁止性规定相冲突。此外，智能投顾对投资者风险的评级仅通过线上调查问卷完成，而问卷本身设置的合理性会影响测评的结果，加之投资者对线上问卷词句的理解难免存在偏好和误差，降低了投资咨询机构对投资者风险级别认定的科学性和有效性，从而导致投资咨询机构的适当性义务履行不当，引发法律纠纷。

（四）金融科技中市场基础设施的法律风险

金融领域中的市场基础设施是指支持金融市场和金融中介有效运行的机构、制度、信息和技术，其中技术对金融市场基础设施影响较大。就人工智能领域而言，目前我国人工智能应用的发展已跻身世界前列，人工智能企业的数量仅次于美国，更是全球人工智能投融资规模最大的国家。同时，具有去中心化特点的区块链技术近年来的发展也颇为迅猛。据统计，当前我国已成为全球区块链专利申请数量和参与公司规模最大的国家。对这类新兴技术产业而言，其面临的首要风险应当是算法设计、系统安全性等技术风险。这些技术风险将会衍生出用户信息泄露等法律风险。但目前对个人信息保护的相关法律法规体系尚未健全，保护力度远远不够。因此，在新兴技术落地普及的过程中，个人信息泄露成为用户最担忧的问题。

此外，发展迅猛的区块链技术在金融领域应用较多，但既有法律法规缺乏对区块链技术本身的相关规定，形成区块链产业监管漏洞，同时区块链技术极强的去中心化特性还使得传统中心化的监管模式难以奏效。另外，在区块链技术应用的过程中衍生出的智能合同与传统的合同存在明显区别，且其法律地位、法律效力在现行法律法规、司法实践中尚未得到明确规定。由于区块链技术具有不可更改性，一旦区块链应用产业中的智能合同成立，无论遇到何种外部因素，合同都只会自动按照原编码强制执行，这显然有悖合同中的意思自治原则。

二、大湾区金融科技监管模式的选择

随着粤港澳大湾区金融科技发展迈进新阶段，其衍生的法律风险不容忽视。英国的监管沙盒模式与我国金融科技发展所需的主动监管、审慎包容监管原则相契合，成为我国金融科技监管的借鉴模板。通过研究中国式监管沙盒的起源，结合目前国外监管沙盒的经验与湾区金融监管的具体实践，为粤港澳大湾区金融科技监管指明发展方向。

（一）中国式监管沙盒的引入

中国式监管沙盒是在借鉴国外经验的基础上，结合本国国情形成的具有中国特色的监管模式。国际上针对金融科技的监管模式主要分为主动监管模式、限制性监管模式、被动监管模式三类。英国金融监管坚持主动监管的理念，主要体现在金融行为监管局（Financial Conduct Authority，FCA）通过 Innovation Hub 项目支持小微企业，推动金融服务的发展。随后，其更是创设了 Regulatory Sandbox（监管沙盒），即通过限定时间、空间及参与者的方式为金融科技产品、服务等提供模拟在真实市场运营的机会。一方面，沙盒可以避免监管法规的不确定性或迟延，导致创新项目投入市场运营的潜在成本增加及融资机会流失；另一方面，沙盒通过核查创新项目的创新真实性、限定测试范围及受众、健全且明确对消费者的保护措施等举措防控风险。沙盒的出台使得监管在鼓励金融科技创新、防范金融系统性风险、保护消费者权益三者之间取得了较好的平衡。

美国则对金融业采取限制性监管模式，即将金融科技按功能纳入现有的监管体系予以监管。反观我国，监管部门对金融科技的发展往往持一种观望、被动的监管态度，在起初任其野蛮发展，直至风险事件频出才出台相关政策予以规范。这种被动监管一方面容易诱发金融性系统风险，难以保护消费者的利益，另一方面触动了金融创新各方的既有利益，不利于金融科技的持续健康发展，弊大于利。而与限制性监管相比，主动监管更符合我国处于后分业监管时代的需求以及金融业现行监管架构。

（二）国外的监管沙盒经验

英国与澳大利亚是实行监管沙盒经验较为成熟的两个国家，通过对两国具体监管沙盒措施的研判，从中吸取有益经验。英国行为监管局，为符合准入条件的创新产品或服务设定 6 个月的测试期，采用个别指导、豁免或修改规则、无异议函等为创新产品或服务设置容错空间，降低了公司将创新产品推向市场的成本及时间。在监管沙盒中，创新公司不仅能与监管当局进行面对面交谈，了解现行监管体系，并对自身的创新产品或服务有更为清晰的定位，还可以与监管当局共同商定测试方法，形成双向良性互动。此外，英国的创新监管沙盒将消费者保护作为首要目标，要求创新公司必须向消费者披露保障、补偿的水平从而作出完善的消费者保护措施安排。其后再由监管当局进一步评估上述措施是否妥适且足够。

澳大利亚的监管沙盒框架由法律规定的豁免、金融科技牌照豁免、澳大利亚证券与投资委员会（Australian Securities & Investments Commission，ASIC）授予的个人豁免三部分组成。其中，若创新公司符合法律现存的豁免，则无需进入监管沙盒内测试，可直接从事相关的金融活动；不符合法律现存的豁免的创新公司，倘若符合金融科技牌照豁免条件的，可通过提交申请，经 ASIC 进行准入审查后开展为期 12 个月的测试；不符合前两项的创新公司可以通过向 ASIC 申请个人豁免进入监管沙盒。此外，如果在测试期限内创新公司变更测试内容，金融科技牌照适用的豁免可能会转换为个人豁免。

（三）大湾区的监管沙盒实践

2016 年 9 月，香港金融管理局正式推出了金融科技监管沙箱并开展沙盒测试。2017 年 9 月，香港证监会和保险业监管局同时发布了各自监管范围内的沙盒制度。[1]香港推出的创新监管沙盒，可由香港金融管理局与香港证监会、保险业监管局按银行业、证券业、保险业各自的特点与需求推出。以银行业的监管沙盒为例，金融管理局只是从监管沙盒实施的边界、保护消费者

---

[1] 程钰舒、徐世长：《"软法"视角下的粤港澳大湾区跨境金融监管》，载《学术论坛》2020年第 6 期。

的措施、内部的风险管理与控制、所做的准备与监控方面对银行运用科技实施的创新作出原则性的规定，其他具体事项则由银行与金融管理局在单独讨论中明确。但并非所有金融行业的监管沙盒规则都宽松，相较而言，证券行业的要求更加严格。根据香港证监会发布的通函对证券业监管沙盒的相关规定，不仅要求入盒企业必须合资格（合资格是指必须是持牌且符合相关规定的初创企业），而且明确不会为入盒企业放宽任何监管规定，这主要是为了保障实消费者的利益。同期推出的保险科技沙盒，也不允许科技公司单独申请进入沙盒，而是必须与保险公司一起协作。在其他规定上，保险科技沙盒与银行监管沙盒近似。此外，在跨行业的金融科技创新方面，创新公司首先应与最相关的监管机构取得联系，再由该监管机构作为首次联络人，负责协助创新公司与其他监管机构联络，才能同期使用其他监管沙盒。

内地于 2019 年末正式启动金融科技创新监管试点工作，北京为第一个试点城市，2020 年广深两市先后被纳入创新监管试点。截至 2021 年 8 月 20 日，全国范围内的试点应用已达 90 余个、加入试点的地区达 20 余个、涉及的持牌金融机构达 70 余家、参与试点的科技公司达 30 余家，中国版监管沙盒正在加速推进。试点工作是在中国人民银行的指导下由地方金融监督管理局负责具体展开的。从所公布的创新应用说明书可知，进入监管沙盒的试点应用必须事先进行合法合规性评估与技术安全性评估两项评估；试点单位必须对试点应用可能出现的风险具备防控与化解的能力；在试点过程中及试点结束后有两类投诉渠道，分别为内部投诉及自律投诉。

三、大湾区创新监管试点机制的框架

2021 年中国人民银行印发的《金融科技发展规划（2022—2025 年）》明确提出要加快金融与科技深度融合，加强金融科技审慎监管，强化金融科技创新行为监管，筑牢金融风险防火墙。粤港澳大湾区作为我国创新监管的先行区，出台了创新监管系列规范，并积极开展金融科技监管试点。

（一）大湾区创新监管的基本原则

粤港澳大湾区创新科技的监管从宏观上明确了持牌经营、合法合规、权益保护、包容审慎四项基本原则。持牌经营原则是指以金融牌照作为申请测试的基本条件。科技公司在满足通用安全的前提下，可直接申请测试，项目涉及的金融服务创新和金融应用场景须由持牌的金融机构提供。申报时科技

公司可选择联合金融机构共同申报，也可单独申报后结合应用场景，选择合作金融机构。合法合规原则是指将金融安全作为创新监管不可逾越的底线和红线，要求金融机构必须依法合规，管控好新技术创新应用带来的风险隐患，确保创新不偏离正确方向。权益保护原则要求建立健全与金融创新发展相适应的消费者权益保护机制，切实保障金融消费者合法权益。包容审慎原则要求践行柔性监管理念，既加强审慎监管，确保不发生系统性金融风险的同时，又增强监管包容性，充分释放金融创新发展动能[1]。

（二）大湾区创新监管的运行机制

创新监管运行机制包括安全管理机制、创新服务机制、信息披露机制、权益保护机制四方面的内容：其一，安全管理机制即建立健全涵盖创新应用事前、事中、事后全过程的安全管理机制，筑牢金融科技创新风险防线。具体而言，事前对于金融科技进入测试的条件审慎把关；事中对于项目进行实时动态监控；事后针对测试中的项目运行进行综合评价；其二，创新服务机制是指政府有关部门对于市场主体提供全方位、立体式、专业化的监管服务，包括开展金融科技创新辅导；构建创新试错容错空间、搭建政产用对接服务平台以及完善创新成果转换机制；其三，信息披露机制包含金融科技信息披露载体和信息披露方法两方面的内容；其四，权益保护机制是指保护金融消费者的合法权益，保障消费者的知情与自主选择权、信息安全权、财产安全和依法求偿权以及监督建议权等。

（三）大湾区创新监管的具体规则

中国人民银行出台金融科技创新监管工具，并开展了广泛的试点工作。工作流程大致可分为以下五步：其一，中国人民银行与各地支行在官网发布创新应用征集公告；其二，拟参测机构向指定邮箱内发送《金融科技创新应用声明书》和《项目联系人信息表》；其三，中国人民银行和各支行对于项目予以辅导，对于准许进入测试的项目进行公示，在 5 个至 10 个工作日内向公众征求意见；其四，金融科技项目完成登记、开始测试，向用户提供服务；其五，完成测试，视情况在金融领域进行推广。我国金融科技创新监管试点工作呈现出以下特点：其一，创新监管试点工作主要由中国人民银行领导，

---

〔1〕 参见中国人民银行金融科技委员会：《中国金融科技创新监管工具白皮书》，中国金融出版社 2021 年版。

各地方支行负责具体的工作；其二，监管试点项目呈现出地方化特色，申报主体的区域化特征明显；其三，各地申报时间、公示流程、测试时间等标准不一，各地可根据实际情况进行调整；其四，创新应用项目类别丰富，包括风控、普惠金融、智能化、区块链等金融产品。

四、大湾区创新监管试点机制的困境

香港、澳门与内地在政治体制、经济制度以及法律体系上存在显著区别，导致三地在金融科技统一监管上面临诸多壁垒和挑战。目前，粤港澳大湾区的大部分地区采用创新监管机制，相对完备的机制设计是有效监管的基础。无论是机制设计的缺陷抑或运作阶段的不规范都会影响创新监管的效果。

（一）创新监管体系上的合作障碍

粤港澳三地，在宏观层面上面临两种不同的经济制度、三套不同法律体系的基本制度，在微观层面上也存在科技创新、金融供给、产业体系与国际交流合作等差异，因此给三地监管合作带来诸多掣肘。一是体制制度差异的制约。粤港澳三地的法律法规存在差异，使得在人才流、资金流、信息流等方面存在一定程度的壁垒。香港、澳门以及珠江三角洲九市的行政职权存在差异，香港、澳门虽拥有较大的自主权，但粤港澳三地合作更多需要国家的授权。二是创新资源分布不均衡。粤港澳大湾区内共有 11 个城市，广州和深圳拥有丰富的创新资源，是技术创新的中心；香港和澳门对外开放程度高，尤其香港作为国际金融中心，拥有雄厚的资本能够为科技创新提供强有力的金融支持；佛山、东莞、珠海、中山等城市科技创新能力有所不足，但具有成熟的制造业体系；惠州、江门、肇庆等城市科技创新水平和产业基础较弱，却拥有大量的土地资源。三是创新资源流通共享机制不成熟。当前，粤港澳三地之间已有较多的经济合作，但在科技研发分工、金融和人才等要素流动等方面协作程度不高。例如，香港拥有雄厚资本、知名高校和创新人才，但人才优势、金融优势对粤港澳大湾区内科技创新的贡献率偏低。[1]

（二）创新监管制度设计的缺陷

创新监管制度在设计上存在受试金融消费者征集、投诉反馈机制、受测

---

〔1〕 参见陈杰英：《粤港澳大湾区科技金融创新的逻辑——基于产业生态圈协同发展的思考》，载《科技管理研究》2020 年第 24 期。

项目应用与退出等方面的缺陷。

第一，受试金融消费者主要依靠参测机构自行募集，易人为操纵测试结果。一方面，自行募集受试金融消费者提高了拟参测机构特别是初创机构进入测试的门槛。因为对金融消费者来说，初创机构不论在市场地位、信誉、知名度上都不及持牌的金融机构，较少会选择购买或接受初创机构研发的金融产品或服务。另一方面，拟参测机构在自行募集金融消费者的过程中难免会囿于自身利益的考量而存在偏好，极可能影响到测试结果的公正性和有效性。此外，参测机构自行募集也会影响受试金融消费者样本的代表性。不同于专业金融消费者，金融市场上大多消费者作为一般消费者，不具备专业消费者所具有的知识技能与风险承受能力。而两者的差异往往会导致他们对同一试点应用作出不同的反应，进入测试的金融消费者样本存在局限性，会削弱创新监管的有效性[1]。

第二，投诉反馈机制存在局限。中国人民银行在其官网上公示的拟参测机构提交的创新声明书中载明，金融消费者在试点工作的开展中仅存在两类投诉反馈渠道：一是向中国支付清算协会、中国互联网金融协会等行业协会发起"自律投诉"；二是通过参测机构的营业网点或客服电话发起"机构投诉"。就自律投诉而言，行业协会的社团法人性质显然并不足以对参测机构形成有效约束。行业协会基于金融消费者投诉所提出的督促整改意见或对金融纠纷只能提出的调解建议，实际上全凭参测机构自觉履行。因此，就机构投诉而言，参测机构在试点工作开展过程中既是"运动员"又是"裁判员"，使得投诉反馈处理结果的信服度大打折扣，一定程度上挫伤了金融消费者在试点中行使监督、批评建议权的积极性。

第三，创新应用退出机制和过渡机制的局限性。根据中国人民银行发布的《金融科技创新应用测试规范》，对于不同类型的创新应用，其测试成功后获准在金融市场推广运行的要求是不同的。对于金融服务而言，只有在相关领域管理细则出台、通过专家论证和第三方审计并报测试管理部门后，才可在金融领域推广运行。可见，应用类型为金融服务的创新产品推广运行条件严苛，这表明我国对待金融科技创新持审慎监管态度。而对于科技产品，"只

---

[1] 李莉莎、尹颖欢：《粤港澳大湾区金融科技创新监管的困境与应对措施——以广深两地试点为例》，载《金融发展研究》2022 年第 3 期。

要通过专家论证、外部评估，并报测试管理部门后，便可视情况在金融领域推广运行；通过专家论证但没有通过外部评估，报测试管理部门后，仍可供联合申报测试的金融机构使用"。这也意味着参与试点的创新应用如属于科技产品，即便未能通过外部评估，仍准予其在测试结束后投入运行。然而，由于金融业本身的特殊性，某金融机构的风险不可能仅限缩在该机构内部，对于未能通过外部评估的创新应用，即便只是在申报的金融机构内部运行，也有蔓延至整个金融领域的风险。这与国家层面一直强调防范系统性金融风险、确保不发生系统性金融风险的理念相违背。此外，关于创新应用退出测试的具体细则尚未出台，包括主体退出后的金融消费者隐私保护等法律问题与现行法律法规的协调、如何过渡以获得传统市场准入等问题也有待进一步明晰。

（三）创新监管运作中的问题

目前，广深两地在创新监管运作过程中，暴露出评估报告、试点应用的征集以及信息义务披露上的不规范等问题。

第一，受测机构提交的报告评估欠缺合理性。通过查阅 17 个入围创新项目的应用说明书，可以发现除"基于知识图谱的安全金融服务"是由北京市中伦（上海）律师事务所进行合法合规性评估外，其他项目评估报告的评估主体均为参测机构的内设部门，如招商银行法律合规部、百行征信有限公司法律与合规部，评估报告结果的客观中立性难以保证；另外，合法合规性评估报告有效期限过长。在评估报告有效期限这一栏中，各入围创新项目均为三年，金融领域变幻莫测，三年的有效期过长不利于系统性金融风险的防范。

第二，试点应用征集并未严格按照试点工作的相关流程进行。中国人民银行广州分行于 2020 年 8 月 24 日直接在官网上公示"首批入围金融科技创新监管试点应用"的名单及相关信息，同年 11 月 6 日发布《关于广州市金融科技创新监管试点首批创新应用提供服务的公告》。但此前并未发布有关征集首批试点创新应用项目的公告，这与粤港澳大湾区试点工作流程规范化的要求相背离。

第三，监管部门信息披露义务履行不当。就广深两地金融科技创新监管试点审核细则而言，中国人民银行广州分行、中国人民银行深圳市中心支行对申报项目的审核主体、审核时长、审核标准、审核方式、救济途径等审核细则均未予公示。2020 年 10 月，中国人民银行发布的《金融科技创新应用测试规范》《金融科技创新安全通用规范》《金融科技创新风险监控规范》三项金融行业标准同样未对此作出明确规定。不明确的审核细则会放大监管实施者在创新应用审核中的任意性，损害拟参测机构的权益，进而抑制其继续开展金融创新活动的积极性。广州市、深圳市分别于 2020 年 11 月 6 日、11 月 2 日发布入围试点应用正式提供服务的公告。然而，截至 2021 年 8 月末，中国人民银行广州分行、中国人民银行深圳市中心支行的官网以及各入围参测机构的官网均未对测试期间的运营情况予以披露。据了解，除监管实施者外，仅有受试的金融消费者能够获取参测机构在公示测试期间的运营信息，其他社会公众没有权利与渠道对参测机构测试期间的运营情况进行外部监督，社会监督的有效性未得到彰显。此外，包括参测机构在内的金融机构会严格限制各自数据的对外共享。目前参测机构之间欠缺信息共享及沟通机制，由此形成的信息孤岛提高了征集阶段创新应用同质化的概率，增加了监管实施者与参测机构之间的沟通成本。

第三节　粤港澳大湾区金融科技监管机制的完善

粤港澳大湾区金融科技创新监管机制，无论在机制设计抑或运行上，均面临现实困境。对此应通过借鉴域内外经验，并结合湾区的特殊性，因地制宜解决上述问题。具体而言，粤港澳大湾区应从转变创新监管理念、确立弹性监管原则等方面划定监管边界，从建立规则、出台配套协调机制等方面厘清监管底线，从而保障创新监管的有效性，纾解目前试点困境。

一、调整监管的理念与原则

粤港澳大湾区创新监管可从转变创新监管理念、确立弹性监管原则两方面进行完善。

（一）转变创新监管理念

创新监管应转向事前监管、多元治理、包容审慎的监管理念。就各国或地区监管沙盒的模式而言，虽在沙盒属性参数设置上存在差别，但在"风险防控前置化""多元化协同治理""鼓励创新与防控风险"的理念方面是一致的。我国创新监管首先要转变以往"被动监管"的理念，强化"风险防控前置化"的主动监管、事前监管理念。在创新应用正式提供服务前预先设定测试时长、限定测试空间及参与者数量、范围，尽可能明确创新服务波及的范围，从而为创新项目模拟真实的市场运营环境。与以往"被动监管"治理模式相比，一方面，"监管沙盒"可以减少因监管法规的不确定性或迟延所导致的创新应用市场运营潜在成本的增加及融资机会的流失；另一方面，通过事先对创新应用真实性的核查、测试和受众范围的限定以及受试金融消费者保护措施的健全与明确，既彰显出监管者在金融科技监管上的前瞻性，也能够维护原有的金融监管秩序。

其次，践行"多元化协同治理"的监管理念，促进监管机构与创新机构合作，共同拟定监管方案、金融消费者权益保障措施，并在创新监管试点工作中予以明确。如英国金融行为监管局在对创新项目审核完毕之后，会根据创新机构提交的申请资料与其商讨具体的测试方案，针对已取得授权和未取得授权的机构分别提供不同的监管工具。之后，案件专员会将该方案提交审批，审批通过方可开始测试。与其类似，新加坡货币监管局会根据特定创新应用的内容、所涉申请人和所提出的申请来决定对创新应用适用的法律豁免、监管方案。香港金融管理局为便利创新公司与监管当局的沟通，在"监管沙盒2.0"中设立"聊天工作室"。在"监管沙盒"中，监管实施者、参测机构、受试金融消费者三方主体并非单向的监管与被监管、服务与被服务的关系，而是双向的、互利共赢的协作关系。监管实施者规范并引导参测机构的创新行为，增加监管实施者对金融科技行业发展趋势的了解，提高其监管水平；受试金融消费者作为创新应用测试的基本参数，在享受新型金融产品或服务的同时通过"机构投诉"等途径为参测机构产品或服务的优化提供具体方向。

最后，秉持审慎包容的监管理念，兼顾鼓励创新与防控风险。审慎是指以不发生系统性风险为红线，在控制金融风险的基础上鼓励金融科技创新发展。包容的核心在于"宽容"与"接纳"。监管者对金融科技创新要持鼓励和开放的态度，给予金融科技创新一定的试错空间。例如，英国金融行为监管局在鼓励创新方面，为符合准入条件的创新机构设定弹性的测试期，提供限制性牌照、个别指导、规则豁免或修改、无异议函、非正式引导等测试工具供其选择，降低了其将创新产品或服务推向市场的成本。在风险防控方面，英国金融行为监管局通过设定目标市场、创新性、消费者权益保护、进入沙盒测试的必要性、拟参测机构前期所做的准备这五项标准严格审核沙盒准入。澳大利亚则以负面清单的方式列出不能参与监管沙盒的主体，制定争议解决系统、购买专业责任保险（Professional Indemnity Insurance，PI）等补偿规则。一方面，"监管沙盒"通过为符合条件的创新应用提供资金或牌照等豁免，允许创新公司在沙盒内大胆试错；另一方面，"监管沙盒"通过设立暂停、退出机制及风险补偿、争议解决等机制，实现对参与测试金融消费者的知情权、选择权、求偿权等权益的保护，妥善应对创新应用不成熟可能发生的"风险"。

（二）确立弹性监管原则

金融监管部门应当根据试点工作经验，尽快以部门规章的形式出台关于金融科技创新监管试点的法规制度。一方面，明确授权中国人民银行各分支机构作为监管实施者；另一方面，明确金融科技创新监管试点的整个流程，区分各阶段的工作任务，包括发布征集公告、拟参测机构提交创新应用声明书、审核并公示创新应用、创新应用正式向用户提供服务、参测机构定期向所在地中国人民银行分支机构提交测试进度报告、参测机构进行自我评估并提交报告、中国人民银行分支机构根据试点工作中的有益经验修改现行监管法规，完成测试并符合条件的创新应用可推向金融市场。至于各阶段的具体时间节点，由各地监管实施者自行把握，但该标准应尽可能保持一致，如对不同批次的应用采取同样的审核时间，对同一辖区内的试点应用采用同样的审核标准等。

二、明确创新监管的具体机制

监管沙盒实际上是对现行监管框架的突破，给予了金融科技创新企业部分特权，故在一定程度上会显失公平。因此，有必要在保证创新监管的具体机制其本身的合理性前提下，予以进一步明确。

（一）监督受试金融消费者征集机制

受试金融消费者应经过中国人民银行的资质审查。由中国人民银行募集受试金融消费者或对参测机构事先募集的受试金融消费者进行随机抽样调查，关注样本中一般金融消费者与专业金融消费者的比重、受试金融消费者各级风险承受能力占比、受试金融消费者对创新项目风险点的知悉情况等，确保参与用户具有相应的风险判断能力且充分知悉风险。另外，中国人民银行与参测机构在商讨拟定具体测试方案时需针对不同类别的金融消费者制定差异化风险管控措施。在测试开始前，可利用大数据筛选出合格的金融消费者，向其发出要约，并全面告知测试中存在的风险。征得其同意后，参测机构、用户、监管实施者三方签署书面知情同意书。参测机构拟定契合创新应用主题的风险测评报告，对用户的风险承受能力进行分级。根据评级结果，对风险承受能力低的用户予以更全面的保护。

（二）畅通多渠道的投诉机制

除原有的"自律投诉""机构投诉"外，应新增"监管投诉"渠道，畅通受试金融消费者直接向地方金融监督管理局投诉的路径，拟由参测机构在创新声明书中新增"监管投诉"渠道，并载明受理单位为地方金融监督管理局以及受理投诉的电话、网站、邮箱、地址等信息。受试金融消费者可匿名投诉，受理投诉单位应当及时处理投诉，除情况复杂疑难外，应于5个工作日内书面答复投诉人处理结果。监管部门应关注创新项目被投诉的情况并确保将可能发生的风险限定在可控范围内，视情况决定是否中止或终止创新项目测试进程。

（三）改进项目测试的相关环节

我国金融科技监管应增强监管的实时性，完善创新监管测试流程。其一，监管机构应统一金融科技创新监管的申请、公告、测试的流程与时间，程序包括"征集—申请—审核—公示—测试—退出"六个环节。其二，对应用类型为"科技产品"与"金融服务"的创新项目应当一视同仁，即此类项目只有在通过专家论证及外部评估，报经测试管理部门后，才可在金融领域推广运行。其三，对于被准许在市场上推广运行的试点应用，应由相应的金融监管部门按创新项目的功能属性，结合相关法规施以监管，不得放松监管要求。对于面临法规缺位、监管缺位等处于"空窗期"的创新项目，出箱后即由中国人民银行负责督促相关部门重新审视现行监管法规，尽快修改完善或出台配套措施让创新项目落地运行，帮助参测机构度过退出沙盒后的"空窗期"。如在后续试点中允许科技公司单独作为申请机构或作为牵头机构申报创新项目，考虑到法规的修改及生效过程的漫长，可通过授予科技公司临时性牌照的方式允许创新项目在通过测试后落地运行。

（四）完善项目风险评估机制

创新监管需建立一套完整的风险评估预警系统，在自我评估的基础上强化第三方评估与监管机构评估。一方面，金融科技产品申报中的技术安全性评估和合法合规性评估机构应当聘请独立且有资质的第三方机构进行评估，第三方机构对于评估结果承担负责。而就评估报告的有效期而言，出于防范系统性金融风险的目的，应将有效期限定为一年，到期后必须由独立的第三方评估机构重新对创新项目进行评估。倘若测试期间，创新项目所运用的技术发生重大变化，应当及时通知监管实施者并要求重新评估。另一方面，监管机构应建立定期风险评估制度，运用敏感性分析、情景分析、压力测试等手段，排查金融科技运行漏洞。对金融科技重大风险事件可能造成的影响和损失进行测算，制定应急预案，防范金融风险的蔓延。

（五）各方承担相应信息披露义务

信息不对称是众多风险产生的根源，因此监管试点中涉及的三方主体都须做好相应的信息披露，尤其是监管实施者与参测机构。首先，从监管实施者的角度，信息披露义务的优化可从试点工作流程、创新应用的审核标准、拟参测机构救济渠道的公布等方面着手。金融科技创新监管试点在为金融消费者提供便利及保护的同时不能忽略对拟参测机构的权益保护。中国人民银行应严格划定参测机构的信息披露边界，落实"非必要不披露"原则。特别是对涉及创新应用的核心技术、测试参数、测试方式、测试范围、用户信息等商业秘密，监管实施者应严格控制访问权限，采用加密技术将该部分资料分开存储，除非涉及公共利益且经监管实施者同意，否则不能对外公开。在发生参测机构、用户信息等数据外泄事件时，参测机构与受试金融消费者有权通过司法途径获得救济。其次，参测机构对于商业秘密、核心技术、用户资料等信息进行保密的同时，也应适当公开测试期间金融科技项目的运营状况，披露测试结果，泄露消费者信息的应当承担相应的责任。最后，受试金融消费者也应当向测试机构提供必要的真实信息。

三、对接三地现有配套制度

（一）厘清现有金融监管机制

通过梳理现有的国家与粤港澳大湾区地方政府出台的相关制度，地方银行与金融监督管理局可进一步统一创新监管的实践。截至 2021 年 7 月，国家层面出台的创新监管规范主要有中国人民银行发布的《金融科技创新应用测试规范》《金融科技创新安全通用规范》《金融科技创新风险监控规范》《关于开展金融科技应用试点工作的通知》《关于金融支持粤港澳大湾区建设的意见》。具体到粤港澳大湾区，为应对金融科技创新，广州、深圳两市地方金融监督管理局先后发布《广州市地方金融"监管沙盒"试点工作实施意见》（以下简称《意见》）、《深圳市扶持金融科技发展若干措施（征求意见稿）》

（以下简称《措施》）。其中，《意见》虽明确了广州市试点工作开展的流程，然而在实际试点工作中并未遵照执行。相比之下，《措施》的规定较为粗浅，鲜有涉及试点工作的条款。可见，粤港澳大湾区在创新监管试点工作上缺少总体规划和统筹。对此，亟须在粤港澳大湾区层面拟定统一规范，推动并保障粤港澳大湾区金融科技创新监管试点工作的规范化开展。首先，明确中国人民银行广州分行、中国人民银行深圳市中心支行负责试点工作的组织运行和监管实施。其次，由广州市地方金融监督管理局、深圳市地方金融管理局等相关监管部门负责为本次试点工作提供技术、人才等资源支撑，构建广深两市金融科技创新信息共享平台，主动配合中国人民银行的监管工作。再次，由粤港澳大湾区工作小组负责具体统筹广深两市试点工作流程、审核标准、创新应用互认等工作。最后，由广东省地方金融管理局作为监督及申诉机构，负责受理未通过审核的拟参测机构提出的申诉以及受试金融消费者对参测机构、监管实施者的投诉和反馈意见。

（二）衔接金融科技认证模式

粤港澳三地要加快金融科技相互认证，降低企业的测试。2019 年 10 月，中国人民银行与国家市场监督管理总局联合发布《金融科技产品认证规则》《金融科技产品认证目录（第一批）》，明确 11 项具体金融科技产品的认证规则，初步构建起我国金融科技认证体系。与创新监管试点工作不同的是，该认证规则的适用对象主要为市场已经验证的、较为成熟的金融产品，如底层技术较为简单的支付类、终端类产品。面对更多的未经市场检验、创新性也更为突出的金融科技产品，该认证模式显然尚不足以应对。为此，首先，应当明确金融科技创新监管试点工作的适用对象。创新监管试点工作的适用对象应为现行金融科技产品认证目录之外、创新性突出且不符合现行监管要求的产品。其次，对于已送交检测或已获得金融科技认证的产品不得提交试点申报。同样，已通过试点审核进入测试的产品也不得申请金融科技产品认证。但如果已获得认证的金融科技产品在运用的底层技术、应用场景、业务模式上确实进行了重大创新，在确保该拟参测机构具有风险管控能力且新产品风险可控的情况下，该产品可直接进入创新监管试点的测试环节，无须审核。最后，对于已经在我国香港地区通过沙盒测试的金融科技创新产品，无须在粤港澳大湾区提交试点再次申报，可通过获得产品认证的方式在粤港澳大湾区推广运行。

第六章

粤港澳大湾区绿色金融合作机制

第一节　粤港澳大湾区绿色金融的发展

绿色金融，又称"环境金融"或"可持续金融"，旨在通过金融工具保护环境，实现可持续发展。根据 2016 年 8 月中国人民银行等部委联合印发的《关于构建绿色金融体系的指导意见》，绿色金融是指为支持环境改善、应对气候变化和资源节约高效利用的经济活动，即对环保、节能、清洁能源、绿色交通、绿色建筑等领域的项目投融资、项目运营、风险管理等所提供的金融服务。绿色金融体系是指通过绿色信贷、绿色债券、绿色股票指数和相关产品、绿色发展基金、绿色保险、碳金融等金融工具和相关政策支持经济向绿色化转型的制度安排。2019 年 2 月 18 日，中共中央、国务院印发的《发展规划纲要》明确提出在大湾区大力发展绿色金融[1]。

一、大湾区绿色金融发展的必要性和可行性

大力发展绿色金融是现代金融业发展的一个重要趋势，是促进经济绿色低碳和高质量发展的必然要求，是构建"双循环"新发展格局的重要动力。绿色金融是我国生态文明建设的核心内容之一，粤港澳大湾区（以下简称"大湾区"）经济实力雄厚、产业体系完备、创新环境良好，为绿色金融发展奠定了良好基础。当前，大湾区绿色金融发展走在全国前列，应持续发展大湾区绿色金融，发挥其示范引领作用。

（一）发展大湾区绿色金融的必要性分析

第一，绿色金融是大湾区发展的战略选择。《发展规划纲要》明确提出在大湾区大力发展绿色金融。绿色发展离不开金融的支持。在加快发展现代服

---

〔1〕　王信：《粤港澳大湾区绿色金融发展探索》，载《中国金融》2021 年第 19 期。

务业方面，《发展规划纲要》提出建设国际金融枢纽、大力发展特色金融产业、有序推进金融市场互联互通、构建现代服务业体系等要求。围绕绿色金融，《发展规划纲要》为香港、广州、澳门、深圳、珠海等城市做了不同的规划。例如，支持香港地区打造大湾区绿色金融中心，建设国际认可的绿色债券认证机构；支持内地与香港、澳门保险机构开展跨境人民币再保险业务；支持广州建设绿色金融改革创新试验区，研究设立以碳排放为首个品种的创新型期货交易所；支持澳门地区发展租赁等特色金融业务，研究在澳门地区建立以人民币计价结算的证券市场、绿色金融平台、中葡金融服务平台；支持深圳建设保险创新发展试验区，推进深港金融市场互联互通和深澳特色金融合作，开展科技金融试点；支持珠海等市发挥各自优势，发展特色金融服务业，等等。

第二，发展大湾区绿色金融，是推动绿色金融体制机制实现新层次创新的重要实践。经过多年探索，我国绿色金融实现了跨越式发展，绿色金融产品创新稳步推进，绿色贷款业务规模持续提升，绿色债券、绿色保险、绿色基金等产品日渐丰富，绿色金融市场规模迅速扩大。为更好地发挥绿色金融支持绿色循环经济发展的作用，需加快完善绿色金融标准体系、绿色金融产品和市场体系、碳核算、环境信息披露、激励约束机制等绿色金融基础性制度安排，大力发展碳金融市场，引导资源合理有效配置。大湾区作为新发展格局的战略支点，是对外开放时间最早、水平最高、经济活力最强的区域之一，承担了国家众多重大改革创新任务，有必要发挥"窗口"和"先行者"作用，为绿色金融的体制机制创新奠定坚实基础。

（二）发展大湾区绿色金融的可行性分析

第一，大湾区绿色金融建设走在全国前列，有利于积累绿色金融可复制可推广经验。2017年6月，广州经国务院批准成为全国首批绿色金融改革创新试验区试点城市之一。经过几年的发展，广州在绿色金融政策体系、绿色金融标准体系、绿色金融市场体系、绿色金融产品与服务等方面取得了一批创新成果，多项指标领先全国六省（区）九地绿色金融改革创新试验区。截至2023年一季度末，广州市绿色贷款余额为6471.52亿元，居全省、各试验区前列。截至2023年上半年，广州碳排放权交易所碳配额成交量突破2亿吨，占全国总量的27.70%，累计成交超过50.92亿元，居全国首位〔1〕。2020年，广东省地方金融管理局等多部门联合发布的《关于贯彻落实金融支持粤港澳大湾区建设意见的实施方案》第48条提出可借鉴广州绿色金融改革创新试验区经验，建立完善的大湾区绿色金融合作工作机制，深化内地与港澳金融合作，并为全国绿色金融建设提供引领。

第二，大湾区产业转型升级起步早、步伐快，为绿色金融支持经济可持续发展奠定基础。自1978年起，大湾区长期以"三来一补"（来料加工、来样加工、来件装配、补偿贸易）作为其发展模式，为提升核心竞争力，大湾区逐渐转型为以智能制造、信息技术、互联网金融为主的创新型发展模式，技术密集型企业占比持续提升，区域产业结构不断向高端产业、战略性新兴产业转型。当前，大湾区经济结构成熟，产业化水平高，智能制造和产业集群形成了强大合力。"十四五"期间，大湾区将继续以创新为发展动力，融入经济发展新格局，坚持数字化、智能化、绿色化、高端化转型方向，以绿色发展促进区域内低碳经济建设，绿色金融改革创新与产业绿色转型有望形成良性循环。

第三，依托港澳区位优势和发达的金融业基础，汇集绿色金融资源。一方面，港澳独特的国际地位结合大湾区发达的金融体系，为绿色金融发展创造了基础和条件。大湾区坐拥三个金融中心，即香港国际金融中心、深圳和广州两大区域金融中心。大湾区集聚了优秀的人才和大量的资金，具有建成国际金融枢纽的基础和条件。另一方面，金融业已是大湾区产业发展的重要助力。2021年，大湾区金融业增加值超过1.5万亿元，较2018年增长近35%，占GDP的比重超过10%。2022年深圳证券交易所融资规模预计接近2100亿元，位居全球第二。大湾区内地城市可通过绿色金融，引进港澳的大量低成本资金；港澳机构和资金也可在内地空间巨大的经济低碳发展中发挥重要作用，在国际金融竞争中维护和巩固自己的独特地位并发展新优势。

第四，大湾区科技创新活跃，有利于推动绿色金融数字化、高端化发展。《发展规划纲要》明确提出要推进"广州—深圳—香港—澳门"科技创新走廊建设。为此，大湾区各地市政府陆续出台一系列文件，从科技保险、科技创新平台、信贷风险补偿、知识产权质押等方面支持科技创新。截至2020年末，广东省投入研发经费2705亿元，占全国研发经费的13.7%。其中，深

---

〔1〕 参见《广州市绿色金融改革创新试验区建设总体情况》，载 http://gdjr.gd.gov.cn/gdjr/tzjy/content/post_4149290.html，最后访问日期：2023年7月28日。

圳、广州、东莞、佛山、惠州、珠海的研发经费超百亿元。此外，2020 年 7 月，广州、深圳两市被纳入金融科技创新监管试点。2021 年 9 月，世界知识产权组织发布《2021 年全球创新指数：跟踪新冠疫情危机下的创新》报告，指出"深圳—香港—广州"在全球科学技术集群 100 强排名中蝉联第二位。大湾区科技创新不仅为金融科技赋能绿色金融提供重要助力，也推动绿色金融实现高质量发展。

二、大湾区绿色金融的发展现状及存在问题

（一）大湾区绿色金融发展现状

大湾区各地积极探索绿色金融政策，在制度层面支持绿色金融的发展，为绿色金融提供政策指引。大湾区各地从绿色金融标准、信息披露、监管举措、评价体系、激励约束机制等方面设计绿色金融机制（见表6-1），但各地的重点和进度差异明显。广深地区的政策详细具体，重视激励机制的构建，对投资者和发行人均进行鼓励与支持。香港地区的政策以规范投资者为重点，强调与国际标准的统一融合，以将香港发展为国际绿色金融中心为目标，先期侧重绿色债券。澳门地区的绿色金融政策制定相对滞后，现有政策主要针对特色金融总体，且侧重融资租赁及财富管理，绿色金融相关的具体政策尚未出台。

表 6-1　粤港澳大湾区绿色金融关键政策[1]

目标地区	政策名称	时间	主要内容
广州市	《广东省广州市建设绿色金融改革创新试验区总体方案》	2017 年 6 月 23 日	要求在广州市率先开展绿色金融改革创新试点，是广州建设绿色金融改革创新试验区的总纲领。明确了试验区的主要目标、重点改革创新任务、国家层面的政策支持以及地方政府的支持事项，明确在广州市花都区率先开展绿色金融改革创新试点
	《广州市绿色金融改革创新试验区绿色企业与项目库管理办法》	2018 年 6 月 5 日	对绿色企业与项目的入库和出库进行规定

---

[1]　数据来源于亚洲金融智库编：《粤港澳大湾区金融发展报告（2020）》，中国金融出版社 2020 年版，第 144 页。

续表

目标地区	政策名称	时间	主要内容
	《广州市绿色金融改革创新试验区绿色企业与项目库管理实施细则（试行）》	2020 年 12 月 4 日	从职责分工、绿色企业和项目管理、绿色融资信息管理、第三方绿色评估机构管理等方面规范广州市绿色企业与项目库管理工作
广州市花都区	《服务广州市花都区绿色金融产业发展税收优惠政策汇编》	2017 年 11 月 28 日	共包含 106 条地方税收优惠政策，发挥税收力量，助力绿色金融改革创新试验区建设
	《广东省广州市绿色金融改革创新试验区绿色企业认定办法》和《广东省广州市绿色金融改革创新试验区绿色项目认定办法》	2018 年 5 月 25 日	认定方法分别从企业和项目两个不同层面，充分考虑了花都区产业特点，从企业管理、企业与环境、项目技术水平以及项目与环境等多个维度给出了绿色企业和绿色项目的评价认定指标，明确了试验区绿色金融支持的绿色企业及绿色项目范围
	《广东省广州市绿色金融改革创新试验区绿色企业认定管理办法（试行）》和《广东省广州市绿色金融改革创新试验区绿色项目认定管理办法（试行）》	2019 年 9 月 12 日	对辖区内绿色企业和绿色项目的认证要求与流程进行进一步规范
广东省	《关于广东银行业加快发展绿色金融的实施意见》	2018 年 10 月 12 日	持续加大在绿色制造、节能环保、污染防治、清洁能源、绿色建筑、绿色交通、绿色农业、资源循环利用、新能源、新材料等重点领域的金融支持，创新绿色企业专属产品并鼓励绿色消费金融

续表

目标地区	政策名称	时间	主要内容
	《广东省发展绿色金融支持碳达峰行动的实施方案》	2022 年 6 月 24 日	持续增强珠江三角洲核心区绿色金融的辐射带动能力，提高金融服务沿海经济带绿色产业发展能级，完善绿色金融组织体系，丰富绿色金融产品体系，加快培育绿色金融中介服务体系，完善绿色金融基础设施建设，推动金融机构绿色转型
深圳市	深圳市人民政府《关于构建绿色金融体系的实施意见》	2018 年 12 月 27 日	支持绿色信贷发展，支持绿色企业上市融资和再融资、开展绿色债券业务试点、推动绿色债券市场双向互动、发展绿色资产证券化、鼓励中小企业发行绿色集合债、探索设立绿色产业投资基金、推动绿色保险市场发展和权益市场发展等
	中共中央、国务院《关于支持深圳建设中国特色社会主义先行示范区的意见》	2019 年 8 月 9 日	强调要加强生态文明建设，并提出具体举措。要求加快建立绿色低碳循环发展的经济体系，构建以市场为导向的绿色技术创新体系，大力发展绿色产业，促进绿色消费，发展绿色金融
	《深圳经济特区绿色金融条例》	2020 年 11 月 5 日	明确了深圳市绿色金融发展的制度标准、环境信息披露、产品与服务、投资评估等要求
肇庆市	《肇庆市推动绿色金融创新发展十项行动计划（2018—2020 年）》	2018 年 7 月 5 日	明确了肇庆市绿色金融创新发展的总体要求、主要任务和风险保障措施
香港	《1000 亿香港主权绿色债券计划》	2018 年 2 月	将为绿色公共工程提供资金支持

目标地区	政策名称	时间	主要内容
香港	国家发展和改革委员会与香港特别行政区政府《关于支持香港全面参与和助力"一带一路"建设的安排》	2017年12月14日	推动基于香港地区平台发展绿色债券市场，支持符合条件的中资机构为"一带一路"建设相关的绿色项目在香港地区平台发债集资；推动建立国际认可的绿色债券认证机构
	香港证监会《绿色金融策略框架》	2018年9月21日	框架提出五点策略，除涉及香港地区现时所聚焦的绿色债券外，更与全球市场和监管的发展接轨：一要加强上市公司环境资讯披露力度；二要对参与香港地区市场的资产管理者及资产拥有人就可持续投资实践进行调查；三要推动发展多样化的绿色相关产品；四要多方合作提高投资者对绿色金融和相关投资的认识和能力建设；五要推动香港地区成为国际绿色金融中心
	香港金融管理局《促进绿色金融发展的策略框架》	2019年5月7日	第一，分阶段建立绿色及可持续银行业的监管框架；第二，外汇基金加强推动负责任投资；第三，在金融管理局基建融资促进办公室旗下成立绿色金融中心，提升业界专业能力
	香港交易所《ESG报告指引》（新修订版)	2019年12月	强制企业进行信息披露并鼓励独立性验证
澳门	《澳门特别行政区五年发展规划（2016—2020年)》	2016年9月8日	不断加大力度培育特色金融，并提出具体举措

（二）大湾区绿色金融发展存在的问题

1. 大湾区绿色金融法律制度匮乏

《发展规划纲要》确立了绿色发展、保护生态的基本原则，绿色金融为助力推进生态文明建设，形成绿色低碳的生产生活方式和城市建设运营模式提供了支持。2020 年中国人民银行等四部门联合发布的《关于金融支持粤港澳大湾区建设的意见》提出要推动大湾区绿色金融合作。2020 年深圳市人民代表大会常务委员会制定的《深圳经济特区绿色金融条例》为深圳绿色金融提供了规划指引，推进了大湾区制定统一规划指引的进程。截至目前，广州、深圳、香港、澳门四个中心城市已在绿色金融上发力，各重要节点城市亦为绿色金融发展提供了相应支持，大湾区具有良好的绿色金融发展环境。但由于政府层面的绿色金融协调推动机制匮乏，大湾区统一规划指引缺失，大湾区的绿色金融合作顶层设计还需进一步完善。

2. 大湾区各地绿色金融发展水平不一

大湾区四个中心城市发展绿色金融优势显著，广州积极推进绿色金融机制建设，在绿色金融政策体系、组织机构、产品服务、区域合作等方面进行了积极探索，有力推动了广州绿色低碳产业发展。在中国人民银行总行组织的全国六省九地绿色金融改革创新试验区建设成效评价中，广州连续三次夺得综合排名第一。深圳作为中国特色社会主义先行示范区，在金融科技赋能绿色金融、绿色金融产品创新、银行碳核算及环境信息披露等方面走在全国前列。香港作为国际金融中心，具备连接国内外绿色和可持续资金的优势。此外，香港绿色债券发展较为成熟，在香港发行的绿色债券占全亚洲的 1/3，2022 年在香港发行的绿色债券总量超过 800 亿美元。澳门与葡语系国家联系密切，是中国与葡语系国家合作的理想平台，内地可借助该优势，以澳门为中介，加强与葡语系国家在绿色金融方面的相互合作。广深港澳四地绿色金融发展各有其优势，尤其是广州、深圳和香港，绿色金融发展迅速，但大湾区其他城市绿色金融发展仍处于起步阶段，各地间绿色金融发展水平不一。

3. 大湾区绿色金融统一标准体系尚未构建

第一，大湾区内统一的绿色金融环境信息披露标准体系尚未构建。近年来，大湾区内各地加快构建绿色金融标准体系，虽然各地间相互借鉴经验，但由于缺乏合作，大湾区尚未形成统一的绿色金融环境信息披露标准体系。广州金融机构的环境信息参照 2021 年中国人民银行发布的《金融机构环境信息披露指南》进行披露，《金融机构环境信息披露指南》对披露的原则、形式、内容等进行了界定，但未对环境信息强制性披露的金融机构进行规定。深圳金融机构的环境信息参照《深圳经济特区绿色金融条例》进行披露。与

《金融机构环境信息披露指南》相比,《深圳经济特区绿色金融条例》对环境信息强制性披露的主体进行了规定。香港主要依据其交易所 2019 年发布的《环境、社会及管治报告指引》要求上市公司披露环境、社会和治理(ESG)信息。而澳门尚未针对金融机构的环境信息披露制定相应的文件。总体而言,大湾区环境信息披露在标准、主体、内容、形式等方面尚未形成统一标准,披露信息的可比性不足,不利于大湾区绿色金融的跨区域合作和协调统筹发展。

第二,大湾区各地绿色金融产品难以互认。《关于金融支持粤港澳大湾区建设的意见》提出支持大湾区企业在香港、澳门发行经过绿色认证、加注绿色标识的债券,支持广东地方法人金融机构在香港、澳门发行绿色金融债券及其他绿色金融产品,但大湾区各地绿色金融产品至今仍难以互认。以绿色债券为例,致使绿色债券难以互认的原因主要有以下两个:一方面,大湾区境内境外间缺乏有效的沟通机制与平台,境内企业和金融机构获取境外发行债券信息缺乏快捷渠道,对境外发行债券的流程等信息不甚了解;另一方面,境外发行绿色债券审批流程复杂、手续繁琐、发债周期长。基于上述原因,内地企业在港澳发行绿色债券的意愿不强,绿色债券市场互联互通程度较低。

三、大湾区绿色金融的制度构建思路

大湾区绿色金融的制度构建是涵盖碳排放权交易制度、绿色债券制度、绿色信贷制度以及绿色保险制度的系统性工程,因此,应当把握制度构建的"共性"思路,进而为具体领域的制度设计提供基础性框架。

(一)健全大湾区绿色金融法律制度

1. 完善大湾区绿色金融的顶层设计

构建覆盖碳排放权交易、绿色债券、绿色信贷以及绿色保险的大湾区绿色金融体系,应当制度先行,通过完善顶层设计,为大湾区绿色金融发展提供制度保障。

第一,构建大湾区绿色金融发展的区域统筹协调机制。应组建由相关职能部门参与的大湾区绿色金融专项工作小组,统筹规划大湾区绿色金融工作,充分发挥协同效应,实现大湾区之间的优势互补,完善顶层治理结构。

第二,加快大湾区绿色金融立法工作,统一大湾区绿色金融规划指引。通过出台相关绿色金融法律法规以及政策性文件,明确绿色金融有关部门的

职能，并对碳排放权交易、绿色债券、绿色信贷以及绿色保险市场参与主体的进入和退出机制予以完善，进而为大湾区绿色金融营造优质的成长环境。

2. 加快制定绿色金融激励性配套政策

为推动大湾区积极发展绿色金融，激发大湾区内企业和金融机构的活力，大湾区相关部门应制定支持大湾区绿色金融发展的激励性政策，激励性政策以财政贴息、担保及风险补偿等为内容。具体而言，其一，在碳排放权交易市场领域，可通过激励性政策扩大交易主体的范围，探索设定碳排放权交易市场合适的准入门槛，并且可利用碳排放权交易政策的优惠措施，鼓励企业积极引入新绿色技术，推动碳金融业务创新。其二，在绿色债券领域，加快设立绿色债券板块，推动大湾区绿色债券多元化发展。对固体废物等投资周期长、风险较高的绿色项目可通过设立担保的方式完善其风险补偿措施，减少投资者的顾虑。其三，在绿色信贷领域，可以降低税率的方式鼓励银行以低利率为环保企业提供信贷支持，提高银行绿色信贷参与度。其四，在绿色保险领域，政府可对开展绿色保险业务的保险机构免征或部分免征增值税，以此调动保险机构的积极性。

（二）分阶段协同大湾区绿色金融发展水平

当前，大湾区内各城市绿色金融发展水平不一，应分阶段逐步构建大湾区绿色金融制度。第一阶段，充分发挥大湾区先行先试的"试验田"优势，探索绿色金融新机遇。围绕"试点引领+多点突破"，加快广州绿色金融改革创新试验区的成功经验在大湾区复制推广，带动大湾区内其他城市绿色金融发展。第二阶段，以广州绿色金融改革创新试验区为核心区，探索大湾区在绿色金融环境信息披露、产品创新、标准体系、基础设施等方面的发展路径。例如，引导金融机构创新推广绿色供应链融资模式、碳惠贷、碳排放权抵押贷、"保险+期货+银行""银行+融资租赁"等系列绿色金融产品和服务，积极推动数字金融技术支持绿色金融发展[1]。第三阶段，以广州绿色金融改革创新试验区经验为基石，粤港澳三地有关部门应加强合作沟通，搭建大湾区绿色企业和项目融资对接平台，实现信息互通，促进银企融资有效对接。此外，粤港澳三地有关部门还应推动建立统一的大湾区绿色金融标准以及大湾

---

〔1〕参见《〈广州市生态环境保护条例〉正式实施　强化鼓励发展绿色金融》，载 https://mp. weixin. qq. com/s/exycADf2ji3F8Z1sz1E5iQ，最后访问日期：2022 年 6 月 5 日。

区绿色金融监管协作机制，实现大湾区绿色金融市场互联互通。

（三）统一大湾区绿色金融标准体系

为统一大湾区内绿色金融标准，可组建大湾区绿色金融标准互认工作组，研究粤港澳三地绿色金融产品标准、绿色企业和项目认定标准等绿色金融标准，在吸收大湾区各地绿色金融标准经验的基础上，由各地分工协作，逐步实现大湾区绿色金融标准的统一。一方面，应统一绿色金融环境信息披露的标准。由大湾区绿色金融标准互认工作组依托各地绿色金融环境信息披露有关标准，研究三地绿色金融环境信息披露标准的融合方式，推动大湾区环境信息披露标准的共建。另一方面，应扩大大湾区内绿色金融产品互认面。其一，可建立大湾区绿色企业和项目库，在大湾区绿色企业和项目库内的企业和项目在大湾区各地互相认可。还可设立"绿色项目负面清单"等，各地对负面清单上的项目可不予认可。其二，搭建粤港澳三地信息共享平台。大湾区各地可在信息共享平台上公布其绿色金融产品认定标准与程序，积极推进三地绿色金融产品标准的互通、互认与互用。

第二节　粤港澳大湾区碳排放权交易机制

碳排放权交易本质为"政府当局建构、消费市场运转"的体制安排，是指由国家设定一定的排放总量上限，依据合理的分配原则将排放权额度分配给污染物或者温室气体的排放者，排放企业可以通过协议等进行额度的自由交易，以达到国家设定的排放总量限度任务。当前，构建大湾区碳排放权交易制度是深入贯彻习近平生态文明思想，落实绿色发展理念，充分调动全社会节能降碳的积极性的重要举措。

一、大湾区碳排放市场的缘起

近年来，大湾区金融合作不断推进，绿色金融发展成效显著。广州碳排放权交易所与深圳碳排放权交易所交易规模分别排名全国第一与第三。大湾区得天独厚的基础和条件，使建立区域性碳排放权交易市场具有重要意义和重大优势。

（一）大湾区碳排放权交易取得的成果

2021 年 11 月，中国人民银行总行设立碳减排支持工具，在此基础上，中国人民银行广州分行采取多种措施，大力推动辖内银行运用碳减排支持工具发放优惠利率贷款，以支持清洁能源、节能环保、碳减排技术等重点领域的发展，助力广东低碳目标的实现。截至 2022 年初，21 家全国性银行在粤分支机构通过碳减排支持工具发放贷款 233.3 亿元，超 100 家企业获得该贷款支持，其中，投向清洁能源领域的贷款占比 97%，投向节能环保领域的贷款占比 3%，加权平均利率 3.9%，预计减排二氧化碳量约 300 万吨。

1. 大唐南澳勒门 I 海上风电项目

大唐南澳勒门 I 海上风电项目作为广东省汕头市首个顺利开工投建的海上风电项目，其项目规划装机总容量为 245 兆瓦。截至 2021 年末，中国银行广东省分行、中国邮政储蓄银行广东省分行、上海浦发银行广州分行及兴业银行广州分行累计为该项目发放碳减排贷款 16.52 亿元，加权平均利率 3.85%。大唐南澳勒门 I 海上风电项目建成后，预估年发电量 7.51 亿度，较相同发电量的常规燃煤火电机组而言，其每年可节约标煤约 24 万吨、减排二氧化碳量约 45 万吨，有力促进了汕头产业的低碳升级。

2. 金煦 60 兆瓦农光互补发电综合利用项目

位于韶关市始兴县的金煦 60 兆瓦农光互补发电综合利用项目属于太阳能利用设施建设和运营子领域，该项目的落成有利于促进地方能源结构的转型，有效缓解当地供电需求紧张状况，加快地方经济建设。交通银行广东省分行通过行内联合贷款的形式向金煦 60 兆瓦农光互补发电综合利用项目发放碳减排贷款 1.26 亿元，利率 3.95%。光伏电站建成后，年均发电量 6308 万度，预计每年可减排二氧化碳量 4.1 万吨。

3. 华电福新肇庆高要南岸 100 兆瓦渔光互补太阳能发电项目

广东华电福新肇庆高要南岸 100 兆瓦渔光互补太阳能发电项目每年可为电网提供 10 913 万度清洁电力，该项目结合当地传统渔业的发展实际，采用"水上光伏、水下养殖"的方式运营，实现绿色清洁能源和农村传统渔业的结合，改善当地能源结构，助力乡村振兴。为推动当地低碳目标的实现，中国建设银行肇庆分行为该项目审批给予 3.92 亿元授信额度，发放碳减排贷款 1.88 亿元，已获得贷款预计带动碳减排量 3.77 万吨。

4. 福山循环经济产业园生活垃圾应急综合处理项目

广州福山循环经济产业园生活垃圾应急综合处理项目总投资约 31.9 亿元，该项目的建设内容包括处理生活垃圾、污水等综合垃圾处理的配套服务工程，平均每日处理生活垃圾 4000 吨。为助力"双碳"目标的实现，减少当地碳排放量，中国工商银行广州分行、招商银行广州分行共计为福山循环经济产业园生活垃圾应急综合处理项目发放碳减排贷款 5.06 亿元，加权平均利率 4.12%，该项目已获得的贷款预计可带动碳减排量 3.97 万吨。项目建设完成后，广州市垃圾清运和处置费用可被大幅降低，城乡人居环境可得到较大改善、人民健康亦会有所保障。[1]

2022 年 4 月 6 日，为深化完善广东省碳普惠自愿减排机制，推动碳达峰碳中和战略目标实现，广东省生态环境厅重新编制了《广东省碳普惠交易管理办法》。

（二）大湾区建立碳排放权交易市场的必要性

第一，遵守国际责任的应有之义。节能减排、低碳经济已成为国际发展新趋势，我国是全球最大的温室气体排放国家，虽然《京都议定书》并未规定我国具有强制性的减排义务，但未来我国承担强制减排义务的可能性很大，必须尽早采取积极应对措施。同时依据"共同但有区别原则"，我国仍负有保护环境、节能减排的国际责任。2020 年 9 月，我国领导人在第 75 届联合国大会指出，中国二氧化碳排放力争于 2030 年前达到峰值，2060 年前实现碳中和。构建大湾区碳排放权交易市场，是践行国际减排责任的重要一环。

第二，大湾区减排压力的必然要求。根据《中国城市二氧化碳和大气污染协同管理评估报告（2020）》，2015 年至 2019 年，大湾区内地九个城市中，只有三个城市实现了二氧化碳减排，六个城市的二氧化碳排放量均有所增加，增排率多在 40% 以内，大湾区仍肩负较重减排压力。另外，大湾区煤、石油、燃气等高碳排放能源消费占比仍较大（见图 6-1），且广东产业结构为"三二一"模式[2]，能源消费布局中第二产业能源消费总量占比较大（见表 6-2），导致碳排放依赖系数较高。构建大湾区碳排放权交易市场，能通过市场力量有效推动企业优化生产配置以完成减排任务。

---

[1] 参见《人民银行广州分行推动碳减排支持工具政策落地成效显著》，载 https://mp.weixin.qq.com/s/K3UDfbZIc_ WDlYHQZ77o7g，最后访问日期：2023 年 7 月 28 日。
[2] "三二一"的经济结构是指一个国家和地区的经济结构中各产业所占比重是按第三产业、第二产业、第一产业从大到小的顺序排列的，被公认为是一种理想的经济结构。从产业结构来看，一般来说，第二产业、第三产业和第一产业对碳排放强度的影响力依次下降。

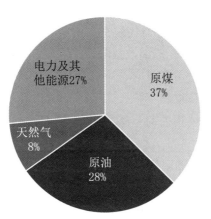

■原煤　■原油　■天然气　■电力及其他能源

图 6-1　2018 年广东能源消费结构[1]

表 6-2　2016 年至 2018 年广东各产业结构能源消费布局[2]

年份	能源消费总量（万吨）	第一产业能源消费总量占比（%）	第二产业能源消费总量占比（%）	第三产业能源消费总量占比（%）
2016	31 240.75	1.70	60.68	22.07
2017	32 341.66	1.68	60.53	22.32
2018	33 330.30	1.85	59.95	22.78

　　第三，建设区域性碳交易市场中心，是构建全国统一碳市场、提升我国在国际碳市场话语权的基石。近年来，尽管我国在清洁发展机制（Clean Development Mechanism，CDM）项目市场上取得了一定成绩，项目数和碳减排量均位于世界首位，成为国际碳交易市场上的重要供给方，但仍无交易定价权，国际碳市场话语权掌握在欧盟排放交易体系（European Union Emission Trading Scheme，EU ETS）等发达交易系统中。探索建设大湾区区域性碳市场，并将其逐步发展成为我国区域性碳市场中心，是我国争取碳交易主导权和提高碳市场国际地位的重要途径。

---

〔1〕　数据来源于《广东统计年鉴 2018》《中国能源统计年鉴 2018》。
〔2〕　数据来源于《广东统计年鉴 2019》。

（三）大湾区建立碳排放权交易市场的可行性

第一，国际市场规模广阔，碳金融潜力巨大。目前，全球共有 20 个碳排放权交易平台，如 EU ETS、芝加哥气候交易所等。碳交易市场发展迅猛，覆盖了温室气体排放总量的 8%，范围涉及电力、工业、民航、建筑、交通等多个行业。此外，国际碳交易市场具有金融化发展趋势，世界银行、联合国开发计划署等国际金融机构和组织都积极融入国际碳市场，为碳交易项目开发提供贷款，开发与碳排放权相关的金融衍生工具，进一步推动国际碳市场交易规模的扩大。

第二，大湾区具有良好的政策制度土壤。2019 年 2 月出台的《发展规划纲要》明确"支持广州建设绿色金融改革创新试验区，研究设立以碳排放为首个品种的创新型期货交易所"。2020 年 4 月出台的《关于金融支持粤港澳大湾区建设的意见》要求充分发挥广州碳排放权交易所的平台功能，构建大湾区环境权益交易和金融服务平台。同年 9 月，广州市地方金融监督管理局发布相应贯彻落实意见，规定六大责任单位，以推进碳排放权等碳金融业务创新。10 月，中共中央办公厅、国务院印发的《深圳建设中国特色社会主义先行示范区综合改革试点实施方案（2020—2025 年）》支持深圳建设绿色金融改革创新试验区。2021 年 9 月，工业和信息化部等四部门联合发布的《关于加强产融合作推动工业绿色发展的指导意见》明确支持广州期货交易所建设碳期货市场。

第三，大湾区具备开展碳交易的牢固基础。从总体金融市场环境看，香港在 2017 年《全球金融中心指数（GFCI）报告》中名列全球第四，是名副其实的国际金融中心。深圳金融综合排名稳居全国第三，广州的金融行业也在全国占据重要地位。有学者运用熵权–TOPSIS 评价法，从市场运行效率、经济效益和社会效益等多个角度比较了我国七个碳交易试点的运行效率[1]，深圳试点的经济效益与能耗排放位居前列，广东试点的社会效益最高，其在七个试点中运行效率综合评价分别名列第三与第四。香港排放权交易所包容性较强，主要经营综合性环境资源产品和衍生型金融产品交易。

---

[1] 杨劬、钱崇斌、张荣光：《试点碳交易市场的运行效率比较分析》，载《国土资源科技管理》2017 年第 6 期。

二、大湾区碳排放权交易存在的问题

大湾区碳排放权交易市场的建立已具备必要动力与现实可行性，然而在具体实践上，还面临各种挑战，尤其是制度方面的挑战。

（一）碳排放权的法律属性不明确

碳排放权的法律属性作为最基础的法理问题，是明确权利界限的前提，是权利产生、变更和消灭的依据，进而影响着碳交易的合法性、效率性以及政府调控成本。2014年国家发展和改革委员会颁布的《碳排放权交易管理暂行办法》（已失效）对碳排放权交易进行了定义，但其和2020年底生态环境部发布的《碳排放权交易管理办法（试行）》都没明确揭示碳排放权交易的法律属性。

对碳排放权法律属性的理解，往往受到市场制度、法律体系等因素的影响。港澳地区经济发展程度高，强调对权利人的保护，对于碳排放权性质的理解偏向于认定其为财产权；而在内陆地区，经济发展相对落后，较为强调政府的管制，对于碳排放权性质的理解偏向认定其为规制权。根据行政规制权学说，碳排放权并不是财产性的权利，而是针对"排放行为"的"行政规制权或者行政许可"，由国家管理并受政府支配。即使碳排放权持有人可以将其放置于市场上进行交易，但是排放配额的分配、监督、抵消等过程是由政府进行管理，具有较明显的公法色彩。

（二）信息公开制度不完善

广东省碳排放权交易试点的一揽子文件[1]规定了碳排放信息报告和核证机制，但相关规定仍不健全：

第一，信息报告义务主体分类制度不合理。《广东省碳排放管理试行办法》第6条依据年排放二氧化碳量将企业划分为报告企业与非报告企业，报告企业应当按照规定编制年度碳排放信息报告，但是对于年度碳排放量不在规定区间的非报告企业并未规定信息报告义务。

第二，控排企业的碳排放信息应由具有相应资质的第三方专业机构进行

---

[1]　分别是《广东省碳排放权交易试点工作实施方案》《广东省碳排放权配额首次分配及工作方案（试行）》《广东省碳排放管理试行办法》以及《广东省碳排放配额管理实施细则（试行）》（已失效）。

核证，但该第三方专业机构应符合何种资质并未解释。

第三，在碳排放配额管理过程中，政府主管部门的信息公布制度不完善。当前的规定主要强调控排企业的报告义务，主管部门的信息公布职责不明，公众信息获取途径不清晰。

（三）监管责任不清晰

碳排放权交易离不开政府监管，政府应当谨慎把关，合理确定碳排放总量目标及碳排放配额指标等，在机制运行过程中做到公正、公开、公平。根据《碳排放权交易管理办法（试行）》以及《广东省碳排放权交易试点工作实施方案》，碳排放额度分配权主要由省级碳交易主管部门集中行使，然而有关的监督管理措施与法律责任规定仍较为粗疏，不少条款仅具有宣示性，难以对监管者的权力形成充分的约束。

（四）碳排放市场交易机制不完善

大湾区碳排放市场交易规则存在诸多不成熟之处，增加了交易风险，提高了交易成本。

第一，交易主体范围偏小。目前，广东碳市场主要覆盖电力、石化、民航等行业，参与主体局限于减排企业、个人投资者与机构投资者，其他非控排行业参与积极性不高。

第二，碳资产的确认和计量标准不清。碳核算是碳配额的前提，只有根据精准的碳排放核算结果才能确定合理的配额，碳足迹、碳脱钩、碳泄漏、碳汇等相关要素的确认和计量仍需进一步明确标准。另外，大湾区的区域性贸易往来过程中的碳转移，对最终的碳排放权分配产生重大影响，隐含碳排放的计算须加以完善。

第三，碳金融业务创新机制匮乏。目前大湾区内的碳排放权抵押质押、期货期权的碳衍生品发展刚起步，碳金融业务的创新需要环境科学、金融和软件工程等各方面技术和人才，亟须建立相关激励机制。

第四，价格调控机制不健全。我国碳市场交易试点启动以来多次出现交易不连续、碳价格幅度波动大等现象，如深圳试点碳价曾从每吨30元飙升至130多元。要避免出现碳价剧烈波动或者持续低迷，稳定分配市场，仍需进一步完善价格调控机制。

第五，跨境交易规则未落实。当前广东碳排放权交易一般以人民币为交易币种，境外资金流入境内交易平台前需要经过重重审查，还面临汇率波动的风险。开展碳排放交易外汇试点，支持符合条件的境外投资者以外汇或人民币参与大湾区内地碳排放权交易，成为吸引国际投资者、提高大湾区碳排放权交易活跃度的重要举措。

三、国外碳排放权交易的制度经验与启示

（一）欧盟碳排放权交易的制度经验

欧盟排放交易体系（EU ETS）于2005年启动，覆盖了75%以上的交易总量，在国际碳市场上举足轻重。下面笔者针对EU ETS运行过程中出现的问题与改革措施进行分析，总结值得借鉴的经验。

1. 碳排放权交易的碳配额总量设定

EU ETS实行"总量与交易"（Cap-and-Trade）制度，[1]碳配额总量设定是碳交易市场的核心。EU ETS在第一、第二阶段适用的是NAP（国家分配方案）机制，即由各成员国根据历史排放量法制定本国分配计划，欧盟委员会结合各国分配计划设定碳配额总量。NAP虽然能够兼顾各成员国利益，以获得其支持，但容易导致碳配额总量设定过于宽松，难以实现减排任务。同时过高的碳配额还会压低碳价格，无法实现碳市场交易机制的设立目的。EU ETS碳价曾一度跌至零。因而，EU ETS在第三阶段中取消NAP，将碳配额总量设定权收归欧盟委员会，由其统一制定碳配额总量，并规定了更为严格的线性递减减排限额，碳配额总量每年下降1.74%，到第四阶段开始调整至每年下降2.2%，以加大减排力度，解决碳配额过剩问题。

2. 碳排放权交易的碳配额分配方式

EU ETS运行初期，各成员国以历史排放水平为基准免费分配碳配额，该机制看似贴近企业生产实际情况，但实际上相当于奖励排放量大的企业，而惩罚提前采取减排措施、排放量小的企业，违反"污染者付费"的公平原则。同时，该机制依赖控排企业披露历史排放数据，而先前很多企业控排意识不足，历史排放数据严重缺失，据此作出分配的公平性与合理性备受质疑。因而，EU ETS第三阶段转而适用行业排放基准法，以欧盟内具体行业中10%最有效率的排放设施排放标准为依据分配碳配额。

另外，EU ETS第一、第二阶段配额主要以免费分配为主，拍卖配额比例

---

〔1〕　See EU Directive 2003/87/EC, Article 1.

极低，第一阶段不超过 0.2%，第二阶段也仅为 3%[1]。过高的免费配额比例很大程度上导致碳价低迷，无法发挥价格信号作用。EU ETS 第三阶段提高配额拍卖比例，超过 50% 的配额将以拍卖方式分配，能源行业与电力行业将完全以拍卖方式分配配额。

3. 碳排放权交易的履约与监管模式

对于企业履约，欧盟规定了交易、储存和预支等多种形式。企业在欧盟年度碳排放量核算后，可以将得到的配额和年碳排放量进行抵消，剩余的碳排放量可以在碳排放权交易平台自由交易以获取额外收益，也可以储存起来下年使用，或者预支下年排放额度以抵消今年的超排额度，履约方式灵活多样。

在惩罚机制上，欧盟第 2003/87/EC 号指令第 16 条规定，若碳排放权人超额排放并在上年履约期限（一般为每年 4 月 30 日）前未取得碳排放权以弥补其超额排放，应承担超额排放罚款的责任。2009 年修正案规定，自 2013 年 1 月 1 日起，与配额相关的超额排放罚款依据欧洲消费者价格指数增加。[2] 因此，向有剩余排放额度的企业购买碳排放权额度是超额排放企业成本较低的选择。长远来看，上述惩罚机制能有效刺激各企业采取积极措施降低排放量，实现减排目标。

4. 碳排放权交易的交易平台与信息披露

EU ETS 体系致力于构建一套完善的信息公开机制，使欧盟碳排放权交易市场透明化，使交易更加高效便捷。一是拍卖过程的信息披露。会员国应当报告每次拍卖的拍卖规则、价格形成以及运营等执行情况，在有关拍卖的一个月内提交报告并在 EU ETS 的网站上发布。[3] 由此确保拍卖过程以公开、透明、统一和非歧视的方式进行。二是公众信息获取制度。主管当局应根据欧盟第 2003/4/EC 号指令第 3（3）条和第 4 条规定的限制，向公众提供有关配额分配的决定、项目活动的信息以及与温室气体排放许可证要求的排放报告。[4] 三是会员国的报告义务，即每年应向欧盟委员会递交一份实行情况分析报告，主要内容包括配额分配的安排、与遵从指令有关的核查和问题以及

---

〔1〕 熊灵、齐绍洲：《欧盟碳排放交易体系的结构缺陷、制度改革及其影响》，载《欧洲研究》2012 年第 1 期。

〔2〕 See EU Directive 2003/87/EC, Article 16.

〔3〕 See EU Directive 2003/87/EC, Article 10.

〔4〕 See EU Directive 2003/87/EC, Article 17.

配额的财政处理等。[1]四是在欧盟层面设立统一的登记注册数据平台，同时各成员国还需要在国内创建一个新的登记注册平台，对碳排放权交易情形以及配额使用状况予以记录和公开。

与欧盟类似，粤港澳大湾区内部地区经济发展水平和法律制度各异，因此 EU ETS 对于粤港澳大湾区碳排放权交易市场的构建具有相当重要的借鉴意义。首先，应避免出现 EU ETS 运行初期出现的碳配额总量设定过量，市场供过于求的现象，由政府掌控碳配额总量设定权，结合粤港澳各城市的经济发展规模、产业分布结构等客观因素，综合各地区、各产业能源消耗特点分配排放限额。其次，在配额分配形式、企业履约形式以及惩罚机制设定上，可采取行业基准法免费分配碳配额，在市场运行初期以免费分配为主，再逐步扩大配额拍卖比例，最后过渡到以拍卖为配额分配方式。同时以灵活的履约方式促进企业积极交易，以强有力的惩罚机制保障机制顺利运行。最后，可以借鉴 EU ETS 制定的针对拍卖过程、公众信息获取以及各成员国的报告制度，构建一套完备的信息披露制度，同时在粤港澳大湾区内各地区设立电子记录系统，参与碳交易的企业需要进行登记注册，电子记录系统对每一项交易进行同步追踪，使粤港澳大湾区碳市场交易公开化、透明化，维护交易秩序。

（二）美国碳排放权交易的制度经验

虽然美国联邦政府并未设立联邦层面的碳排放交易机制，但是制定了与碳排放权交易相关的法律，如 2009 年《美国清洁能源与安全法案》（American Clean Energy and Security Act of 2009）等，各区域性碳交易市场发展活跃。

1. 区域温室气体减排行动（regional greenhouse gas initiative，RGGI）

RGGI 是美国首个强制性碳排放权交易体系，规定了严格的减排任务。但不同于 EU ETS 免费配额分配模式，RGGI 以"单轮、密封标价、统一价格"的拍卖形式分配碳配额，未参与减排的企业亦可以参与碳配额拍卖，其拍卖配额不得超过总量的 25%，且 1/4 的拍卖收入继续投入清洁能源项目的发展或补贴给履约企业[2]，激励企业升级产业技术，促进减排。

---

〔1〕　See EU Directive 2003/87/EC，Article 21.

〔2〕　杜莉、万方：《中国统一碳排放权交易体系及其供需机制构建》，载《社会科学战线》2017年第 6 期。

RGGI 的顺利运行离不开有效的监管。首先,规定了严格的违约责任,未履约企业需支付配额价格 3 倍的惩罚金,以督促其履行减排义务。其次,RGGI 也有独立监管机构,审查市场参与主体资格,对拍卖、一级与二级市场交易活动等过程进行监督。最后,RGGI 还规定了成本控制储备机制,当一级市场拍卖价格高于某个值时,RGGI 就会将一定数量的成本储备配额投入一级市场,从而有效地稳定碳价[1]。

2. 西部地区气候倡议(Western Climate Initiative,WCI)

2007 年 WCI 建立,2015 年将二氧化碳排放量减排方案运用于公共交通领域、供电系统等各项产业。每个行业的二氧化碳排放限额必须由达成协议的州政府根据自己地区的排放特征具体确定,采取部分拍卖、部分免费发放的方式。虽然企业可以通过拍卖获得排放额度,或者通过自由交易购买或出售,也可以储存起来,但是这些配额不属于企业的产权,而是一种政府颁发的温室气体排放许可。由此可知,政府将碳排放权性质确定为规制权。在惩罚措施上,企业每超额排放 1 吨,必须在市场上购买 3 倍的排放额度予以弥补,惩罚性较强。同时,明确规定七个不同的政府管理机构对二氧化碳排放总额限制、额度分配、抵消核证等进行全程管理,避免滋生权力腐败、监管不力等情形。

美国上述两区域性碳排放交易机制对于粤港澳大湾区碳排放权交易制度的构建具有一定的启发。其一,可以借鉴 RGGI 中关于拍卖机制与价格稳定机制的规定,在拍卖配额设定与限制、参与主体资格、拍卖收入的使用方面作出更加符合市场规律的设置,同时规定价格稳定机制,通过政策调控碳价,避免价格大幅波动影响市场稳定。其二,在粤港澳大湾区碳排放权交易市场机制设立之初,可以借鉴 WCI 赋予多个政府机构不同的监管职权,对碳排放交易进行全过程的监管,维护交易秩序。

四、构建大湾区碳排放权交易机制的建议

构建粤港澳大湾区碳排放权交易制度,须批判借鉴欧盟及美国经验,明确交易主体和监管部门的责、权、利,循序渐进,以制度创新引领粤港澳大

---

[1] 吴大磊、赵细康、王丽娟:《美国区域碳市场的运行绩效——以区域温室气体减排行动(RGGI)为例》,载《生态经济》2017 年第 2 期。

湾区绿色金融的发展。

（一）法理基础：碳排放权的法律属性为规制权

国外对于碳排放权法律属性的态度各不相同，美国法关于碳排放权的规定具有明显的财产权色彩，但为了确保管理的便利与灵活性，又明确规定碳排放权不是财产权，体现其法律实用主义原则；欧盟更倾向于将碳排放权视为金融工具，将其纳入统一金融监管体系中；新西兰与澳大利亚法则更注重碳市场的发展潜力，明文规定碳排放权为私人拥有的受保护的财产权。

关于碳排放权的理论学说有四种，境外主要有财产权说和规制权说，而我国则是物权说和新财产权说。财产权说[1]认为由于碳排放权可以在二级市场上进行交易，法律保护碳排放权所有人的占有、使用、收益和处分权益，故其具备财产权的所有特征。规制权说[2]认为碳排放权是一种集公权与私权于一身的规制权。碳排放权仅是政府创设的向大气排放一定数量温室气体的权利，虽然可以在市场交易，但是是一种带有强烈公法色彩的规制性财产，政府对其享有最终的分配和管理权力。环境权学说[3]认为环境权的客体是各种环境资源要素，碳排放权客体特征完全符合环境权客体特征，故碳排放权应是环境权的一种。物权说[4]认为碳排放权客体的环境容量满足物权客体的可感知性、可支配性和可确定性，同时只有通过资源的物权化才能实现资源的优化配置。新财产权说[5]认为碳排放权一方面属于公法上的行政许可，另一方面属于私法上的私有财产权，不宜将其纳入现行的公法或私法制度。财产权说和物权说主要侧重对所有权人的利益保护，而规制权说和新财产权说主要侧重政府的管理利益，便利于政府的灵活操作。

从粤港澳大湾区现实情况出发，将碳排放权定位为规制权更加符合大湾区发展规划。其一，碳排放权交易在大湾区内仍处于探索阶段，在制度构建

---

〔1〕 Krier J E, "Marketable Pollution Allowances", *University of Toledo Law Review*, 1994.

〔2〕 Button J, "Carbon: Commodity or Currency? The Case for an International Carbon Market Based on the Currency Model", *Harvard Environmental Law Review*, 2008.

〔3〕 由于环境权学说内容较为抽象，无法对碳排放权交易制度给予切实可行的指导，因而影响力较低。我国学者更多是从物权法角度来研究碳排放权法律属性。何延军、李霞：《论排污权的法律属性》，载《西安交通大学学报（社会科学版）》2003 年第 3 期。

〔4〕 王明远：《论碳排放权的准物权和发展权属性》，载《中国法学》2010 年第 6 期。

〔5〕 王社坤：《环境容量利用：法律属性与权利构造》，载《中国人口·资源与环境》2011 年第 3 期。

上应当具有开放性，将碳排放权定位为规制权，有利于积极配合大湾区发展规划战略，且便于容纳未来不断地补充与调整。其二，我国在气候变化国际谈判过程中一直采取比较灵活的立场，将碳排放权定位为规制权，有利于政策制定者依据国际磋商结果修正我国应对气候变化的举措，且便于大湾区各级政府依据国际任务和国内政策、结合自身实际情况调整自身产业结构和发展规划。

（二）制度模式：政府主导，市场配合

鉴于 EU ETS 运行初期采用的 NAP 造成配额过量的教训，粤港澳大湾区应设置湾区层面的碳市场管理机构，由其设定广东及港澳地区的碳配额总量，再由各地方政府依据行业基准法将其分配至具体减排企业。在具体总额设定上，应秉持"共同但有区别原则"。我国尚未承担强制减排义务，基于经济发展需求，不宜一开始就强制性规定碳排放量限额指标，而应以碳排放强度指标（即单位 GDP 的减排量）作为减排任务设定的标准，再逐步向碳排放量限额指标过渡。在广东与港澳两地之间也应坚持"共同但有区别原则"，对于粤东、粤西与粤北地区给予一定过渡性政策以减缓碳成本增加带来的负担，实现经济发达地区对欠发达地区的环境资源补偿，同时避免出现碳泄漏现象。

（三）制度核心：扩大信息公开主体，加强监督管理力度

碳排放权交易机制旨在通过市场需求与供给之间的杠杆性功能，实现环境资源高效配置，促进市场主体以低成本方式实现减排任务，该机制的核心在于信息公开和监督管理。

在信息公开方面，可借鉴 EU ETS 的经验，增设关于主管部门的信息披露义务，明确规定主管部门的信息报告要求以及法律责任，包括报告内容、时间和公众获取途径。另外，企业碳排放信息报告是确定配额份额的主要依据，应改变目前以年排放二氧化碳量为标准确定企业报告义务主体的做法，将所有控排企业纳入信息报告义务主体范畴。

在市场监督管理方面，2022 年深圳市人民政府公布的《深圳市碳排放权交易管理办法》在"监督管理"一章中规定了主管部门和其他相关部门履行监管职责的措施，包括现场监测、查阅或者复制相关资料等，在"法律责任"一章中对行政机关及其工作人员、重点排放单位、碳排放权交易主体、第三方核查机构及其工作人员违反规定的法律责任进行了详细规定。此类地方性技术标准值得推广至大湾区层面，以构建一套严格规范的区域性碳排放权交

易监督管理机制。

（四）制度支持：构建多层次的市场交易机制

2020年10月，生态环境部等五部委共同发布《关于促进应对气候变化投融资的指导意见》，指出要稳步推进碳排放权交易市场机制建设。大湾区碳排放权交易，亦须以市场交易机制为重要支持。

第一，拓宽碳市场交易主体范围。有必要将更多高耗能、高污染和资源性企业纳入大湾区碳市场中，并适时增加符合条件的其他机构和个人参与交易。基于此，应探索设定合适的准入门槛，培育新的市场主体。

第二，健全碳资产的会计确认和计量规则。要关注碳排放总量及其影响因素的核算，对于碳排放总量的确认应当结合与大湾区经济增长的关系进行分析，在总量确定的基础上探究减量问题，高度关注并精确计量隐含碳排放。

第三，完善价格调控机制。借鉴RGGI设定价格安全阀机制，当碳配额拍卖价格触发某一值时，将储备碳配额投入市场，避免碳价剧烈波动。在市场运行初期仍应强调政府的调控作用，对碳价设定上下限，避免碳价陷入持续低迷状态影响市场信心。在市场运行成熟后再放开价格限制，逐步形成以市场调节为主的价格机制。

第四，促进碳金融业务创新。探索碳排放权抵押和质押贷款、远期、回购等碳金融产品，开发碳金融衍生产品，构建包括市场参与主体、交割制度、价格形成机制、风险控制机制、投资者保护机制等在内的碳期货交易规则体系。

第五，建立跨境交易机制。欧盟排放交易体系具有开放性，不仅与清洁发展机制和联合履行机制（Joint implementation，JI）对接，还与其他交易体系链接。粤港澳大湾区也应逐步构建跨境交易机制，对接其他国家的碳市场，实现国内、国际市场的双向流动，扩大碳交易市场的规模。

（五）构建进程："三步走"的建设途径

粤港澳大湾区经济发展水平、产业结构分布存在较大差异，构建粤港澳区域性碳排放权交易机制不应一蹴而就，应该分成三个阶段：第一阶段，区域内的碳排放权交易市场发展刚起步，各地区、各级行政机关应加强沟通，在区域内设立立法协调机构，统筹区域内整体交易情况，明确各部门职能，监控和协调区域内碳配额分配情况和排放总量；第二阶段，在区域立法协调机构统筹监管下，强调共同减排的重要性，由"自愿减排"逐步转为"强制减排"的交易机制；第三阶段，制定强制性的减排法律政策，设置适当的处罚程序和抵消机制，对区域内各个碳排放企业开展"强制性"碳减排任务分配，对大湾区内二氧化碳排放总量进行合理限制，并依据发展实际持续完善机制。

第三节　粤港澳大湾区绿色债券机制

绿色债券是通过发行债券，为用于特定目的的绿色项目募集资金，或进行再融资的债券工具。推进粤港澳大湾区绿色债券的区域制度构建，有利于促进大湾区传统产业绿色转型升级，助推大湾区生态文明建设，提升大湾区绿色金融的发展水平。当前，大湾区绿色债券仍面临多方面的制度障碍，应逐步统一绿色债券标准，建立完善的信息披露机制，构建大湾区内"一国两制三法域"的绿色金融监管合作机制以及绿色债券跨境流通机制。

一、大湾区绿色债券的发展背景

绿色债券是个舶来品，但近年我国不少规范性文件对其作出了明确界定。绿色债券在推动传统能源行业以及高耗能、高污染的非可持续产业的绿色转型升级方面的作用越来越受到关注，相关市场不断发育成长，尤其在大湾区，绿色债券发展面临着重大机遇。

（一）绿色债券市场发展的历程

2016 年以来，中国绿色债券市场发展进入快车道。2019 年，中国发行 4 只认证气候债券，总额约为 210 亿元人民币（合 30 亿美元），非金融企业绿色债券发行总量比 2018 年增长 54%；且首只绿色市政专项债券顺利发行。截至 2019 年底，中国在岸绿色债券市场余额总计 9772 亿元人民币（合 1400 亿美元）。未来 5 年内，中国将有总值 8655 亿元人民币（1240 亿美元）的绿色债券到期，占目前绿色债券总余额的 88%。[1]

近年来，大湾区绿色债券市场在全国发挥了先进示范作用，绿色债券产品不断创新。2019 年 3 月 25 日，广州地铁集团首单地铁客运收费收益 ABS

---

〔1〕 参见《中国绿色债券市场 2019 研究报告》，载 https://cn. climatebonds. net，最后访问日期：2020 年 9 月 1 日。

（绿色主体+绿色基础资产）成功发行。2019 年 5 月 22 日，香港特别行政区政府成功发售"政府绿色债券计划"下的首批绿色债券。2019 年 9 月 16 日，中国工商银行香港分行发行首单"粤港澳大湾区"主题国际绿色债券。2019 年 10 月 30 日，中国农业发展银行发行首笔政策性银行"粤港澳大湾区"主题绿色金融债券。2019 年 11 月 20 日，珠海横琴成功发行粤港澳大湾区首支双币种国际绿色债券。2020 年 5 月 12 日，广东省人民政府的首支绿色政府专项债券、全国水资源领域的首支绿色政府专项债券"2020 年珠江三角洲水资源配置工程专项债券（绿色债券）"成功发行。绿色债券发行量持续上涨，根据 Wind 数据显示，2016 年至 2019 年，广东省绿色债券发行总量在全国的占比不断上升，由 0.75% 上升到 14.4%（见表 6-3）。

表 6-3　2016 年至 2019 年广东省绿色债券发行金额及在全国的占比〔1〕

年份	发行金额（亿元）	发行金额占比（%）
2016	15	0.75
2017	93	5.37
2018	166.13	7.77
2019	411.46	14.4

此外，大湾区绿色认证体系正在逐步发展。2018 年 3 月，香港品质保证局（HKQAA）在参考国际和内地绿色金融标准的基础上，发布"绿色金融认证计划"，通过第三方认证服务提高绿色金融市场的公信力。2018 年，广州市绿色金融改革创新试验区发布两个办法〔2〕，明确了绿色企业和绿色项目的相关认定标准。2020 年 11 月，深圳市发布《深圳经济特区绿色金融条例》，对深圳经济特区绿色金融标准体系建设进行规范。〔3〕

---

〔1〕　数据来源于 Wind 数据库。

〔2〕　两个办法指 2018 年 5 月 25 日广州市花都区发布的《广东省广州市绿色金融改革创新试验区绿色企业认定办法》和《广东省广州市绿色金融改革创新试验区绿色项目认定办法》，这两个办法分别从企业和项目两个不同层面，充分考虑了花都区产业特点，从企业管理、企业与环境、项目技术水平以及项目与环境等多个维度给出了绿色企业和绿色项目的评价认定指标，明确了试验区绿色金融支持的绿色企业及绿色项目范围。

〔3〕　详见《深圳经济特区绿色金融条例》第 2 章第 15 条、第 16 条、第 17 条、第 18 条、第 19 条。

2021 年，在"双碳"目标的引领下，中国绿色债券市场进入高速发展阶段。境内共计发行"实质绿"债券 16 044.18 亿元，同比增长 28%，其中，贴标绿色债券发行规模 5999.54 亿元，同比增长 176%。"实质绿"债券投向多集中在基础设施绿色升级和清洁能源领域，两项占比达 89.16%。绿色债券发行主题也呈现多样化，不断创新，其中最为突出的是碳中和债券，有力支持了碳中和行动。自 2021 年 3 月中国银行间市场交易商协会发布《关于明确碳中和债相关机制的通知》以来，我国已发行 2534.58 亿元碳中和债券，占 2021 年整体贴标绿色债券规模的 42.25%。其中 1549.58 亿元可以明确债券投向。在可明确投向的债券中，67.74%的募集资金投向清洁能源领域。

（二）绿色债券发展的政策背景

我国绿色债券市场持续快速发展，与此同时，绿色债券顶层设计相关政策持续完善，绿色债券的规范类文件持续出台，各地方政府也积极出台了一系列支持地方绿色发展的配套政策。

第一，绿色债券的顶层设计持续优化，国内外绿色标准逐步接轨。2021 年 4 月 2 日，中国人民银行、国家发展和改革委员会、证监会联合印发《绿色债券支持项目目录（2021 年版）》。该目录将绿色债券定义为将募集资金专门用于支持符合规定条件的绿色产业、绿色项目或绿色经济活动，依照法定程序发行并按约定还本付息的有价证券。《绿色债券支持项目目录（2021 年版）》采纳国际通行的"无重大损害"原则，对绿色债券支持的绿色项目予以详细分类，增加了绿色农业、非常规水资源利用等绿色产业，为我国绿色债券市场发展提供了参照标准，促进了绿色债券市场的稳定发展。

第二，绿色债券规范类文件持续颁布。2021 年 3 月，中国银行间市场交易商协会发布《明确碳中和债相关机制的通知》，对碳中和债的定义、募投领域、项目评估与遴选、资金管理、信息披露等内容进行了规定，进一步推动了绿色债券市场碳中和债的标准化进程。2021 年 5 月，生态环境部印发《环境信息依法披露制度改革方案》，提出要建立健全环境信息依法强制性披露规范要求，到 2023 年开展环境信息依法披露制度改革评估。为提高绿色债券评估认证质量，促进绿色债券市场高质量发展，2021 年 9 月，绿色债券标准委员会发布《绿色债券评估认证机构市场化评议操作细则（试行）》《绿色债券评估认证机构市场化评议标准》和《绿色债券评估认证机构市场化评议材料清单》等配套文件，对评议申请、评议内容、评议结果、自律规范等内容进行了规定，并规范了绿色债券评估认证标准。

第三，地方政府出台一系列支持绿色债券发展的配套政策。例如，2019年7月，广州市人民政府办公厅发布《关于促进广州绿色金融改革创新发展的实施意见》（以下简称《广州绿金实施意见》），提出包括完善绿色金融市场体系、支持地方监管的金融机构开展特色绿色金融业务、创新金融科技对绿色金融的支持方式和手段、加强大湾区绿色金融标准对接合作、推动大湾区绿色金融市场互联互通等22项举措。《广州绿金实施意见》提出一系列促进绿色金融发展的激励措施，包括企业在交易所市场、银行间市场新发行绿色债券，按照发行费用的10%给予最高不超过100万元的一次性补贴，在区域性股权市场新发行绿色债券，按照发行费用的20%给予最高不超过100万元的一次性补贴等。此外，《广州绿金实施意见》还支持广州市各区间进行协调联动，探索贴合广州发展现状的绿色金融特色发展模式和途径，运用绿色金融政策和金融产品、工具服务于城市三旧改造、产业升级等重点领域。2020年11月，深圳市人民代表大会常务委员会通过《深圳经济特区绿色金融条例》，《深圳经济特区绿色金融条例》是我国首部绿色金融法律法规，其对绿色金融的制度与标准、产品与服务、环境信息披露、监督与管理、法律责任等内容进行了规定。《深圳经济特区绿色金融条例》对绿色债券的有关内容进行了界定，包括绿色融资主体发行绿色债券，应当建立绿色资金使用与管理制度；绿色金融债券发行人，按照国家金融监管部门关于绿色债券发行披露的要求进行披露等。

二、发展绿色债券面临的机制困境

目前在我国发行绿色债券主要包括五个环节，即对绿色项目和资产进行界定、安排独立审查、对绿色债券所募集的资金建立追踪和报告程序、发行绿色债券以及定期报告绿色债券的运行状况。在此过程中，某些环节的制度尚不健全，影响绿色债券的质量和发行效率。

（一）绿色债券发行标准不一致

绿色债券作为一种兼具债券属性和绿色属性的金融衍生工具，除了应当实现其融资功能，还应发挥其对生态环境治理的引导功能。绿色债券的发行，首先应依据既定的标准，对绿色项目和绿色资产进行界定。目前大湾区绿色金融标准呈现出多样化的局面（见表6-4）。

表 6-4　粤港澳大湾区绿色债券发行标准[1]

标准制定者及政策文件	出台时间(适用版本)	项目范围标准	认证要求
绿色债券原则执行委员会、国际资本市场协会(ICMA)《绿色债券原则》(GBP)	2014 年(2018 年版)	主要包括可再生能源、能效提升、生物资源和土地资源的环境可持续管理、陆地与水域多样性保护、清洁交通、可持续水资与废水管理、气候变化适应、生态效益性和循环经济产品、生产技术及流程、绿色建筑等绿色项目类别	建议外部第三方认证,通常由具备相应资质且被普遍认可的第三方机构对项目的对标情况进行检验。认证方式包括:咨询评估、第三方认证、审计核查、评级。内容上关于发行人内部追踪方法的担保或证明,包括对募集资金的使用、绿色债券收益的资金分配、环境影响声明以及 GBP 报告的一致性的内部追踪
气候债券倡议组织(CBI)《气候债券标准》(CBS)	2011 年(2017 年版)	8 大类,包括可再生能源与能源管理、工业能效项目、废弃物与污染物控制、农林与土地利用、清洁交通、气候变化适应、信息技术和通信、低碳建筑	与验证机构合作,进行认证程序监督。包括发行前认证、发行后认证及定期认证
中国人民银行、国家发展和改革委员会、证监会《绿色债券支持项目目录》	2015 年(2020 年版)	6 大类,主要包括节能环保产业、清洁生产产业、清洁能源产业、生态环境产业、基础设施绿色升级、绿色服务	鼓励第三方认证
国家发展和改革委员会《绿色债券发行指引》	2015 年	12 大类,主要包括绿色农业、绿色林业、绿色城镇化、建筑节能和绿色建筑、绿色交通运输、新能源开发利用、水资源节约和非常规水资源开发利用、节能减排技术改造、污染防治及垃圾处理、	

---

[1]　资料来源:根据公开信息整理。

续表

标准制定者及政策文件	出台时间(适用版本)	项目范围标准	认证要求
		可再生能源及清洁能源、节能减排技术改造、生态修复和灾害防控、节能环保范围、农村及城市水项目等	
广州市地方金融监督管理局《广州市绿色金融改革创新试验区绿色项目认定指引(试行)》	2020年	包括清洁能源、节能、绿色建筑、绿色交通、绿色产业装备制造、生态农林业、污染防治、资源节约与循环利用、生态保护和适应气候变化类等九类一级分类，和六十九类二级分类	绿色项目认证由第三方绿色评估机构实施。认证内容包括：申报项目的合规性以及根据"广州市绿色金融改革创新试验区绿色项目目录"所列项目范围及评估要求，对申报项目的绿色属性进行判断和论证。认证方式上包括：访谈、向相关部门确认或查询项目的合规性等，并应出具认定报告

　　在缺乏统一绿色债券发行标准的情况下，若仅通过较为分散的政策性文件对绿色债券的发行进行规范，会导致绿色债券的属性不明、发行标准模糊，一方面增加发行人获取信息的成本，另一方面在一定程度上打击投资者对绿色债券的信心，不利于吸引更多社会资金进入生态环境治理领域。另外，绿色债券属性不明确，为发行人"洗绿""漂绿"的违法行为提供了温床，大大加重了监管负担，使绿色债券的环境效益目标难以实现。《关于印发〈绿色债券支持项目目录（2020年版）〉的通知》[1]试图进一步细化绿色债券定义，完善绿色债券标准，从而明确绿色债券项目界限。《深圳经济特区绿色金融条例》[2]也规定，深圳市地方金融管理局应制定绿色金融地方标准，明确

---

〔1〕 2020年7月8日，中国人民银行、国家发展和改革委员会、证监会《关于印发〈绿色债券支持项目目录（2020年版）〉的通知（征求意见稿）》向社会公开征求意见。

〔2〕 参见深圳市六届人大常委会公告（第222号）《深圳经济特区绿色金融条例》、深圳市人大常委会法工委《深圳经济特区绿色金融条例》解读。

绿色金融标准目录。

2021 年 4 月 2 日，为进一步发展绿色资本市场，探索绿色债券的未来进路，中国人民银行会同国家发展和改革委员会、证监会正式发布《绿色债券支持项目目录（2021 年版）》，进一步扩大了绿色债券支持的范围，推动了绿色债券市场的扩容。

与 2015 年版目录相比，2021 年版目录主要存在架构、涵盖范围和适用对象三大方面的变化[1]（见图 6-2）。

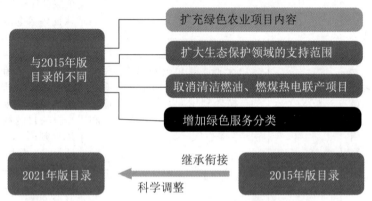

图 6-2 2015 年版与 2021 年版《绿色债券支持项目目录》对比

（二）绿色债券信息披露不完备

信息披露贯穿绿色债券整个生命周期，是绿色债券能否顺利发行并实现其目的与功能的决定性因素。在发行绿色债券的过程中，对绿色债券安排独立审查以及对所募集的资金建立追踪和报告程序，均涉及信息披露的问题。投资者与融资者双方存在天然的信息不对称，若债券发行中信息披露不充分，将会加大投资者的风险，可能迫使投资者放弃投资，由此产生逆向选择，导致企业融资失败。即便债券投资者选择继续投资，也会要求企业提高投资报酬率，以弥补潜在风险可能造成的损失，此时企业将承担较高的融资成本。[2]此外，环境信息是绿色债券投资者进行投资决策的重要参考。企业对绿色债券环境

---

〔1〕 参见《中国绿色债券市场年度报告 2021》，载 https://mp. weixin. qq. com/s/1kBGeRu-LX7F2Jw7In-Xog，最后访问日期：2023 年 7 月 28 日。

〔2〕 参见《绿色债券市场的发展现状和建议》，载 http://www. lian-heratings. com. cn，最后访问日期：2019 年 1 月 25 日。

信息的披露越充分，越有利于投资者作出理性的投资决策，企业的绿色债券融资渠道也会更加顺畅。[1]

目前，粤港澳大湾区绿色债券信息披露所面临的主要障碍体现在以下方面：

第一，不同类别的绿色债券信息披露形式和内容存在不同。根据《绿色债券支持项目目录（2021 年版）》的概括，绿色债券的种类"包括但不限于绿色金融债券、绿色企业债券、绿色公司债券、绿色债务融资工具和绿色资产支持证券"。该定义反映出我国绿色债券市场的多样化，但各类绿色债券的信息披露程序和内容要求各不相同。例如，《关于在银行间债券市场发行绿色金融债券有关事宜的公告》[2]规定了绿色金融债券信息披露的文件类别和时间节点，并要求发行人对所募集资金的使用计划和管理制度等进行披露，但对披露内容的详细程度未作规定。而《中国绿色债券原则》[3]对绿色债券的信息披露内容进行了较为详细的规定，发行人对募集资金整体使用情况、绿色项目进展情况、预期或实际环境效益等内容均负有披露义务。由于不同类型的绿色债券在信息披露的形式和内容上不统一，影响了信息披露的质量和效用。

第二，粤港澳大湾区交易所专设绿色债券板块缺位。自 2015 年以来，为披露绿色债券相关信息，促进绿色金融投资的发展，全球多个证券交易所已专设绿色债券板块用于呈列绿色债券及其披露的环境信息。例如，2016 年 9 月设立的"卢森堡绿色交易所"（Luxembourg Green Exchange）平台，专司绿色债券的上市与信息披露。绿色债券板块的上市和发行中，引入独立的外部评审机制和事后汇报机制，尤其鼓励自愿性的事后汇报，从而提高绿色债券市场的透明度。但目前粤港澳大湾区中的深圳证券交易所以及香港交易所均未设立专门的绿色债券板块，这在一定程度上制约了大湾区绿色债券信息披露的充分性。

---

〔1〕　盛春光、赵晴、陈丽荣：《我国绿色债券环境信息披露水平及其影响因素分析》，载《林业经济》2020 年第 9 期。

〔2〕　《关于在银行间债券市场发行绿色金融债券有关事宜的公告》明确发行人应当于每年 4 月 30 日前披露上一年度募集资金使用情况的年度报告和专项审计报告，以及本年度第一季度募集资金使用情况，并将上一年度绿色金融债券募集资金使用情况报告中国人民银行。中国人民银行对绿色金融债券募集资金使用情况进行专项统计，并定期公布统计结果。

〔3〕　《中国绿色债券原则》明确发行人应每年在定期报告或专项报告中披露上一年度募集资金使用情况，内容包括募集资金整体使用情况、绿色项目进展情况、预期或实际环境效益等，并对所披露内容进行详细的分析与展示。相关工作底稿和材料应当在债券存续期届满后继续保存至少两年。

（三）金融监管合作机制匮乏

粤港澳大湾区绿色金融的发展，离不开配合得当、协调有序的监管合作，目前监管合作的障碍主要体现在金融环境与法治环境的差异上。

第一，粤港澳大湾区金融环境发展水平参差不齐。内地、香港、澳门长期以来经济发展多元，金融生态环境迥异，金融业发展水平参差不齐。香港作为国际金融中心之一，金融业高度发达，国际化程度高，创新能力强。2018 年 9 月，香港绿色金融协会成立，助力香港打造国际绿色金融中心。澳门金融业拥有深厚的历史底蕴，即使总体规模较小，主要以银行业、保险业为主，但金融市场的发展潜力较大。据澳门金融管理局数据，截至 2020 年 1 月，澳门金融机构数量达 82 家。截至 2019 年 6 月，澳门银行系统的国际资产显示已高达 1937 亿 MACD。但内地金融业发展水平差异较大，金融结构不平衡。广州和深圳的金融业发展水平远远高于其他七个城市。2020 年 9 月发布的《第 28 期全球金融中心指数报告》（GFCI 28）[1]显示，香港位居第五，而深圳、广州分别排名第九和第二十一。

第二，粤港澳大湾区法治环境差异较大。大湾区具有"一国两制三法域"的特点，三地适用法系不同。香港地区长期受英美法系的影响，形成以香港基本法为遵循的香港普通法系；澳门地区的法制体系，是在原葡萄牙海外殖民时期法律制度的基础上加以发展形成的，属于大陆法系；内地则形成以宪法为核心，具有中国特色的大陆法系。在不同的法治环境下，粤港澳三地形成了不同的金融监管体系，监管主体和监管模式迥异。香港金融业由香港金融管理局、证券会和保险业监理处管理，采用分业监管模式；澳门则完全由澳门金融管理局管理；而内地形成了"一委、一行、两会"的金融监管新体制。[2]目前内地绿色债券发行监管体制中，尚存在监管主体多头且相互间缺乏协调的问题。一方面，不同种类绿色债券的监管权分属不同监管机构，例如由证监会、国家发展和改革委员会和中国人民银行分别对公司债券、企业债券和金融债券进行监管；另一方面，为鼓励金融创新和提高监管效率，内地主要以地方政府部门发布规章的形式因地制宜地对金融行业进行监管，例

〔1〕 2020 年 9 月 25 日，由国家高端智库中国（深圳）综合开发研究院与英国智库 Z/Yen 集团共同编制的《第 28 期全球金融中心指数报告》（GFCI 28）在中国深圳和韩国首尔同时发布。

〔2〕 2017 年 11 月，国务院金稳委成立。2018 年，原银保监会成立，实行银行业和保险业统一管理、证券业单独管理的相对集中协调的监管模式。

如《深圳经济特区绿色金融条例》对深圳市地方金融监管作出了相关规定。[1]
在监管主体多头化的格局下，内地金融监管权力配置难免存在冲突。加上香港和澳门保留着高度的金融自主权，金融制度相互独立，大湾区的金融监管合作属于主权国家不同辖区"区域间"的跨境金融监管。现有区域法律制度供给的不足，使粤港澳大湾区的监管合作面临诸多法律障碍，包括法律依据不明晰、合作权限范围模糊、合作方式和功能定位笼统、法律效力不确定等，直接使得粤港澳大湾区的实效因为欠缺来自法律层面的保证而只能处在飘忽不定的状态。[2]

在金融环境与法治环境的综合影响下，如何实现内地、香港、澳门三地间的金融监管合作，成为粤港澳大湾区绿色债券区域制度构建过程中亟待解决的难题。

（四）绿色债券跨境流通机制缺位

从跨境债券发行情况来看，其一，大湾区主体利用中资美元债融资越来越成熟。2019 年上半年，中资美元债在港发行的规模超 640 亿美元，其中大湾区内主体发行规模占比保持在 40%左右。其二，债券通正成为大湾区金融机构重要发行销售平台，2018 年大湾区主体通过债券通发行的债券规模超600 亿元。此外，2019 年前六个月，大湾区主体绿色债券发行额度达 291.34亿元，是 2018 年全年的 150%。[3]

作为我国跨境债券市场的重要对外开放门户，粤港澳大湾区在绿色债券跨境流通方面仍缺乏有效的机制保障。其一，缺乏统一的跨境发债审批机制。目前大湾区尚未制定绿色债券跨境流通的统一管理办法或规范性文件，跨境债券的发行机制仍处于亟待完善的状态，尤其是缺乏统一的跨境发债审批机制，内地机构跨境发债流程较为复杂，主要依据不同的发债主体、发债模式等逐项对应实施归口管理与备案制度。其二，缺乏完善的绿色债券双向跨境流通配套机制。2017 年 6 月，中国人民银行发布《内地与香港债券市场互联互通合作管理暂行办法》；同年 7 月，中国人民银行与香港金融管理局批准香

---

[1]　详见《深圳经济特区绿色金融条例》第 7 章第 60 条至第 63 条。

[2]　滕宏庆、张亮编著：《粤港澳大湾区的法治环境研究》，华南理工大学出版社 2019 年版，第148 页。

[3]　亚洲金融智库、北京大学汇丰金融研究院：《金融助推大湾区产业结构转型升级》，载《社会科学报》2020 年 5 月 28 日。

港与内地"债券通"上线，其中"北向通"开通试运行，境外机构可以在内地银行间市场进行债券交易。2021年9月，"南向通"上线；同年10月，"跨境理财通"正式推出，香港金融管理局公布19家可开展"跨境理财通"业务的香港银行名单。但目前该业务仍处于试点阶段，相关的跨境流通实施细则以及配套机制亟须进一步完善。其三，缺乏有效的跨境人民币债券发行激励机制，未充分激发大湾区优势行业的跨境人民币债券业务。目前，大湾区上市企业主要集中在电子、计算机等信息技术产业，跨境人民币债券发行业务的范围仍有待拓展，尤其应拓展至大湾区传统优势产业。例如，广东省先进材料产业基础雄厚，市场主体多，需求量大，但大湾区材料行业仅香港独家发行熊猫债（共3只，累计50亿元），广东省材料行业未见参与跨境人民币债券发行。[1]

为推动大湾区绿色债券跨境流通，激发大湾区绿色债券市场活力，发挥绿色金融的生态环境建设功能，应积极推动构建绿色债券的跨境流通机制。

三、大湾区绿色债券机制的构建路径

大湾区绿色债券区域制度构建是一个循序渐进的过程，应充分考虑大湾区绿色金融发展状况、粤港澳三地的产业特点、各地生态环境与法治环境的差异性，积极推进粤港澳三地的统筹协调，以形成一个渐具包容性和科学性的制度框架。

（一）统一绿色债券发行标准

粤港澳大湾区绿色债券的区域制度构建中，促进形成统一的绿色债券标准是首要的任务。这对扩大绿色债券的发行规模以及提高大湾区绿色债券的国际化水平具有重大意义。对此，建议采取分两步走的方式。

第一步目标：建议发挥典型地区的示范作用，加快地方绿色债券标准的制定和完善。可参考《深圳经济特区绿色金融条例》中关于绿色金融标准制定的相关规定[2]，通过立法形式规范地方绿色金融标准体系的建设。就主体

---

[1] 葛福婷、张卫国：《粤港澳大湾区跨境债权融资发展研究》，载《城市观察》2020年第6期。
[2] 2020年《深圳经济特区绿色金融条例》第15条规定："市地方金融监管部门应当推广国家绿色金融标准，组织制定国家绿色金融标准配套制度或者补充性地方绿色金融标准。市地方金融监管部门应当会同市场监管部门组织制定绿色金融标准规划，拟定绿色金融标准目录。"第16条规定："市地方金融监管部门和相关金融监管部门应当支持金融机构、证券交易机构、认证和评级机构等相关机构参与国际和国内绿色金融标准制定工作，推动国内和国际标准互认。"

而言，地方金融监管部门起主导作用，市场监管部门和相关金融监管部门应支持和配合；就内容而言，既包括绿色融资主体和绿色金融机构的认证标准，也包括绿色企业和项目技术标准，等等。从具体实施路径来看，应当发挥大湾区绿色金融联盟的引领作用，深化广州、深圳、香港、澳门的绿色金融合作，不断总结地方绿色债券标准制定中的成功经验。

在境内绿色债券标准与国际仍存在较大差异的背景下，可考虑以香港为境内绿色债券市场连接点，大湾区企业先行尝试以国际标准于"连接点"市场发行绿色债券。即大湾区企业或绿色项目发行符合 CBS 或 GBP 标准的绿色债券，通过香港"连接点"的第三方认证机构认定后，可借助香港交易所进行跨境流通。[1]

第二步目标：构建粤港澳三地统筹协调机制，推动制定覆盖大湾区"9+2"城市群的统一绿色债券标准。建议由广东省金融监管部门、香港品质保证局、澳门金融管理局、"一行两会"相关部门以及第三方国际绿色认证机构共同设立大湾区绿色金融标准统筹委员会，在协调粤港澳三地绿色金融标准的基础上，统筹制定全面覆盖大湾区的绿色债券标准。此外，可借鉴东盟在制定区域性绿色债券标准方面的相关经验，遵循国际绿色债券原则，建立与国际接轨的绿色债券标准。2017 年东盟资本市场论坛（ASEAN Capital Markets Forum，ACMF）正式发布了以绿色债券原则（Green Bond Principles）为基础的《东盟绿色债券标准》（ASEAN Green Bond Standards）。但值得注意的是，东盟在制定该标准时未充分考虑东盟各国绿色金融的发展水平差异，并且欠缺对东盟区域重要支撑产业的考虑。例如，《东盟绿色债券标准》明确排除了与化石燃料相关的项目，但事实上，马来西亚、印度尼西亚等东盟地区国家都是亚洲重要的化石燃料补贴国家。[2]有鉴于此，大湾区统一的绿色债券标准既要与国际接轨，提升大湾区绿色债券体系的国际化水平，也应结合大湾区各城市具体的产业特色以及绿色金融的实际发展状况。例如，电子信息产业作为广州、深圳、珠海、东莞、中山、江门、肇庆的现有支柱产业，已经成为推动大湾区经济发展的重要力量，在制定大湾区绿色债券标准时，应在区域

---

〔1〕　亚洲金融智库编：《粤港澳大湾区金融发展报告（2018）》，中国金融出版社 2018 年版，第264 页。

〔2〕　王守贞：《东盟绿色债券标准及其发展趋势》，载《区域金融研究》2018 年第 6 期。

协调的基础上，重点考虑有关电子产业项目以及电子企业的绿色认证标准。

（二）健全绿色债券信息披露机制

信息披露是解决信息不对称的主要手段，能帮助绿色债券投资者和金融机构有效识别和管理环境风险，吸引更多资本进入绿色领域，从而更好地发挥投融资对气候变化以及生态环境建设的积极作用。信息披露机制是粤港澳大湾区绿色债券制度体系的重要组成部分。

第一，加快制定信息披露政策，统一披露要求。目前我国绿色债券信息披露在制度层面缺乏统一的披露标准和可量化的披露指标，也没有强制披露要求，[1]绿色信息披露的监管工作需进一步落实，第三方评估认证机构资质管理制度仍有待完善。基于此，首先，建议在中国人民银行于2018年发布的《绿色金融债券存续期信息披露规范》[2]基础上加以细化、补充和完善，制定各类绿色债券具体的信息披露政策。特别是在项目层面，要有清晰准确的行业指标和特征披露，突出绿色债券的效益贡献。同时，在操作要求方面，规范披露技术方法，对量化指标计算方法应有明确的要求，确保信息披露的数据可追溯、可核证。[3]其次，应健全与信息披露机制相关的制度，例如绿色债券第三方认证和审查机构的准入规范、行业治理规范以及市场监管规范，提高第三方认证和审查的公信力，增强大湾区绿色债券市场的透明度。最后，遵循求同存异、整体统一的原则，总结各类绿色债券信息披露机制运行中存在的不足和可取之处，在符合绿色债券实际运行状况的基础上，设置必要的统一信息披露要求。

第二，专设绿色债券板块，提高信息披露水平。2016年中国证监会已表示"未来将设立绿色债券板块"。2018年上海证券交易所发布的《服务绿色发展　推进绿色金融愿景与行动计划（2018—2020年）》也提出"适时设立绿色债券板块"。可以说，设立绿色债券板块已势在必行，而大湾区中香港作为国际金融中心在这方面已经具备较为成熟的条件。自2018年"1000亿香港主权绿色债券计划"及"绿色债券资助计划"推出以来，香港绿色债券发行规模快速增长，且主要在香港交易所挂牌交易，而且发行主体更加多元化，

---

〔1〕　陈志峰：《我国绿色债券环境信息披露的完善路径分析》，载《环境保护》2019年第1期。

〔2〕　参见中国人民银行《关于加强绿色金融债券存续期监督管理有关事宜的通知》附件《绿色金融债券存续期信息披露规范》。

〔3〕　廖原、熊程程：《绿色债券信息披露存在的问题及应对建议债券》，载《债券》2019年第10期。

更多的内地和海外机构参与其中。2018 年，中国内地和海外机构在港发行的绿色债券规模共计为 90 亿美元，其中内地企业的发行规模达 70 亿美元，占市场份额的 64%。[1]因此，应充分发挥香港地区现有优势，加快香港交易所设立绿色债券板块进程，提高绿色债券信息披露的全面性和可持续性，打造大湾区绿色金融中心。深圳证券交易所也应积极推进绿色债券板块的设立，发挥深圳经济特区绿色金融创新基地的示范作用。

（三）优化大湾区绿色金融监管合作机制

目前粤港澳大湾区绿色金融监管合作面临着金融环境发展不平衡以及法治环境差异的双重障碍，而且各地监管政策互联性并不强。因此，构建大湾区绿色金融监管合作机制，应当从金融政策协调层面以及区域性制度建设层面同时切入。

第一，在监管权限上应遵循"中央统一领导，地方协调监管"的原则。大湾区的区际法律冲突属于不同法系之间的冲突，是"一国两制三法域"下的特殊法律冲突，因此构建大湾区绿色债券制度时应当遵循"一国两制"的基本原则，在保障港澳地区高度金融自主权的基础上，中央要充分运用全面管治权对大湾区建设进行科学规划，大湾区各方在遇到权限不足时，应请求中央授权并发挥港澳自身高度自治权的优势解决冲突问题。[2]发挥中央统筹各方、居中协调的作用，促进内地绿色金融领域的立法工作，解决内地金融监管权力配置冲突问题。

第二，在监管合作的具体机制上，建议从以下方面着手：其一，由于大湾区绿色金融监管合作属于在一个主权国家内不同法域的"区际"所进行的跨境金融监管合作，可考虑建立粤港澳大湾区绿色金融监管联席会议制度以及绿色金融监管的领导协调机制。联席会议成员应包括中央金融监管部门、各地方金融监管部门、香港金融管理局以及澳门金融管理局，通过定期召开联席会议研究探讨大湾区绿色金融监管的相关问题，协商构建大湾区绿色金融监管的相关政策并签订绿色金融监管多边协定。在具体的绿色金融监管合

---

〔1〕 参见 2020 年 6 月 18 日北京大学汇丰商学院与汇丰银行（中国）有限公司合作发布的《粤港澳大湾区绿色金融发展报告：探索绿色金融的区域发展实践》第二章"粤港澳大湾区绿色金融——城市篇"，第 15 页。

〔2〕 王禹：《全面管治权理论：粤港澳大湾区法治基石》，载《人民论坛·学术前沿》2018 年第 21 期。

作层面，由中央金融监管部门进行统一领导，地方金融监管部门专门负责规划、协调和指导绿色金融发展，对绿色金融活动实施监督管理。其二，基于大湾区的特殊法律属性，在处理法律法规的协同性时，可参考国际金融监管合作的相关做法。国际金融软法的实际约束效果主要通过法律上和事实上的"硬化"来体现。[1]由于在协商共建过程中制定的规范性文件属于软法，缺乏强制性约束力，要系统"硬化"大湾区金融监管合作的"软法"，增强其约束力和执行力。大湾区各城市同属于一个主权国家，可积极推进大湾区绿色金融监管合作的规范性文件分别纳入粤港澳三地的法律规定，为跨境金融监管合作提供更具约束力的制度基础。其三，要重视建立大湾区绿色金融信息共享系统和统一的征信系统，提升绿色债券相关信息的跨境流通性，为大湾区绿色金融监管合作提供高效、便捷的信息共享和交流平台。其四，完善自律监管和社会公众监督体系，通过引入社会组织如粤港澳大湾区绿色金融联盟、深圳证券交易所、香港交易所等的自律监管，采用多种形式鼓励社会公众监管，提升监管效率。

第三，在监管风险防范上，完善跨境金融风险监测和预警机制。目前粤港澳三地的金融法律制度具有较大的差异性，对于跨境金融监管问题尚未制定相互衔接的法律规定，因此应尤其注重监管风险的防控问题。积极探索建立大湾区绿色金融大数据分析和风险排查系统，针对"洗绿""漂绿"风险问题，提高系统分析和预警能力。由粤港澳大湾区绿色金融监管联席会议成员积极协商，构建支持基于区块链的跨境绿色资产标准化、认证、仓储和交易平台。

（四）构建大湾区绿色债券跨境流通机制

在国际金融市场一体化趋势不断增强的背景下，中国债券市场的国际化程度日益提升。基于大湾区基础设施、生态文明建设以及传统产业绿色转型升级的需要，大湾区的跨境债券市场前景广阔，也亟须相应的机制保障。

第一，优化跨境发债审批程序。适度简化并统一监管的归口管理，避免政出多门，还原备案登记制度的真实含义，最大限度地降低发债的监管成本，赋予境内机构湾区先行的政策优势。[2]支持大湾区企业在港澳发行经过绿色认证、加注绿色标识的债券，支持广东的金融机构在港澳发行绿色金融债券

〔1〕 漆彤：《国际金融软法的效力与发展趋势》，载《环球法律评论》2012年第2期。
〔2〕 谢浴华、林成棋：《开辟粤澳跨境发债新路径》，载《中国外汇》2019年第20期。

及其他绿色金融产品。[1]

第二，发挥"债券通"和"跨境理财通"的作用，推进大湾区绿色债券市场的互联互通。债券通正逐步发展为粤港澳大湾区金融机构重要的发行和销售平台，应当进一步拓展该平台应用的广度和深度。另外，应积极推进"跨境理财通"试点业务的实施，鼓励大湾区内地机构通过香港债券市场在海外债券市场进行投融资。支持深圳证券交易所与境外市场互联互通，鼓励广东金融机构与港澳金融机构合作，为港澳市场主体在内地进行债权融资提供全方位金融服务，加大境内外证券金融机构的引进力度，提高大湾区证券业对外开放的程度。[2]同时，还应加快构建促进"跨境理财通"运行的配套机制。

第三，发展离岸人民币市场，推进人民币国际化进程。应大力支持港澳发展离岸人民币业务，强化香港离岸人民币枢纽地位，支持香港开发更多离岸人民币、大宗商品及其他风险管理工具。[3]积极借鉴珠海横琴发行粤港澳大湾区首只双币种国际绿色债券的成功经验，鼓励大湾区企业在港澳发行绿色双币种债券。鼓励大湾区优势产业开展跨境人民币债券业务，引导大湾区传统优势产业进入绿色债券等跨境人民币债券市场。

此外，还应加强粤港澳三地金融人才和专家学者的交流，推动大湾区绿色债券跨境流通机制不断创新发展。粤港澳三地应在绿色债券标准、信息披露以及绿色金融监管合作的相关立法工作上协力共商、共建、共享，推进粤港澳大湾区"区域合作法"的制定，为大湾区绿色金融监管、绿色债券市场的运行以及争端解决提供全面、科学的法律保障。

第四节　粤港澳大湾区绿色信贷机制

绿色信贷是绿色金融的重要组成部分。纵观绿色金融发展历史，早在

---

〔1〕　参见 2020 年 7 月广东省地方金融管理局等印发的《关于贯彻落实金融支持粤港澳大湾区建设意见的实施方案》。

〔2〕　参见 2020 年 7 月广东省地方金融管理局等印发的《关于贯彻落实金融支持粤港澳大湾区建设意见的实施方案》。

〔3〕　参见 2020 年 7 月广东省地方金融管理局等印发的《关于贯彻落实金融支持粤港澳大湾区建设意见的实施方案》。

2016 年，中国人民银行等部门就联合发布了《关于构建绿色金融体系的指导意见》，提到构建绿色金融体系有助于加快我国经济向绿色化转型。在"双碳"目标提出后，中国人民银行又印发《银行业金融机构绿色金融评价方案》，将绿色信贷等业务正式纳入考核评价范围。反映至数据上，原银保监会数据显示，截至 2022 年末，21 家主要银行绿色信贷余额达 20.6 万亿元，按照信贷资金占绿色项目总投资的比例测算，每年可支持节约标准煤超过 6 亿吨，减排二氧化碳当量超过 10 亿吨。

一、大湾区绿色信贷的发展历程

1995 年中国人民银行发布的《关于贯彻信贷政策与加强环境保护工作有关问题的通知》提出必须把资源保护和环境治理作为评审贷款的必备条件。2009 年原银监会、原保监会、证监会和中国人民银行发布的《关于进一步做好金融服务支持重点产业调整振兴和抑制部分行业产能过剩的指导意见》提出对符合国家节能减排和环保要求的企业和项目按照"绿色信贷"原则加大支持力度，但"绿色信贷"在学术界暂未有明确的定义。绿色信贷作为服务绿色经济市场发展的重要金融手段，旨在为环境改善、资源节约高效利用和生态保护等经济活动提供优惠利率和信贷资金支持。在国际上，绿色信贷最早是以"赤道原则"为依据进行定义的，相关银行通过设定严格的评估门槛，将环境和社会风险纳入银行的授信融资活动中，有效抑制高能耗、高污染产业对环境的影响，迫使其进行传统技术革新和结构转型升级[1]。2012 年，原银监会印发《绿色信贷指引》，依据《绿色信贷指引》的规定，绿色信贷应包括对绿色经济、低碳经济、循环经济的支持，防范环境和社会风险。

（一）绿色信贷基础设施建设初步构建

2012 年之前，我国即出台了针对环境保护的信贷政策，如 2007 年原银监会印发的《节能减排授信工作指导意见》要求银行业金融机构要防范高耗能、高污染带来的各类风险，对耗能、污染问题突出且整改不力的授信企业，不得增加新的授信。2014 年，为构建中国绿色金融体系，中国人民银行协同联合国环境规划署金融行动机构（UNEP FI）联合组建了中国绿色金融工作小

---

[1] 朱广印等：《绿色信贷促进产业结构升级的空间机制检验》，载《财会月刊》2021 年第 16 期。

组，提出了建立中国绿色金融体系的十四项措施建议，包括绿色机构设立、绿色债券发展、政策激励以及相关基础设施建设等内容。在此基础上，绿色信贷有关政策陆续出台（详见表6-5），包括《关于构建绿色金融体系的指导意见》《关于建立绿色贷款专项统计制度的通知》《银行业金融机构绿色金融评价方案》等文件。此外，原银保监会为推动银行大力发展绿色信贷，助力"双碳"目标实现，作出了相应部署：

第一，构建绿色信贷政策体系。近年来，我国绿色金融标准化建设进展迅速，为强化银行绿色经营理念，实现可持续发展，原银保监会制定发布一系列政策文件，形成包括绿色信贷统计制度、绿色信贷考核评价体系、银行自身的绿色信贷政策等内容的绿色信贷政策体系。

第二，持续开展绿色信贷统计和考核评价体系。对绿色信贷统计体系而言，应建立健全银行业绿色融资统计制度，明确节能环保项目及服务的绿色信贷统计口径。对绿色信贷考核评价体系而言，2014年原银监会印发的《绿色信贷实施情况关键评价指标》提出银行至少每两年展开一次绿色信贷的全面评估工作，并向原银监会报送自我评估报告。

第三，加快构建气候投融资政策体系。银行机构在支持绿色产业发展和传统行业节能改造的同时，对"高耗能、高污染"企业实施分类管理，坚决遏制"两高"项目盲目发展。

第四，鼓励银行保险机构创新绿色金融产品和服务，积极发展能效信贷，探索环境权益抵质押融资，提升绿色金融专业服务能力。

第五，鼓励金融机构借鉴国际良好实践经验，加强融资项目的环境与社会风险管理，积极参与绿色金融领域的国际交流与合作。[1]

绿色信贷经过多年的探索与实践，已初步构建起以统计体系、评价体系以及机构的环境信息披露等为主体的绿色信贷体系。

---

〔1〕参见《银保监会：截至2021年末国内21家主要银行绿色信贷余额达15.1万亿元》，载 https://baijiahao.baidu.com/s? id=1728079417851351107&wfr=spider&for=pc，最后访问日期：2022年3月23日。

表 6-5　绿色信贷相关政策〔1〕

时间	政策	部门
1984 年	《关于环境保护资金渠道的规定的通知》	原城乡建设环境保护部、国家发展和改革委员会、原国家科学技术委员会、财政部、中国（人民）建设银行、中国工商银行
1995 年	《关于贯彻信贷政策与加强环境保护工作有关问题的通知》	中国人民银行
2007 年	《关于落实环保政策法规防范信贷风险的意见》	原国家环境保护总局、中国人民银行、原银监会
2012 年	《绿色信贷指引》	原银监会
	《银行业金融机构绩效考评监管指引》	原银监会
2013 年	《绿色信贷统计制度》	原银监会
2014 年	《绿色信贷实施情况关键评价指标》	原银监会办公厅
2015 年	《能效信贷指引》	原银监会、国家发展和改革委员会
2016 年	《关于构建绿色金融体系的指导意见》	中国人民银行、财政部等七部委
2016 年	《"十三五"节能减排综合工作方案》	国务院
2018 年	《关于建立绿色贷款专项统计制度的通知》	中国人民银行
2019 年	《绿色产业指导目录（2019 年版）》	国家发展和改革委员会等七部委
2020 年	《绿色债券支持项目目录（2020年版）（征求意见稿）》	中国人民银行、国家发展和改革委员会、证监会
2020 年	《商业银行绩效评价办法》	财政部

1. 绿色信贷统计体系初步形成

绿色信贷统计制度旨在通过收集绿色信贷有关信息，分析绿色信贷项目的经济和环境效益，以防范环境和社会风险。2013 年，原银监会制定《绿色

〔1〕　资料来源：海南省绿色金融研究院整理。

信贷统计制度》，要求每半年组织国内 21 家主要银行业金融机构开展绿色信贷统计工作。2018 年，中国人民银行印发《关于建立绿色贷款专项统计制度的通知》，指出绿色贷款专项统计包括两个方面：一是绿色贷款统计，包括对节能环保项目及服务贷款的统计；二是对存在环境、安全等重大风险企业贷款的统计。为进一步加强银行业金融机构建立有效的绿色信贷统计体系，2019 年，中国人民银行下发《关于修订绿色贷款专项统计制度的通知》，扩大绿色贷款统计范围，明确统计口径包含个人经营性贷款。2020 年，原银保监会在 2013 年《绿色信贷统计制度》的基础上出台了《绿色融资统计制度》，《绿色融资统计制度》扩大了银行业金融机构绿色业务统计范围，增加了细颗粒物、挥发性有机物、总氮、总磷四项节能减排指标，并将绿色项目分类由《绿色信贷统计制度》的 12 大类 27 子类细化为 9 大类 68 子类。

2. 绿色信贷评价体系稳步建立

当前，绿色信贷评价体系已初步建立。2014 年，原银监会发布《绿色信贷实施情况关键评价指标》，要求银行机构应从定性和定量两个方面建立有效的绿色信贷考核评价体系。在定性方面，要求银行机构从组织管理、政策制度及能力建设、流程管理、内控管理与信息披露等方面进行自评；在定量方面，将节能环保项目及服务贷款、"两高一剩"行业贷款情况、涉及落后产能且尚未完成淘汰的企业信贷情况、环境保护违法违规且尚未完成整改的企业信贷情况、二氧化碳减排量等指标列为核心指标来考量。2018 年，中国人民银行制定了《银行业存款类金融机构绿色信贷业绩评价方案（试行）》，指出绿色信贷业绩评价每季度开展一次，业绩评价指标分为定性和定量两类，其中，定性指标权重为 20%，定量指标权重为 80%。绿色信贷业绩评价定性得分由中国人民银行综合考虑银行业存款类金融机构日常经营情况并参考定性指标体系确定，绿色信贷业绩评价定量指标包括绿色贷款余额占比、绿色贷款余额份额占比、绿色贷款增量占比、绿色贷款余额同比增速、绿色贷款不良率五项。2021 年 6 月中国人民银行印发的《银行业金融机构绿色金融评价方案》取代了 2018 年《银行业存款类金融机构绿色信贷业绩评价方案（试行）》。《银行业金融机构绿色金融评价方案》亦提出绿色金融评价指标包括定量和定性两类。绿色金融评价定量指标包括绿色金融业务总额占比、绿色金融业务总额份额占比、绿色金融业务总额同比增速、绿色金融业务风险总额占比四项。绿色金融评价定性得分由中国人民银行结合银行业金融机构日常管理、风险控制等情况并根据定性指标体系确定。较《银行业存款类金融机构绿色信贷业绩评价方案（试行）》而言，《银行业金融机构绿色金融评价方案》定性指标还纳入了机构绿色金融制度制定、实施情况和支持绿色产业发展情况。绿色金融评价结果将纳入央行金融机构评级等中国人民银行政策和审慎管理工具。此外，《银行业金融机构绿色金融评价方案》鼓励银行业金融机构主动披露绿色金融评价结果。

3. 环境信息披露制度建设逐步完善

环境信息披露是绿色信贷正常运转的关键，随着绿色信贷的发展，环境信息披露的重要性逐渐提高，对绿色信贷的披露要求越发严格。2007 年，原银监会印发《节能减排授信工作指导意见》，要求银行业金融机构加强节能减排授信工作的信息披露，公开本机构的节能减排授信政策和标准，披露存在重大耗能、污染风险的企业和项目的授信情况等。2012 年，全国人民代表大会常务委员会修正的《中华人民共和国清洁生产促进法》要求未达到能源消耗控制指标、重点污染物排放控制指标的企业应当公布能源消耗或者重点污染物产生、排放情况。2014 年，全国人民代表大会常务委员会对《中华人民共和国环境保护法》进行修订，该法提高了对企业披露环境信息的要求，要求重点排污单位应当如实向社会公开其主要污染物的名称、排放方式、排放浓度和总量、超标排放情况。此外，环保部门也应当依法公开环境信息。为进一步落实绿色信贷的环境信息披露，各部门间的跨部门合作逐渐加强，各部门联合制定相应政策文件以规范绿色信贷环境信息披露。如 2016 年中国人民银行、财政部等七部委联合印发的《关于构建绿色金融体系的指导意见》提出要综合运用宏观审慎与微观审慎监管工具，强化对信息披露的要求。2017 年证监会与原环境保护部签署《关于共同开展上市公司环境信息披露工作的合作协议》，旨在共同推动建立和完善上市公司强制性环境信息披露制度，督促上市公司切实履行环境保护社会责任。但针对环境信息披露的规定多为指导性意见或准则，缺乏统一标准，并未形成一个系统性、规范性的制度体系。为此，2020 年 3 月，中共中央办公厅、国务院办公厅联合印发《关于构建现代环境治理体系的指导意见》，要求健全环境治理企业责任体系，依法实行排污许可管理制度、推进生产服务绿色化、提高治污能力水平和公开环境治理信息。2021 年，生态环境部印发的《环境信息依法披露制度改革方案》提出到 2022 年，完成上市公司、发债企业信息披露有关文件格式修订，到 2023 年，开展环境信息依法披露制度改革评估的要求。《环境信息依法披露制度改革方案》还提出重点排污单位、实施强制性清洁生产审核的企业、因生态环境违法行为被追究刑事责任或者受到重大行政处罚的上市公司、发债企业和法律法规等规定应当开展环境信息强制性披露的其他企业事业单位应强制披露环境信息。《环境信息依法披露制度改革方案》意味着企业依法披露环境信息工作进入全面加速阶段。上市公司依法披露环境信息的制度设计在逐步完善，上市公司强制性环境信息披露是制度设计重点。

（二）绿色信贷业务规模稳步扩大

银行作为绿色信贷的重要主体，近几年逐渐增强对绿色企业和绿色项目的支持，加大对绿色信贷的投放，绿色信贷规模稳步增长。

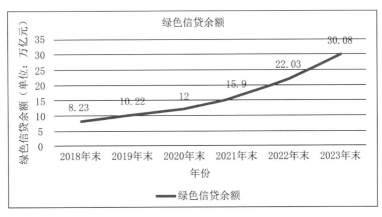

图 6-3　2018 年至 2023 年绿色信贷余额趋势图[1]

资料来源：依据公开信息整理。

（三）银行绿色信贷实践

绿色信贷投放领域主要包括生态保护、节能环保、循环经济、清洁能源、可持续农业、再生资源、环境保护设施、其他环保贷款八大领域。部分银行为发展绿色信贷做出了特色实践，如依据《中国农业银行 2021 社会责任报告（环境、社会及治理报告）》，中国农业银行实施行业限额管理，将高碳行业用信纳入年度行业限额管理体系，逐年制定计划，坚持分类指导，促进行业用信结构优化调整。严控高碳行业风险敞口，对环保、能耗不合格的客户及

----

〔1〕　资料来源：中国人民银行和海南省绿色金融研究院整理。

项目不予准入。作为国内首家赤道银行，兴业银行积极践行 ESG 理念，推动 ESG 体系建设，试点在授信环节针对煤炭、钢铁等五大高耗能行业新增项目融资开展 ESG 分析。此外，兴业银行将高耗能相关行业大额存量客户划分为高风险、中风险、跟踪关注及其他三类，结合名单制方式实施分层分类的差异化管理，重点强化高耗能行业高风险客户的风险管控。2021 年，中国银行修订《中国银行全面风险管理政策》，首次将环境与社会风险作为单一类别纳入全面风险管理体系，并在农林牧渔、采矿与冶金、石油天然气、轨道交通、材料制造等 71 个行业授信政策中加入环境与社会风险管理的约束性要求。此外，《中国银行全面风险管理政策》还禁止为严重损害生物多样性的项目提供信贷，充分关注客户各项经营活动对生态系统的影响。

从将上市银行划分为国有行、股份行、城商行和农商行的分类层面来看，绿色贷款占贷款和垫款净额比例最高的银行分别为农业银行、兴业银行、甘肃银行和渝农银行；绿色信贷余额增速最高的依次是：邮储银行、浙商银行、九江银行和紫金银行。

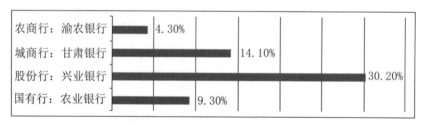

图 6-4　不同类型商业银行绿色信贷余额占比最高银行（2019 年）[1]

图 6-5　不同类型商业银行绿色信贷余额增速最高银行（2019 年）[2]

---

[1]　资料来源：海南省绿色金融研究院整理的《上市银行年报》。
[2]　资料来源：海南省绿色金融研究院整理的《上市银行年报》。

近年间，中国在绿色金融体系建设方面取得了巨大的进步，成为全球最大的绿色金融市场之一。在中国以间接融资为主的体系下，绿色信贷在绿色金融体系中居于核心地位，截至 2023 年一季度末，我国本外币绿色贷款余额超过 25 万亿元人民币，均居世界前列。

2022 年 5 月，广东首笔绿色信贷资产跨境转让业务落地横琴。在中国人民银行广州分行的指导下，中国工商银行横琴分行成功将 92 万元人民币绿色保理资产转让给中国工商银行澳门分行，期限为 182 天，利率为 3.5%。这标志着跨境资产转让的品种扩大至绿色信贷资产，大湾区绿色金融市场互联互通迈出坚实一步。

二、绿色信贷的机制障碍

当前，我国绿色信贷正处在高速发展阶段，但与绿色信贷发展相匹配的制度仍未成熟，尚存在诸多问题，如绿色信贷投向较为集中、覆盖面不足、环境信息披露机制不完善、绿色项目标准不统一、绿色信贷风险评估能力较低、绿色信贷激励政策不足等。为支持生态文明建设，有必要完善与绿色信贷相匹配的制度。

（一）绿色信贷投向覆盖面不足

截至 2021 年 6 月，绿色贷款主要投向基础设施绿色升级、清洁能源等领域。基础设施绿色升级产业占绿色信贷的比重为 47.99%，清洁能源产业占绿色信贷的比重为 25.72%，合计占比超过 70%。从行业分布来看，绿色贷款在交通和能源领域投入较多。截至 2021 年 6 月，交通运输、仓储和邮政业占绿色信贷的比重为 28.59%，电力、热力、燃气及水生产和供应业占绿色信贷的比重为 27.87%，合计占比超过 50%[1]。绿色信贷投向领域较为集中，仍有较多领域所获得的绿色信贷支持力度较小。

（二）绿色信贷环境信息披露机制不健全

对企业而言，企业环境信息的披露是其获得银行绿色信贷支持的依据，企业应依法如实披露。对银行而言，银行作为绿色信贷环境信息披露的主体，应当依法披露有关绿色信贷环境信息。当前，银行的披露主要采取社会责任

---

〔1〕　参见《2021 年我国绿色金融业之绿色信贷市场发展：规模稳中有升，整体市场发育良好》，载 http://www.leadingir.com/trend/view/6277.html，最后访问日期：2023 年 8 月 5 日。

报告的形式，披露的内容主要包括与绿色信贷有关的环境政策、战略目标、绿色信贷余额、折合减排的污染量和绿色信贷的典型例子等。为保障绿色信贷的运行，实现社会可持续发展，我国制定的有关政策文件对环境信息披露提出了要求。如 2021 年生态环境部制定的《企业环境信息依法披露管理办法》规定了企业环境信息披露的主体、内容、时限、监督管理和处罚措施。2021 年中国人民银行制定的《金融机构环境信息披露指南》规定了金融机构在环境信息披露过程中遵循的原则、披露的形式、内容要素以及各要素的原则要求。但是，现有绿色信贷环境信息披露体系仍存有一定问题亟待解决。

第一，环境信息披露主体范围狭窄。一方面，负有环境信息强制性披露义务的银行范围不明。虽然 2021 年中国人民银行发布了《金融机构环境信息披露指南》，但其为行业标准，且该指南仅规定其适用范围为"在中华人民共和国境内依法设立的银行、资产管理、保险、信托、期货、证券等金融机构"，并未规定银行的强制性披露义务，银行的绿色信贷环境信息披露更多依靠的是其自觉性。因此，存在着诸多银行未进行环境信息披露的现象。另一方面，履行环境信息披露义务的企业范围狭窄。依据《2021 企业社会责任白皮书》，2019 年度，992 家 A 股上市公司披露了企业社会责任报告。分行业来看，制造业企业发布的报告数量最多，共计 515 份，但制造业的披露比例只有 25%。当前，我国企业采取强制性和自愿性相结合的披露方式。环境信息强制性披露的企业主要是环境风险较大的企业，包括重点排污单位、实施强制性清洁生产审核的企业、上一年度因生态环境违法行为被追究法律责任的上市公司和发债企业，以及其他应当披露环境信息的企业。除上述企业，其他企业环境信息披露采取自愿原则。在该披露方式下，企业环境信息披露主体范围不足，增加了银行获取环境信息的难度。

第二，绿色信贷环境信息披露内容质量较低。一方面，企业信息披露内容不足。PRI（负责任投资原则组织）、UNEP FI（联合国环境规划署金融行动机构）及商道融绿编制的《中国的 ESG 数据披露：关键 ESG 指标建设》最新报告显示，截至 2018 年底，近 82%的沪深 300 指数成分股公司披露了相关 ESG 数据与分析。尽管披露 ESG 相关数据的上市公司数量可观，但是关键指标的披露率仍低于国际水平。大多数的上市公司倾向对环境信息用文字进行定性描述，缺少详细的定量信息披露，银行难以判断企业环境情况。另一方面，企业信息披露缺乏真实性。出于利益考量，一些企业更倾向于披露对自身有利的环境信息，并对不利信息予以隐瞒，甚至虚假披露。因此，对企业所提供的环境信息，银行难以判断其真实性。

第三，环境信息披露形式多样。企业环境信息可通过社会责任报告、年度报告、定期报告等形式披露，披露形式的多样性使得银行若想获取企业环境信息需收集企业各个报告，这增加了银行信息获取成本。

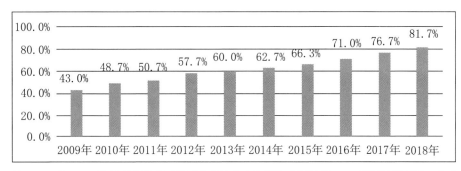

图 6-6　沪深 300 指数成分股公司通过企业社会责任报告自愿披露 ESG 数据的增长情况[1]

（三）绿色项目标准不统一

我国制定了相关文件以期统一绿色信贷的标准体系，包括《绿色信贷指引》《关于构建绿色金融体系的指导意见》等文件。然而，我国制定绿色项目标准的部门包括国家发展和改革委员会、中国人民银行和国家金融监督管理总局等多个部门，由于各个部门存在一定职能的交叉，且各部门间缺乏合作与沟通，不同部门所制定的绿色项目标准不一，致使银行在绿色信贷业务活动中对绿色信贷项目的认定标准有交叉冲突的情况。

（四）绿色信贷风险评估能力较低

风险评估贯穿绿色信贷业务活动全过程。在贷前调查阶段，银行应对企业是否属于"两高"企业、是否取得生产经营许可、环保记录、对环境的影响等情况进行考察，评估企业风险。银行应配备专业的信贷评审人或第三方评估机构对企业及项目的情况进行考核。在审查审批阶段，应在对企业或项目的环境与社会风险进行评估后，决定是否授信或授信多少，同时在贷款条件中落实风险缓释措施。在贷后管理阶段，银行应重视政府或有关部门发布

---

〔1〕 资料来源：根据商道融绿、商道纵横 MQI 数据库和海南省绿色金融研究院整理。

的企业环境信息及相关法规政策，可采取"名单制管理"等方式对风险企业予以重点关注。但在实践中，对不同类型绿色信贷项目进行评估时，由于缺乏科学统一的评估标准和量化指标，很多标准的界定较模糊，从而导致在对申请绿色信贷资金的企业或项目进行评估时，评估结果出现偏差。

（五）绿色信贷激励政策缺乏

绿色信贷业务自带社会责任，与银行的经济效益存在矛盾。其一，银行在绿色信贷业务活动中须投入信息收集成本、风险评估成本、贷前调查成本、贷后追踪成本等多项成本，成本较普通信贷项目而言更大。其二，高耗能高污染产业往往带来高利润，在绿色信贷业务活动中减少甚至停止对高耗能高污染企业的贷款，对银行而言其潜在的利润降低。其三，在实施绿色信贷初期，银行需牺牲一定的经济效益来发放绿色贷款。中小银行之所以对绿色信贷投入较少，主要也是出于经济效益的考虑。其四，绿色信贷的发展须既熟悉银行业务又了解环境治理的复合型人才的参与，而复合型人才的培养亦需大量的时间与金钱成本。在此情形下，为促进银行积极发展绿色信贷，有必要给予银行一定的奖励或补偿激励。然而，政府在绿色项目财政补贴、专项贴息和税收减免等方面的配套激励措施还未予以完善。

（六）绿色信贷监管机制缺位

一方面，银行绿色信贷法律责任设置匮乏。对银行而言，虽然关于构建绿色金融体系的指导意见》提出"研究明确贷款人环境法律责任。依据我国相关法律法规，借鉴环境法律责任相关国际经验，立足国情探索研究明确贷款人尽职免责要求和环境保护法律责任，适时提出相关立法建议"，但是至今尚未有法律法规直接对银行的贷款人的环境法律责任作出明确规定，或虽有规定，但过于模糊，难以直接适用。环境法律责任的缺失，致使银行的违法违规成本较低，从而导致目前我国绿色信贷实施效果并不显著。我国法律规定商业银行在实施授信的各个环节中如果未遵守相关行政法规的要求，只承担相应的环境行政法律责任，并未规定需要承担其他形式的法律责任[1]。

另一方面，多元主体监督机制尚未发挥有效作用。虽然《绿色信贷指引》规定了银行业监管机构对银行的监督职责，但是，仅依靠银行业监管机构构建绿色信贷的监督机制并不全面，还需要行业自律和利害关系人的监督，从

---

〔1〕 周杰普：《论我国绿色信贷法律制度的完善》，载《东方法学》2017年第2期。

而共同构建多元的绿色信贷监督机制。在行业自律监督方面，《中国银行业自律公约》第5条虽然提出了要大力发展绿色金融，但却未明确行业自律在绿色金融领域的监督作用。在利害关系人监督方面，《绿色信贷指引》第24条规定，对涉及重大环境与社会风险影响的授信情况，应当依据法律法规披露相关信息，接受市场和利益相关方的监督。依据该规定，利害关系人具有监督绿色信贷实施情况的权利，但截至目前，尚未构建有效完善的利害关系人监督机制。

三、构建大湾区绿色信贷机制的建议

（一）稳步扩大绿色信贷投放规模

应调整绿色信贷资金的投放领域，扩大绿色信贷投放规模，优化绿色信贷产业结构。为此，应将绿色信贷与国家宏观调控政策相结合，增加对绿色产业各领域的信贷投放，将节约能源和环境保护嵌入投融资客户和项目选择的全过程，以融资促进并形成绿色产业链。针对绿色信贷区域发展不平衡的情况，应加大对绿色欠发达地区的信贷支持力度，并借鉴国内绿色信贷的试点经验，推进传统产业的绿色改造。

（二）完善绿色信贷环境信息披露制度

信息披露不仅是银行判断是否对企业或其项目予以绿色信贷支持的主要依据，也是金融监管机构进行监管的重要基础。公开透明的信息披露有利于金融监管机构对企业和银行进行约束规制，维护绿色信贷市场秩序。政府应充当企业和银行之间的桥梁，发挥中介作用，加强企业和银行间的信息交流，推动建立完善的绿色信息披露机制，督促企业披露相关信息，为银行及时掌握必要信息的提供便利。

绿色信贷环境信息披露制度的完善，具体而言可从以下几个方面入手：

第一，扩大环境信息强制性披露主体范围。对企业而言，除重点排污单位、实施强制性清洁生产审核的企业、上一年度因生态环境违法行为被追究法律责任的上市公司和发债企业应强制披露环境信息外，所有上市公司均应强制进行环境信息披露。对银行而言，应当结合银行规模和业务能力，区别设定不同规模主体类别的披露义务，以此扩大金融机构强制性环境信息披露的主体范围。为此，可借鉴湖州市金融机构环境信息披露的试点经验，能力相对较强的银行机构采用"全口径披露"方案，资产规模在100亿元以上的

银行机构采用"无压力测试"方案，资产规模在 100 亿元以下的全国性银行的分支机构采用"无投融资"方案，资产规模在 100 亿元以下的地方法人机构采用"无碳足迹"方案，能力相对较弱的村镇银行采用"定性披露"方案[1]。

第二，引入"不披露就解释"原则和贯彻第三方机构鉴证，提高信息披露质量。一方面，通过"遵守或解释"原则充实企业信息披露内容。2015年，香港交易所发布《环境、社会及管治报告指引（修订版）》，该修订版将每个层面的一般披露责任（自愿信息披露）提升至"不披露就解释"的层面。2019 年 12 月，香港交易所进一步修订《环境、社会及管治报告指引》以及相关《主板上市规则》条文。此次修订对强制披露要求、关键指标和发行日期等作了进一步规范，并将所有社会关键绩效指标的披露责任提升至"不披露就解释"层面[2]。可借鉴香港经验，贯彻"不披露就解释"原则，提高大湾区绿色信贷环境信息披露程度。另一方面，应贯彻第三方机构鉴证，提高信息披露的真实性。应强制企业环境信息披露由具有资质的第三方机构进行鉴证或由第三方机构予以统计测量企业的环境信息，防止企业虚假披露。

第三，编制独立的环境信息披露报告统一企业信息披露形式。我国上市公司主要是以社会责任报告、年度报告等形式披露环境信息，但是其并不是专门披露环境信息的报告，环境信息占总体的篇幅较小，内容较少。从披露形式的长远发展考虑，企业可通过编制独立的环境信息披露报告披露其环境信息。此外，企业在环境信息披露报告中应加强对具体绿色项目的信息披露，丰富银行可搜寻信息库。

第四，健全环境信息共享渠道。一方面，金融监管部门和环保部门间应加强合作，畅通地区之间、环保部门与银行监管和授信部门之间的信息沟通渠道，使银行更快更充分地了解企业环境风险和项目，从而降低信息获取成本。另一方面，银行应在内部建立企业环境信息披露平台，并联动各企业之间的信息网络，尽可能地获取企业的信息，减少环境风险。此外，信息沟通共享渠道的建立还应充分利用大数据、人工智能、云计算等金融科技，利用金融科技赋能绿色信贷环境信息披露。金融科技赋能既可以缓解环境信息不对称问题，还可以保障信息披露的及时性与完整性。

---

〔1〕 郭正江、何九仲、唐雨琦：《环境信息披露的湖州实践》，载《中国金融》2022 年第 9 期。
〔2〕 邓建平、白宇昕：《域外 ESG 信息披露制度的回顾及启示》，载《财会月刊》2022 年第 12 期。

（三）建立统一的绿色项目标准体系

其一，各组织间应加强合作，为构建绿色信贷标准体系做准备工作。为此可联通银行、环保部门、标准化技术组织、认证机构和企业等市场主体，为绿色信贷标准的统一进行调研工作。各组织不仅应充分调查了解国内绿色信贷的发展情况，还应对国外绿色信贷的发展历程进行调研，识别适合国内绿色信贷发展的国外经验。其二，建立系统化的标准体系。应对现有绿色债券、绿色信贷、绿色保险等标准进行整合，出台权威统一的绿色项目界定标准，使得各绿色金融产品标准统一，避免同一项目由于标准的差异从而导致不同部门认定结果不一。其三，加大国际的合作交流。相关部门应推进绿色信贷标准的国际合作，积极参与国际标准和评定规则的制定，增强中国在国际绿色金融领域的影响力与话语权。其四，应充分发挥大数据、区块链等金融科技技术的优势，加强信息共享平台建设。可在信息共享平台统一发布绿色产业、企业、项目的标准清单和认证目录等，便于各类金融服务实现有效精准对接。

（四）提高银行绿色信贷风险评估管理能力

风险评估管理能力是银行的核心竞争力，为提高银行的风险评估管理能力，降低绿色信贷风险，银行可从以下两方面入手：其一，加强绿色信贷的贷前审查、贷后管理的力度。在贷前审查的过程中，银行应对"两高一剩"行业的授信加强监管，从源头防范绿色信贷风险。在贷后管理的过程中，银行应及时要求客户停止环保违规行为，对风险隐患进行排查整改，若客户拒绝接受银行监督，银行可采取中止贷款等方式督促客户整改。其二，银行可与企业签订承诺条款，如要求企业定期发布环境和社会风险报告、要求企业采用节能环保技术、要求企业遵守环境保护法规政策等。通过承诺条款，可以缓解银行所面临的绿色信贷风险，降低银行在绿色信贷风险评估上的资源投入。

（五）健全绿色信贷的激励机制

绿色信贷的发展需激励机制发挥促进作用。一方面，应重视成就激励。将银行环境绩效纳入业绩审核的标准中，并加大环境绩效的权重。对绿色信贷实施效果较好的银行，给予更大的政策扶持，提供更多的营业资金，以此提高各银行发展绿色信贷的积极性；另一方面，应建立绿色信贷政策支持体系。探索运用财政贴息、税收优惠、担保机制、风险补偿等政策手段，增强银行发展绿色信贷的积极性。如对银行和企业绿色信贷项目设置营业税的减免，或由政府部门牵头建立专门节能减排担保基金，为节能减排企业融资提供政策性财政基金担保。激励措施还包括放宽绿色信贷资本管理要求的试点、减少绿色贷款的拨备计提、下调拨备覆盖率要求等。

（六）优化绿色信贷监管机制

1. 明确银行贷款人法律责任

由于缺乏绿色信贷法律后果的设置，监管机构在面对银行违规披露时难以进行有效监管。故应设置银行的环境责任，督促银行严格审核企业环境信息，有效开展绿色信贷。银行的贷款人的环境责任，主要通过行政责任和民事责任两方面予以规制。

第一，明确银行的民事环境责任。若银行知道或应当知道企业向其申请绿色信贷支持是用于环境污染项目融资，并向企业提供支持，对项目实施所造成的环境污染有实质性的影响，则银行的行为具有可责性，应承担环境污染的法律责任。其中，"知道"意味着有证据证明银行知道企业正在或将要实施污染环境的行为；"应当知道"是指根据普通人的认知能力，银行应该了解企业的经营情况以及有对环境造成污染的可能[1]。

第二，明确银行的行政环境责任。银行环境行政责任的认定以银行违规发放贷款为前提，只要银行违反行政监管规定，在发放贷款的过程中未尽审慎义务，造成潜在污染风险，即具备可罚性。银行环境行政责任采取过错责任原则，违规即罚，惩罚标准以其违规发放贷款的本息总额为准[2]。

2. 构建金融监管机构、行业自律和利害关系人多元主体的监督机制

第一，在金融监管机构方面，金融监管机构应要求银行如实定期披露绿色信贷实施情况，包括绿色信贷的环境信息。金融监管机构应对银行绿色信贷环境信息披露进行评估，并将评估结果作为其监管评级和业务准入等的考虑因素。金融监管机构还应对银行的绿色信贷环境信息披露政策开展检查，确保政策落实到位。

第二，在行业自律方面，任何市场都存在着行业自律和政府监管双重关

---

〔1〕 黄娟、孔令学：《商业银行环境责任的双重属性及制度构建》，载《金融发展研究》2022年第1期。

〔2〕 郭芳芳：《我国贷款人环境法律责任制度构建》，载《南方金融》2021年第2期。

系，对绿色信贷市场而言，行业自律亦是必不可少的监管方式。对未按照规定披露绿色信贷环境信息的银行，中国银行业协会可采取警示、内部通报、公开曝光等自律处分措施或将其报告给金融监管机构。

第三，在利害关系人方面，建立利害关系人投诉机制。在该机制下，企业应对其项目可能带来的环境影响与利害关系人（包括当地居民）等进行协商，并将项目环境信息予以披露，以便利害关系人监督。银行也应将绿色信贷环境信息予以披露，接受利害关系人监督。利害关系人若发现有违法违规行为，可以向银行或者金融监管部门进行投诉。

第五节　粤港澳大湾区绿色保险机制

自 2020 年"双碳"目标提出以来，我国绿色保险发展迅速，已成为助力实现该目标的重要金融工具，粤港澳大湾区在推广绿色保险方面具有特殊的优势和潜力。然而，囿于我国绿色保险整体发展程度较落后以及大湾区内"一国两制三法域"的特殊性，构建大湾区绿色保险制度仍面临着种种挑战。立足大湾区绿色保险的实践状况，借鉴美国、德国、法国等国外有益制度经验，构建大湾区绿色保险制度，在总体思路上应以激励性机制为主、规制性机制为辅，在具体内容上应适时扩容绿色保险内涵，并建立包括投保机制、承保机制和保险费率机制等要素的绿色保险体系，在实施进路上应分阶段、分步骤逐步实现大湾区绿色保险的区域化。

一、大湾区绿色保险的发展背景

绿色保险是管理环境风险、促进绿色产业投资以及实现生态环境可持续发展的重要金融产品。立足我国绿色保险发展现状，总结现阶段大湾区绿色保险发展面临的问题，对构建大湾区绿色保险制度具有重要意义。

（一）绿色保险的发展缘起

2020 年 9 月，习近平总书记在第 75 届联合国大会一般性辩论上作出"2030 年碳达峰、2060 年碳中和"（即"双碳"）的重要宣示。2021 年 2 月，国务院发布《关于加快建立健全绿色低碳循环发展经济体系的指导意见》，提出发展绿色保险和发挥保险费率调节机制作用的要求。2021 年 5 月，中国保险资产管理业协会发布《助推实现"碳达峰、碳中和"目标倡议书》，提出应建立保险资金负责任投资原则、绿色投资标准、绿色投资标的评价标准、绿色投资考核和激励机制等。2021 年 6 月，中国保险行业协会发布的《保险业聚焦碳达峰、碳中和目标助推绿色发展蓝皮书》显示，2018 年至 2020 年绿色保险保额达 45.03 万亿元，已支付赔款达 533.77 亿元。用于绿色投资的余额从 2018 年的 3954 亿元增加至 2020 年的 5615 亿元，且进一步明确了绿色保险应助力实现"双碳"目标，以及推进经济可持续、高质量发展的方向和规划。可见，绿色保险将成为实现"双碳"目标的重要风险管理工具，是推动绿色金融全局发展的关键一环。

粤港澳大湾区是我国开展绿色金融创新与实践的先行示范区，2019 年 2 月《发展规划纲要》明确提出"重点发展湾区绿色金融"。2020 年 4 月，中国人民银行等四部委联合发布《关于金融支持粤港澳大湾区建设的意见》，为大湾区绿色金融的创新与发展提供方向和指引。2021 年 3 月，我国首部绿色金融法律法规《深圳经济特区绿色金融条例》正式实施，通过立法的形式确立了环境污染强制责任保险制度。同年 7 月，深圳市生态环境局、深圳银保监局联合印发的《深圳市环境污染强制责任保险实施办法》细化了上述制度。

（二）绿色保险的发展情况

近年来，我国绿色保险经历了从无到有的过程，绿色保险制度体系已现雏形，采取以强制为主的发展模式，绿色金融改革创新试验区建设积累了一定经验。

第一，在政策和法律层面上，我国绿色保险制度体系初步构建。2016 年，中国人民银行等七部委联合出台了《关于构建绿色金融体系的指导意见》，正式提出大力发展绿色保险，将绿色保险纳入绿色金融体系范畴。2018 年，生态环境部审议并原则通过了《环境污染强制责任保险管理办法（草案）》，并于 2020 年修订了《中华人民共和国固体废物污染环境防治法》，为绿色保险制度的发展提供了重要保障。2021 年 3 月，我国首部地方绿色金融法律法规《深圳经济特区绿色金融条例》开始实施。当前我国绿色保险制度体系呈现以下特征：一是中央立法与地方立法并举；二是一般环境立法与绿色保险专项立法相配合；三是立法层次有所提高，若干规范性文件上升为正式法律法规。

第二，在发展模式上，实行政府主导、保险公司参与的模式。现阶段我国绿色保险的发展主要依靠政府推动，采取政府主导、保险公司参与的运营方式。例如，目前湖南省环境污染责任保险[1]由环境保护行政主管部门推动，保险公司和保险经纪公司以及参保企业共同参与。此外，我国绿色保险实行以强制为主、自愿为辅的发展模式，通过强制性规范确保绿色保险环境风险保障功能得以有效发挥。例如，《湖南省湘江保护条例》第46条规定："鼓励湘江流域重点排污单位购买环境污染责任保险，防范环境污染风险。湘江流域涉重金属等环境污染高风险企业应当按照国家有关规定购买环境污染责任保险。"再如，《深圳市环境污染强制责任保险实施办法》第6条[2]明确规定应当投保环境污染强制责任保险的主体，第13条规定"环境污染强制责任保险投保实行属地管理。外地集团公司在本市设立的分支机构，应当按照本办法要求单独购买环境污染强制责任保险"。

第三，在产品和服务上，绿色金融改革创新试点已经落实，绿色保险横向和纵向的内容得到拓展。过去绿色保险的品类较为单一，主要以环境污染责任保险和巨灾保险为主。自2021年起，我国重点推动六省（区）九地绿色金融改革创新试验区建设，形成了环境责任保险"湖州模式"、安全生产责任险"衢州模式"、生态环境绿色保险"宁波模式"等多种成功经验，初步实现了"保险+服务+监管+科技"四位一体的联动发展。另外，绿色保险产品和服务进一步丰富，以中国平安保险（集团）股份有限公司为例，推出了新能源汽车保险、绿色建筑保险及绿色增信保险等新产品，且专门针对绿色企业或者绿色项目（例如可再生能源工程、节能改造工程、绿色建筑项目等）的保险客户实行优惠政策。

二、发展绿色保险面临的机制障碍

绿色保险作为大湾区绿色金融的重要组成部分，近年来取得了较大的发展成果。其中，深圳在立法层面和产品创新层面的突破尤为显著。2018年7月，深圳率先推行环境污染强制责任保险。2021年3月，《深圳经济特区绿色

---

　　[1]　环境污染责任保险，又称场所污染责任保险，是以企业发生污染事故对第三者造成的损害依法应承担的赔偿责任为标的的保险。

　　[2]　《深圳市环境污染强制责任保险实施办法》第6条规定："有下列情形之一的单位，应当投保环境污染强制责任保险：（一）依法实行排污许可重点管理的；（二）纳入深圳市重点排污单位名录的；（三）企业突发环境事件应急预案中确定的环境风险等级为较大及以上环境风险的；（四）法律法规规定的应当投保环境污染强制责任保险的其他情形。前款第一项、第二项所列单位，不包括医院。"

金融条例》正式实施，首次通过立法形式确立了环境污染强制责任保险制度。为推动绿色保险创新，2019 年施行的《深圳市人民政府关于构建绿色金融体系的实施意见》第 13 条提出"实施绿色保险保费补贴"。再以广州市绿色金融改革创新试验区为例，该试验区除了大力推广环境污染责任保险、安全生产责任保险等传统绿色保险产品，还创新试点"绿色产品食安心责任保险""绿色农保+""绿色农产品质量安心追溯保险""蔬菜降雨气象指数保险"以及全国首创"药品置换责任保险"等新型绿色保险产品。从 2017 年初至 2019 年，新增绿色保险保费收入为 487.79 亿元，新增绿色保险保费收入占新增保费收入的比例为 69.37%[1]。然而，从总体上看，大湾区绿色保险的长远发展和深度融合仍缺乏健全的制度支持，目前的制度构建存在以下几方面问题：

第一，制度构建思路待完善，绿色保险的推行主要依靠强制性规定，激励机制缺位。根据 2014 年修订的《中华人民共和国环境保护法》第 52 条"国家鼓励投保环境污染责任保险"的规定，大湾区已经出台一些激励措施，但仍较为零散和片面，从实施情况来看未臻理想，保险机构的参与度和企业的投保积极性不高。至于其他绿色保险的推广则面临更多困难，激励的方式仍有待完善。上述问题，本质上反映了绿色保险的市场化程度低下，产品创新机制乏力。"看得见的手"在推动绿色保险行业起步上或具必要性，但该行业的长远健康发展须走市场化道路，当前大湾区绿色保险市场主体的培育、市场环境的优化、市场风险的管理等方面，仍普遍缺乏制度支持。例如，绿色保险的定位不清晰，在产品开发和应用上存在法律障碍；基于环境风险监测和评估的复杂性，绿色金融产品定价困难，一定程度上抑制了产品的创新。

第二，制度内容不充实。首先也是最根本的是，对绿色保险内涵的界定过于狭窄，仅限于环境责任保险，而且绿色保险的范围仍存在一定的局限性，未结合绿色保险的功能进行适时扩充。其次，绿色保险体系中的各种具体要素缺乏专门的法律调整，绿色保险的投保、承保、保险费率等机制尚未健全。现阶段，大湾区城市中仅有深圳以立法形式确立了环境污染强制责任保险制度，并且通过《深圳市环境污染强制责任保险实施办法》规定了该险种的免

---

[1] 参见 2020 年 6 月 18 日北京大学汇丰商学院与汇丰银行（中国）有限公司合作发布的《粤港澳大湾区绿色金融发展报告：探索绿色金融的区域发展实践》第二章"粤港澳大湾区绿色金融——城市篇"，第 15 页。

责条款、保费标准、赔偿范围、赔偿标准等问题，但大湾区的其他内地城市在推广环境污染责任保险时仍缺乏制度保障。

第三，制度构建进程面临风险和障碍。"双碳"目标下，碳配额上限将递减，环境成本将逐渐增加[1]，因此大湾区内以高能耗、高污染生产为主的传统型第二产业将面临结构性冲击，大湾区的经济增速可能有所下降，金融环境风险系数相应增加。而目前保险机构对大湾区环境风险的评估体系仍未建成，缺乏全面覆盖、科学精确的环境风险评估标准。另外，虽然"一国两制三法域"的背景为大湾区发展绿色金融创造了良好的政策条件，且区内拥有香港国际金融中心，深圳、广州的金融发展水平也较高，但粤港澳三地特殊的区位也导致绿色保险制度融合的障碍，包括保险产品体系和规则的差异性、跨境绿色保险服务的不通畅，以及保险跨境监管的不协同。

三、绿色保险制度的国外经验与启示

大湾区绿色保险的发展须制度先行。与国内相比，发达国家的绿色保险起步较早且发展迅速，已取得了较为成熟的经验，尤其是最具代表性的环境污染责任保险。借鉴国外绿色保险的发展经验，有助于为大湾区的制度构建提供指引。

（一）国外绿色保险的典型模式

1. 美国的绿色保险模式

美国的绿色保险制度通常称为污染法律责任保险（Pollution Legal Liability Insurance）[2]，其发展起步较早，目前绿色保险的产品和服务类型多样，可应用于不同领域以及应对不同行业的污染问题，包括清洁费用限额（CCC）、承包商污染责任（CPL）、污染法律责任（PLL）、储罐污染保险（STPI）、补充环保汽车责任（SEAL）等，涉及侵权责任的多种情况[3]。在保险模式上，美国采取强制绿色保险模式。例如，根据《美国综合环境反应、赔偿和责任法》，"在生产经营过程中可能产生有毒物质或者废弃物的，应当投保环境责

---

[1] 李涛：《碳达峰碳中和目标下绿色金融改革创新发展探析》，载《金融发展研究》2021年第5期。
[2] 主要包括赔偿被保险人因其所在地的污染而对第三者造成的人身伤亡和财产损失。
[3] 李瑾、梁玉：《绿色保险的国际经验及借鉴》，载《中国市场》2021年第16期。

任保险"〔1〕，但投保主体可以自主选择与企业经营风险相匹配的保险产品和服务。此外，1988年，美国成立了专业的环境保护保险公司，对被保险人突发、渐发、意外的污染事故及第三者责任进行承保。在保险费率上，美国实行差别化的保险费率，即根据不同的环境风险等级，对投保主体制定不同的保险费率。而且，美国保险监督官协会（NAIC）发布的《财产和意外保险费率厘定示范法》规定了费率监管措施，从而避免了保险费率高度市场化诱发的"市场失灵"现象。美国较为完善的绿色保险制度，推动了保险行业的快速发展，又通过市场化竞争降低了保险成本，从而激发了需求端的积极性，形成了良性的供需循环。

2. 德国的绿色保险模式

20世纪60年代中期，德国开始推行环境责任保险业务。1990年，《德国环境责任法》开始实施，该法规定了企业投保环境责任保险的强制性义务。自1991年1月起，德国采取了强制责任保险与财务保证或担保相结合的制度。并且为进一步规范环境侵权人赔偿义务的履行，《德国环境责任法》第19条〔2〕规定，特定设施的所有人必须采取一定预先保障义务履行的预防措施，具体包括：一是与保险公司签订损害赔偿责任保险合同；二是由州、联邦政府、金融机构提供财务保证或担保；三是由该法效力范围之内有权进行营业经营的信贷机构提供保障义务履行的相关证明。从环境责任保险制度的具体内容来看，根据《德国环境责任法》《德国环境损害法》和《德国保险合同法》等，环境污染责任保险实行的对象包括水体逐渐污染责任、大气和水污染造成的财产损失赔偿责任；保障范围以针对环境侵权损害的私法上的法定责任规定为基础，而对于环境媒介自身，如水、土地和空气的损害和纯

---

〔1〕 贾爱玲：《环境侵权损害赔偿的社会化制度研究》，知识产权出版社2011年版。
〔2〕《德国环境责任法》第19条规定："（1）因由设备产生的环境侵害而致一个人死亡、侵害其身体或者健康，或者使一个物受到毁损的，对于因此发生的损害，附件二中所列举的设备的持有人应当采取措施，以保证自己能够履行赔偿此种损害的法定义务（赔偿准备）。由一个不再运营的设备产生出特别的危险性的，主管机关可以命令设备停止运营时的设备持有人在最高为十年的期间内继续做出相应的赔偿准备。（2）赔偿准备可以下述方式做出：a. 与一个在本法效力范围之内有权进行营业经营的保险企业订立责任保险；或者b. 由联邦或者州承担免责或者担保的义务；或者c. 由一个在本法效力范围之内有权进行营业经营的信贷机构承担免责或者担保的义务，但以其能够提供与责任保险相当的担保为限。"

粹公法上的请求权除外[1]，且违规的具体惩罚金额也予以明确的规定，从而形成了较为系统且具有可操作性的制度体系。

3. 法国的绿色保险模式

法国的环境污染责任保险始于 20 世纪 70 年代，采取自愿为主、强制为辅的模式，具有明显的柔性、渐进特点。一般企业以任意责任保险为原则，企业可自主决定是否投保环境责任保险；但对于特殊行业，法律明确规定须强制投保，例如《法国环境法》规定在油污损害赔偿方面应当采用强制责任保险制度[2]。20 世纪 70 年代之前，法国对企业可能发生的突发性事故，如水污染事故或大气污染事故，则以一般的责任保险单承保。直至 1977 年，由英国保险公司和法国保险公司组成污染再保险联盟（GAR-POL）并制定了污染特别保险单，将承保的范围进一步扩大，不再局限于偶然、突发环境事故，对因单独、反复性或持续性事故所造成的环境损害也予以赔偿。目前，在承保责任范围方面，法国采用两种方法限定承保责任范围：一种是列举法，即列举出属于保障范围的风险；另一种是排除法，只保障除了明确列举的风险以外的所有民事责任风险[3]。在承保机构方面，法国采取"联保集团模式"[4]，通过建立技术委员会作为专门的承保机构，负责保险服务的咨询、保单标的审查以及保险合同修改等的核定。

（二）国外绿色保险制度的经验启示

上述三种典型的绿色保险模式，具有不同的特点和优势，但都不能完全契合我国绿色保险的发展需要。对此我们有必要因应国情和大湾区实际情况，有选择地借鉴国外经验。

第一，推进绿色保险的市场化，法律强制须保持谨慎。以最具典型意义的环境污染责任保险为例，目前国际上主要存在三种模式：第一种模式是强制责任保险模式，强制责任保险模式通过国家立法或制定制度形式，明确规定应强制投保环境责任保险的行业、保险标的和理赔范围等；第二种模式是任意责任保险模式，由企业自愿决定是否参与投保，法律强制为辅，即法律

---

[1] 白江：《论德国环境责任保险制度：传统、创新与发展》，载《东方法学》2015 年第 2 期。
[2] 杨辉：《欧洲环境责任保险法律制度审视及启示》，载《中国保险》2010 年第 3 期。
[3] 游春：《绿色保险制度建设的国际经验及启示》，载《海南金融》2009 年第 3 期。
[4] "联保集团模式"指在不设立新公司的情况下，通过联合现存保险公司的相应部门，利用现有绿色保险服务资源，实现技术共享以及增强风险承担能力。

明文规定需要强制投保的情形除外。第三种模式是强制责任保险与财务保证或担保相结合模式，该模式对存在重大环境污染风险的设施采取强制环境责任保险，并要求政府及金融机构提供财务保证或者相关工商企业提供环境风险担保，如信托基金、信用证保险担保等（如表6-6所示）。但由于我国绿色保险正处于起步阶段，保险机构承保以及企业投保意愿较低，若实行完全的强制模式显然过于激进，容易导致绿色保险市场的畸形发展，例如不当的强制干预可能导致个别绿色保险机构垄断市场，从而引起保险产品定价混乱。现阶段，柔性、渐进的法国模式与我国绿色保险的发展现状更为契合。我国有必要借鉴法国自愿与强制相结合的保险模式，以激励性机制作为导向，通过有效的激励措施调动绿色保险市场主体的参与积极性，进而推动产品创新和市场应用，培育绿色保险市场并促其可持续发展。

表6-6　国外环境污染责任保险模式[1]

代表国家	模　式
美国、瑞典等	强制责任保险模式
法国、英国等	任意责任保险模式（自愿与强制保险相结合模式）
德国、意大利等	强制责任保险与财务保证或担保相结合模式

第二，拓宽绿色保险的内涵，并注重绿色保险的专项立法。首先，随着绿色保险产品、服务的不断创新和发展，适用范围逐渐扩大，内涵上应不仅仅局限于环境污染责任保险。例如，在美国模式中，绿色保险已应用于不同领域，应对不同行业的污染问题并且涉及多种侵权责任。随着我国绿色保险产品和服务的拓展，绿色保险的内涵扩容应适时地在制度中予以确认。其次，基于绿色保险的特殊性，可借鉴前述各国的经验，以专项立法的形式建立相应机制：一是投保机制，如法国通过多种方式合理、明确地设置投保范围；二是承保机制，如美国、法国均专设绿色保险承保机构；三是保险费率机制，可借鉴美国兼顾费率灵活和适度监管。

第三，绿色保险的制度构建具有循序性。从国外绿色保险的发展历程可见，绿色保险的制度构建并非一蹴而就，而是随着现实需要的发展、实践经

---

〔1〕　资料来源：根据现有文献整理。

验的积累以及产业市场的培育而逐渐推进的。美国、德国、法国等国的绿色保险制度历经数十年发展，绿色保险的内涵不断扩容，承保范围逐渐拓展，承保机构逐渐向专业化模式发展，绿色保险的制度内容逐渐精细化。而我国绿色保险行业处于后发地位，应把握绿色保险制度构建的渐进性特点，并且结合制度构建进程中面临的风险和障碍，分阶段、分步骤构建起覆盖大湾区"9+2"城市的互联互通机制，以实现大湾区绿色保险区域化、一体化发展的目标。

四、构建大湾区绿色保险机制的建议

现阶段构建大湾区绿色保险制度，应当解决以下问题：一是绿色保险的界定，对我国绿色保险进行内涵扩容，通过完善定义以及范围，为绿色保险产品的创新和应用指明方向；二是绿色保险作为一种金融创新，对其立法应遵循"激励为重"的思路，注重制定与绿色保险内涵相衔接的激励机制，推动绿色保险的产品创新和市场应用；三是在制度内容上，从绿色保险的产品与市场两个核心层面出发，解决当前绿色保险产品供应与市场需求二者的矛盾；四是在发展进路上，应分阶段、分步骤构建起覆盖大湾区"9+2"城市的互联互通机制，以实现大湾区绿色保险区域化、一体化发展的目标。

（一）绿色保险内涵的扩容

立足我国推进生态文明建设的新发展阶段，深入贯彻落实新发展理念，对绿色保险内涵适时地进行扩容，是我国绿色保险制度的重要基础。

第一，绿色保险的界定。传统绿色保险往往被狭义地理解为环境责任险[1]。显然，这种理解已经不符合目前的实践和理念。现阶段，我国学界和业界应协力完成绿色保险制度的顶层设计，对绿色保险作出更为广义且有利于推动生态文明建设和社会经济高质量发展的理解。除环境责任险以外，绿色保险还应当涵盖巨灾、天气风险保障以及为绿色能源、绿色交通、绿色建筑、绿色技术等领域提供风险保障的绿色产品。通过保险机制实现环境风险成本内部化，助力解决环境承载力退化和生态保护问题，减少自然灾害对经济社会的冲击破坏，并通过发挥保险增信功能和融资功能，支持绿色产业投资，是

---

[1]　即以被保险人因污染水、土地或空气而依法应承担的赔偿责任作为保险对象的保险。

绿色保险的重要功能。[1]因而，我们对绿色保险的理解不应局限于风险保障，亦应重视发挥其作为绿色金融工具的投融资功能以及对生态环境的改善功能。

第二，绿色保险的范围认定。与绿色保险的界定相对应，绿色保险的范围也不能仅局限于为环境污染责任提供保险服务，应结合现阶段绿色保险的功能，对绿色保险的范围进行延展。

目前，绿色保险覆盖保险业的负债端和资产端。负债端主要向清洁能源、节能环保相关的电力基础设施、新能源汽车、绿色建筑、绿色基建等领域的公司和项目提供责任保险、保证保险等细分财产保险产品及相关服务；资产端主要向相关绿色产业进行投资，[2]以能够在支持大湾区优化生态环境、应对气候变化和资源节约高效利用等方面提供市场化保险风险管理服务和保险资金支持。[3]从"负债端"层面分析，由于以高耗能、高污染的重化工业为主的第二产业在大湾区城市经济发展中仍占重要作用，环境责任险的市场发展潜力大。2018年7月，深圳率先推行环境污染强制责任保险，保险金额从100万元至1000万元不等。据统计，在2020年前两季度，大湾区辖区内的环境污染责任保险、安全生产责任保险分别提供风险保障20.29亿元、2182.08亿元，同比分别增长9.14%、50.21%。[4]另外，面对全球环境污染、气候变化、自然灾害带来的直接或间接风险，大湾区金融市场对于绿色保险的需求日趋增加。2016年，广东省在全国首创了巨灾指数保险，[5]截至2019年，巨灾指数保险已为广东16个投保地市提供风险保障，累计赔付金额高达46亿元。另外，据平安产险广东分公司公布的数据，2017年至2020年，该公司提供的巨灾保险覆盖7个地市，累计保额约14亿元，累计赔付金额超3.5亿元。[6]从

---

〔1〕 盛和泰：《供给侧改革视角下保险助力推动绿色转型升级》，载《清华金融评论》2017年第7期。

〔2〕《充分发挥绿色保险的市场化风险管理作用》，载 https://data.eastmoney.com/report/zw_ in-dustry.jshtml? encodeUrl=EcdKOpDIDj2amYJRaaHXXntLBhEM5SVufE+6SlUmJfg=，最后访问日期：2021年5月15日。

〔3〕 薛瑾：《紧抓"双碳目标"机遇 险企掘金绿色保险》，载《中国证券报》2021年5月21日。

〔4〕 亚洲金融智库编：《粤港澳大湾区金融发展报告（2020）》，中国金融出版社2020年版，第153页。

〔5〕 巨灾指数保险以气象部门公布的台风等级、降雨量等参数为触发条件，在达到阈值时即触发保险赔付，保险公司最快可在一天内完成赔付。

〔6〕《湾区绿色金融调研：保险业两端发力 助推广东绿色金融浪潮》，载 https://new.qq.com/rain/a/20210928A04BGQ00，最后访问日期：2021年9月28日。

"资产端"层面分析，绿色保险的资产端主要投资于绿色产业。"双碳"目标下，绿色投资已成为当前最具发展前景的投资领域之一。绿色产业往往发展周期较长，但保险资金具有长期性、灵活性和稳定性的优势，与绿色投资的需求高度契合[1]。据中国保险行业协会公布的数据，2021年6月末，保险资金绿色投资余额已经超过9000亿元，相比2018年增加了5000余亿元。具体到大湾区的绿色投资实践，亦有较为成功的示范。例如，截至2019年，中国太平人寿保险有限公司受太平投资控股有限公司委托进行的绿色投资项共计44个，包括污水处理、河流整治等，覆盖广东省12个城市和地区，在污染防治和区域生态环境改善方面发挥了重要作用。

综上，从"负债端"与"资产端"两个层面对绿色保险的范围进行区分，并以此为基础进行制度设计，更契合当前大湾区绿色金融发展的现实。

（二）激励为主，规制为辅

由于大湾区绿色保险缺乏有效的激励机制，绿色保险产品的覆盖范围、种类创新仍处较低的发展水平，市场主体参与度较低。现阶段，以"激励机制为主、规制机制为辅"是大湾区绿色保险制度构建的必然选择。

第一，建立绿色保险激励机制。由于大湾区绿色保险仍处于起步阶段，在环境风险数据积累、风险评估以及市场定价上均缺乏经验，保险机构对承保范围仍持较为保守的态度。绿色保险产品创新性不足是制约大湾区绿色保险发展的一大因素。因此，应以保险机构为重点对象，建立有效的激励机制，推动大湾区绿色保险产品创新。从政府层面看，一是发挥优惠性政策的激励作用，积极开展有利于促进大湾区绿色保险产品创新的政策制定工作。例如，可通过出台优惠政策，鼓励保险机构加快开发巨灾保险、新能源汽车保险、绿色建筑保险和碳排放信用保险等绿色创新型保险产品。针对风电、光伏等领域的企业融资难、融资贵的现状，通过贷款信用保险等方式，帮助绿色低碳行业的企业降低融资成本。[2]二是建立大湾区绿色保险发展评价机制，定期开展绿色保险产品创新和应用的考核评价工作，加强对粤港澳绿色保险领域人才的引进和培育，推动建立大湾区绿色金融风险防范和化解机制。从市

〔1〕　许爽：《绿色投资成为保险投资新蓝海》，载《南方都市报》2021年9月28日。
〔2〕　《三年累计提供超45万亿元保额的绿色保险保障 保险业助力碳达峰碳中和大有可为》，载https://baijiahao.baidu.com/s? id=1702525674988768633&wfr=spider&for=pc，最后访问日期：2021年6月14日。

场层面看，由于市场需求对市场供给具有重要的导向作用，可通过扩大企业的投保需求以激励承保机构创新绿色保险产品。鉴于目前我国环境风险产生的隐性成本居多，并未内化到企业自身的生产成本当中，导致企业对绿色保险的投保积极性不足，可通过立法进一步确立覆盖大湾区城市群的环境污染强制责任保险制度。值得注意的是，目前大湾区内仅有深圳正式通过立法确立了环境污染强制责任保险制度，大湾区立法实践可借鉴深圳经验，但不能完全脱离各城市实际发展情况，应具体考虑大湾区内各城市的经济发展水平和生态环境因素。

第二，建立绿色保险规制机制。当前大湾区绿色保险的产品供给与新型绿色保险仍存在一定差距。由于保险机构是绿色保险产品创新的核心主体，而保险机构创新绿色保险产品的最终目标是实现自身收益和效用的最大化，且保险机构的绿色保险产品创新活动与市场具有密切关系，因此，市场规律是保险机构在创新绿色保险产品时的重要考量因素，若对保险机构采取过多的规制，将与绿色保险产品创新活动的市场性规律相违背。现阶段，应积极践行"柔性监管"理念，重点强调自律性监管，从而最大限度地激发大湾区绿色保险的创新活力。积极构建"社会监督+行业自律"的监管模式，引导社会公众，尤其是大湾区企业积极参与绿色保险产品的研发设计与运行监管；同时，应发挥大湾区各地保险业协会的监督作用，建议可搭建大湾区绿色保险行业监管平台，规定各保险机构定期通过平台进行相应的信息披露，构建保险业协会与保险机构协同监管的"行业自律监管"机制。

（三）产品层面与市场层面共同发展

由于绿色保险是产品供给与市场需求有机结合的统一体，大湾区绿色保险制度体系的核心，应包括产品与市场两个层面的机制，以推动绿色保险的产品创新和市场应用为宗旨。

1. 产品层面：促进绿色保险产品创新

第一，以立法引领创新。当前有必要通过立法形式对绿色保险的内涵进行扩容，从而为产品的创新提供方向性指引。各地生态环境局或生态环境主管部门应联合地方金融监督管理局，通过出台规范性文件的形式对绿色保险产品的实施办法作进一步的规定。例如，可参考前述《深圳市环境污染强制责任保险实施办法》，对投保主体、承保机构的服务范围、保险产品的运行监管以及生态环境损害赔偿范围等均作出明确的规定，从而更好地协调各方主体利益以推动绿色保险的创新与实施。并且，应积极出台相应的法律法规，鼓励大湾区保险机构积极创新绿色保险产品，以满足日益多样化的绿色保险市场需求。例如，可借鉴《湖州市绿色金融促进条例》第 8 条"鼓励金融机构、地方金融组织创新并推广绿色金融产品和服务"相关规定的立法经验，推动出台《粤港澳大湾区绿色金融促进条例》，且通过倡导性的规定，促进保险机构积极创新绿色保险产品。

第二，以技术支持创新，建立大湾区企业环境风险的评估与实时监测系统。由于环境风险因素对保险机构的定价具有重大的实质性影响，而目前大湾区绿色保险尚处于数据积累较少、风险评估和监测技术尚未完全成熟的阶段，承保机构面临的不确定性风险大大增加，导致产品的定价偏高，且不利于提升承保机构进一步创新绿色保险产品的积极性。若仅靠保险机构的力量来提升企业环境风险监测等技术，很难在短期内实现大湾区绿色保险"质变"性的发展。因此，建议以"粤港澳大湾区绿色金融联盟"作为牵头组织，联合大湾区各地方的生态环境主管部门以及保险机构，一方面，加快建设专门服务于大湾区绿色保险的企业环境风险评估与实时监测系统，为绿色保险产品的定价提供科学、精准的参考指引；另一方面，运用"5G"技术，推动区块链以及数据分析等保险科技的发展，通过"技术支持"的方式提升保险机构创新绿色保险产品的热情。

2. 市场层面：促进绿色保险的市场化

由于绿色保险实质上是市场化的风险管理和风险分担机制，其供需关系应当发挥市场自主调节的作用，通过有效的激励机制调动绿色保险市场主体的参与积极性。然而，我国绿色保险的实施以行政干预为主，市场化理念较为薄弱。从目前绿色保险的推广实践看，主要依靠的是行政力量，甚至存在强制企业投保或指定保险机构承保的现象。[1]从绿色保险市场的长远健康发展角度出发，过多的行政干预将会阻碍绿色保险环境风险定价核心功能的实现，导致出现企业的投保成本增加以及承保机构面临巨额赔付等的困境。

现阶段正确处理好行政调控与市场自主调控的关系，通过建立持续有效的大湾区绿色保险激励机制，方能实现绿色保险法律关系中多方参与主体之间的利益平衡。首先，可通过制定税收减免、资金扶持等政策降低投保企业

---

〔1〕　胡鹏：《论我国绿色保险法律制度的完善》，载《税务与经济》2018 年第 4 期。

的经营成本，从而提高企业的投保积极性。例如，2021年6月11日，经深圳银保监局审查，深圳市保险同业公会正式印发《深圳市环境污染强制责任保险条款（2021版）》和《深圳市环境污染强制责任保险费率及测算说明（2021I版）》，并且通过"五加三减一降低"〔1〕政策鼓励企业积极投保。2021年8月5日，广州开发区金融工作局根据《广州市黄埔区、广州开发区促进绿色金融发展政策措施》的有关规定，开展组织申报绿色保险保费补贴事项。〔2〕其次，应抓住"双碳"目标为大湾区绿色保险"资产端"带来的机遇，完善大湾区绿色投资的相关政策，为绿色保险资金的进入、退出以及运行方式等提供指导。例如，借鉴中国太平洋保险公司分别与中国广核集团有限公司、中国南方电网发行债券投资计划以助力大湾区发展清洁能源的实践，〔3〕可进一步出台相应政策，鼓励保险机构积极拓宽保险资金投资的方式，引导有条件的保险机构以间接投资方式如投资绿色债券，参与绿色金融改革创新试验区等绿色金融建设，以更好地支持大湾区绿色金融发展。

（四）构建绿色保险体系

由于绿色保险在促进社会经济低碳转型、提供风险保障方面发挥着重要的杠杆作用，因此，助力实现"双碳"目标，应重点构建包括投保机制、承保机制以及费率机制在内的绿色保险体系。

第一，建立强制性与自愿性相结合的投保机制。现阶段，我国绿色保险处于发展初期，面临着保险机构承保以及企业投保积极性较低的问题，且绿色保险天然地具有社会公益性，若仅靠保险业的自主引导，很难实现我国绿色保险市场的可持续运转。因此，构建大湾区绿色保险制度，在模式选择上需综合考虑"双碳"背景下我国绿色保险的发展现状，以及借鉴国际绿色保险发展模式经验，构建"强制性+自愿性"的绿色保险模式。例如，对存在重大环境污染风险的企业、行业采取强制性模式，其他企业、行业则采取自愿性模式，如此既能确保有效发挥绿色保险的环境风险保障功能，又能避免过

---

〔1〕 "五加三减一降低"具体是指增加生态环境损害赔偿到保障范围、环境风险预防费（不低于保费25%）等保险公司环境风防控服务内容、费率浮动机制、预赔付条款以及受害人直接求偿；减少承保前风险评估程序、除外情形和免赔额；降低保险基础费率及浮动费率，优化费率因子。

〔2〕 广州开发区金融工作局：《关于组织申报"绿色金融10条"绿色保险保费补贴的通知》，载 http://www.hp.gov.cn/xwzx/tzgg/content/post_7158155.html，最后访问日期：2021年12月14日。

〔3〕 许爽：《湾区绿色金融调研"保险业两端发力 助推广东绿色金融浪潮"》，载《南方都市报》2021年9月28日。

多行政干预造成的不良影响。

第二，建立专业化、精细化以及规模化的承保机制。目前，我国尚未建立专门的绿色保险承保机构，主要是由自愿开展绿色保险业务的保险公司进行承保，导致保险机构在推广业务、防范风险以及创新产品等方面存在一定的困难，这是制约我国绿色保险实现"专业化、精细化以及规模化"的重要因素之一。由于我国绿色保险起步较晚，各保险机构开展绿色保险业务的能力仍有待在探索中提高，采取"联保集团模式"的可行性不大。因此，在承保机构模式选择上，可积极借鉴美国的专门保险机构模式。例如，2021年，江西银保监局提出了"鼓励机构探索发展绿色保险子（支）公司、绿色保险事业（分）部等绿色保险专业经营机构"。

当前，应当积极推动建立专业化的承保机制，考虑到大湾区绿色保险的发展情况，建议分两步走：一是近期实行"绿色保险子公司政策"，通过保费补贴、减免税收等优惠政策，鼓励开展绿色保险业务的保险机构建立专门负责绿色保险推广与实施的子公司或者分支机构，以提升大湾区绿色保险产品和服务的专业化程度。二是远期探索建立"大湾区绿色保险承保机构"，诚然，远期目标的实现需建立在构建大湾区统一的绿色保险标准、业务与监管机制实现高度区域化的基础上，故仍需在探索中循序渐进。

第三，以企业风险级别为依据，建立差异化保险费率机制。采取差别化的保险费率，一方面可以提升企业的投保积极性，另一方面还将推动形成全面、科学、精确的企业风险监测机制以及保费定价机制，扩大绿色保险的覆盖范围。2021年2月国务院发布的《关于加快建立健全绿色低碳循环发展经济体系的指导意见》重点提出，发展绿色保险，应发挥保险费率调节机制作用。

构建大湾区绿色保险制度，应大力推动建立差别化保险费率机制。由于差别化保险费率机制的定价依据主要是企业内部风险和环境外部风险对保险机构的风险评估和监测提出了更高的要求，对此，建议保险机构与专业的风险评估机构开展联动的风险评估、监测、追踪工作，以企业风险级别为依据，实施科学的差别化保险费率，且保险机构还应根据保险业务开展中的企业风险变动，及时调整保险费率。差别化的保险费率机制既能提升企业的风险防范意识和投保意愿，又能通过科学、合理的定价扩大保险机构的业务范围，实现投保主体和承保主体双赢的局面。

（五）大湾区绿色保险制度构建的进路："两步走"

粤港澳大湾区是我国的重要发展战略区域，推动区域一体化和金融一体化是大湾区发展战略的重要环节。因此，助力实现"双碳"目标，且为"一带一路"国家战略提供重要支持，应当探索建立大湾区绿色保险互联互通机制，实现大湾区绿色保险市场的互联互通。具体可分为两个阶段，逐步实现大湾区绿色保险市场的区域化、一体化发展。

1. 构建大湾区绿色保险跨境服务试点机制

第一阶段，应坚持"以点带面"的原则，以广州市绿色金融改革创新试验区为依托，开展大湾区绿色保险跨境服务试点工作。自 2019 年《发展规划纲要》实施以来，广东省政府大力推动绿色金融发展，建设广州绿色金融改革创新试验区，目前，全面覆盖绿色债券、绿色基金、绿色保险等领域的绿色金融服务体系框架已初步形成。为落实"2030 年碳达峰、2060 年碳中和"重大部署，顺应"十四五"时期赋予金融业新开局的时代背景和工作要求，2020 年 12 月 24 日，广州市绿色金融协会正式成立，协会涵盖了绿色金融领域的主要业态，包括银行、证券、保险、基金等金融机构、企业，以及大型绿色产业机构、绿色要素交易平台、金融科技机构等，初步形成了互联互通、共享融通的绿色金融生态圈。因此，现阶段以广州市作为开展绿色保险跨境服务的先行示范区，具有较好的区位条件。

值得注意的是，目前粤港澳三地保险市场和产品存在实质性分割，[1]一方面，由于三地的保险产品体系和规则各异，导致它们在产品设计和定价方面存在较大差别；另一方面，人民币在资本项目下仍处在较为严格的管制状态，而港币由于采用美元的联系汇率制，受到管制较少，因而三地的保险产品在货币计价和结算监管上也存在障碍。从服务联通层面看，粤港澳三地在跨境核保、保全、理赔等方面的规则和要求不一，且绿色保险服务还要求保险机构对投保企业面临的环境风险因素等进行评估和监测，然而当前大湾区内尚未形成精准、高效以及专业的跨境联动环境风险监测体系。因此，在开展试点工作时，应加强三地在绿色保险产品体系以及跨境核保、保全、理赔等规则方面的交流，且三地保险业协会应共商共建可适用于试点区域的绿色保险跨境服务规则，以打破目前粤港澳三地保险市场和产品存在的实质性分

---

〔1〕 马勇等：《保险服务粤港澳大湾区建设研究》，载《保险理论与实践》2020 年第 10 期。

割局面。且应积极探索建立跨境联动环境风险监测体系以及环境信息共享系统，加大技术层面的支持，进一步开拓大湾区绿色保险跨境服务市场，扩大湾区跨境绿色保险服务的覆盖范围。

2. 构建大湾区绿色保险跨境监管机制

第二阶段，结合试点地区经验，建立大湾区绿色保险跨境流通机制，其中应重点解决大湾区绿色保险跨境监管的障碍。由于大湾区特殊的区域特征，内地与港澳地区在法律体系、金融监管环境和理念等方面均有所差异，保险业监管上形成了不同的监管体系：在内地，保险监管主要通过以下两种途径：一是立法途径。通过全国人民代表大会常务委员会制定的《中华人民共和国保险法》对中国内地保险监管的主要事项进行立法规制。二是行政途径。行政监管作为保险监管的核心环节，国家金融监督管理总局根据国务院授权，依法依规对保险业实行统一的监管，并且对派出机构实行垂直领导，同时根据《中华人民共和国保险法》制定《保险管理暂行规定》（已失效）等行政规章。在香港地区，目前由独立于香港特别行政区政府的香港保险业监管局负责保险公司以及保险中介人的规管与监管工作[1]。在立法层面，主要通过制定《保险业条例》对香港保险业的相关问题进行规定。而澳门特别行政区的保险业监管事宜则由澳门金融管理局统一负责，并且2020年12月16日，第21/2020号法律（修改6月30日第27/97/M号法令）即澳门《保险业务法律制度》正式实施。因此，实现大湾区绿色保险市场的互联互通，必须克服保险业跨境监管的障碍。

面对粤港澳三地不同的保险监管体系，助力实现"双碳"目标，亟须走出跨境监管层面的困境，建立大湾区绿色保险跨境监管机制。对此，应构建跨境联动的绿色保险监管信息系统，加强三地保险监管部门在监管信息层面的实时共享与交流。并且，建议由国家金融监督管理总局、香港保险业监管局以及澳门金融管理局联合三地保险业协会，针对绿色保险面临的跨境监管障碍，制定具有可操作性的绿色保险跨境监管规则，加快构建起统一规范且覆盖大湾区"9+2"城市的绿色保险跨境监管体系。

---

〔1〕 自2019年9月23日起，香港保险业监管局正式取代三大自律规管机构（包括保险代理登记委员会、香港保险顾问联会和香港专业保险经纪协会），统一规管中介人，具体包括订立发牌和监管要求、审批牌照、进行查察和调查，以及实行纪律制裁。

参考文献

一、专著

[1] 中国人民银行金融科技委员会:《中国金融科技创新监管工具白皮书》,中国金融出版社 2021 年版。

[2] 亚洲金融智库编:《粤港澳大湾区金融发展报告(2019)》,中国金融出版社 2020 年版。

[3] 巴曙松、王志峰:《从珠澳合作看城市群金融创新与合作路径》,厦门大学出版社 2020 年版。

[4] 广东互联网金融协会、广东金融学院中国金融转型与发展研究中心编著:《粤港澳大湾区金融科技发展报告(2018—2020)》,中国金融出版社 2020 年版。

[5] 邢毓静、丁安华主编:《粤港澳大湾区金融融合发展研究》,中国金融出版社 2019 年版。

[6] 亚洲金融智库编:《粤港澳大湾区金融发展报告(2019)》,中国金融出版社 2018 年版。

[7] 滕宏庆、张亮编著:《粤港澳大湾区的法治环境研究》,华南理工大学出版社 2019 年版。

[8] 许政敏、冯泽华:《美国湾区建设的法治经验及其启示》,法律出版社 2019 年版。

[9] 曾志敏编著:《粤港澳大湾区论纲》,华南理工大学出版社 2018 年版。

[10] 国世平主编:《粤港澳大湾区规划和全球定位》,广东人民出版社 2017 年版。

[11] 马化腾等:《粤港澳大湾区:数字化革命开启中国湾区时代》,中信出版集团 2018 年版。

[12] 中国建银投资有限责任公司投资研究院主编:《中国投资发展报告(2018)》,社会科学文献出版社 2018 年版。

[13] 鲁晓东等:《广东对外开放四十年》,中国社会科学出版社 2018 年版。

[14] 陶一桃主编:《深圳经济特区年谱(1978-2018)》,社会科学文献出版社 2018 年版。

[15] 链家研究院、北京大学汇丰商学院:《粤港澳大湾区 2018 年房地产市场报告》,格致出版社 2018 年版。

［16］吴志良、郝雨凡主编：《澳门经济社会发展报告（2017~2018）》，社会科学文献出版社 2018 年版。

［17］赵弘：《聚焦京津冀协同发展》，北京出版社 2018 年版。

［18］中国互联网金融安全课题组编：《中国互联网金融安全发展报告 2017——监管科技：逻辑、应用与路径》，中国金融出版社 2018 年版。

［19］慕亚平主编：《区域经济一体化中的法律问题研究：以粤港澳大湾区为例（法学类）》，社会科学文献出版社 2017 年版。

［20］汤丽霞、海闻主编：《深圳国际化城市建设比较研究报告》，中国发展出版社 2014 年版。

［21］贾爱玲：《环境侵权损害赔偿的社会化制度研究》，知识产权出版社 2011 年版。

［22］吴燕妮：《比较视野下的广东自贸区法治政府建设：现实挑战与发展路径》，社会科学文献出版社 2019 年版。

［23］冯彬编著：《国际投资导论》，上海财经大学出版社 2006 年版。

二、期刊

［1］Krier J E, "Marketable Pollution Allowances", *University of Toledo Law Review*, 1994.

［2］Button J, "Carbon: Commodity or Currency? The Case for an International Carbon Market Based on the Currency Model", *Harvard Environmental Law Review*, 2008.

［3］Klinsky S, "Bottom-up policy lessons emerging from the Western Climate Initiative´s development challenges", *Climate Policy*, 2013.

［4］廖明中、余臻：《资金流动与粤港澳大湾区经济发展》，载《中国社会科学报》2023 年 1 月 10 日。

［5］刘春红、武岩：《香港国际金融中心助力粤港澳大湾区建设》，载《宏观经济管理》2023 年第 2 期。

［6］唐柳雯：《人民币首次成粤第一大跨境结算货币》，载《南方日报》2023 年 4 月 15 日。

［7］牟灵芝：《人民币国际化的动因演进及展望》，载《新金融》2023 年第 1 期。

［8］翁榕涛：《粤港澳大湾区资本市场"蝶变"：跨境互通持续深化 金融服务实体能力显著加强》，载《21 世纪经济报道》2022 年 3 月 4 日。

［9］李东方：《存托凭证投资者权益保护制度的特殊性及其完善——兼论我国现行存托凭证制度的完善》，载《法学评论》2022 年第 3 期。

［10］李莉莎、尹颖欢：《粤港澳大湾区金融科技创新监管的困境与应对措施——以广深两地试点为例》，载《金融发展研究》2022 年第 3 期。

［11］李莉莎、尹颖欢：《金融科技的法律风险与制度回应——以监管沙盒为视角》，载

《金融科技时代》2022 年第 1 期。

[12] 李霞、刘佳宁：《粤港澳大湾区金融高质量发展：历史沿革、理论逻辑和实践路径》，载《南方金融》2022 年第 5 期。

[13] 彭涞：《浅谈银行不良资产跨境转让》，载《债券》2022 年第 6 期。

[14] 徐维军等：《粤港澳大湾区打造具有国际竞争力的金融产业集群研究》，载《城市观察》2022 年第 5 期。

[15] 余伟文、王茅：《债券互联互通对香港资本市场的影响》，载《清华金融评论》2022 年第 11 期。

[16] 伍凤兰：《对湾区演变规律的有益探索——评〈探究湾区——世界湾区发展逻辑与中国实践〉》，载《特区经济》2022 年第 10 期。

[17] 陈向阳、陈晓云：《新发展格局下粤港澳大湾区金融合作机制构建》，载《广东经济》2022 年第 4 期。

[18] 白鹤祥：《广东金融业"非凡十年"成绩单 金融助力粤港澳大湾区高质量发展》，载《中国金融家》2022 年第 10 期。

[19] 邓建平、白宇昕：《域外 ESG 信息披露制度的回顾及启示》，载《财会月刊》2022 年第 12 期。

[20] 黄娟、孔令学：《商业银行环境责任的双重属性及制度构建》，载《金融发展研究》2022 年第 1 期。

[21] 林木西、蔡凌楠：《数字人民币的反洗钱机理及政策建议》，载《湖南科技大学学报（社会科学版）》2022 年第 6 期。

[22] 郎平：《数字人民币跨境适用的支付场景前瞻及法制障碍透视》，载《现代经济探讨》2022 年第 10 期。

[23] 李智、黄琳芳：《法定数字货币跨境流通的法律问题研究》，载《武大国际法评论》2022 年第 2 期。

[24] 张丰羽、张国忠：《报偿价值经济金融逻辑的视觉化梳理》，载《金融理论与教学》2021 年第 4 期。

[25] 朱广印等：《绿色信贷促进产业结构升级的空间机制检验》，载《财会月刊》2021 年第 16 期。

[26] 郭芳芳：《我国贷款人环境法律责任制度构建》，载《南方金融》2021 年第 2 期。

[27] 张瑞纲、李学臻：《我国环境责任保险制度实施的区域比较研究》，载《金融理论与实践》2021 年第 9 期。

[28] 李涛：《碳达峰碳中和目标下绿色金融改革创新发展探析》，载《金融发展研究》2021 年第 5 期。

[29] 李瑾、梁玉：《绿色保险的国际经验及借鉴》，载《中国市场》2021 年第 16 期。

［30］黄杨：《CDR 的发行分析与实践经验——以九号公司为例》，载《全国流通经济》2021 年第 12 期。

［31］孙炜、何迎新：《境内外存托凭证监管制度比较研究》，载《西南金融》2021 年第 5 期。

［32］王信：《粤港澳大湾区金融科技发展的若干思考》，载《南方金融》2021 年第 10 期。

［33］袁康：《金融科技的技术风险及其法律治理》，载《法学评论》2021 年第 1 期。

［34］张大为、黄秀丽：《粤港澳大湾区金融支持科技创新的现实困境及破解路径》，载《西南金融》2021 年第 3 期。

［35］刘扬：《数字经济下的数据资产要素》，载《石油知识》2022 年第 1 期。

［36］夏诗园、尹振涛：《数字经济下金融数据风险及治理研究》，载《电子政务》2022 年第 7 期。

［37］郑丁灏：《论中国金融数据的协同治理》，载《经济学家》2022 年第 12 期。

［38］陈德宁等：《欧盟跨边界合作研究对粤港澳大湾区协同治理的启示》，载《热带地理》2022 年第 2 期。

［39］海南省地方金融监督管理局课题组：《CPTPP 金融规则与海南自由贸易港金融业开放创新》，载《南海学刊》2022 年第 3 期。

［40］钟红、杨欣雨：《金融数据跨境流动安全与监管研究》，载《新金融》2022 年第 9 期。

［41］彭德雷、张子琳：《数字时代金融数据跨境流动的风险与规制研究》，载《国际商务研究》2022 年第 1 期。

［42］广东外语外贸大学粤港澳大湾区研究院课题组：《数据跨境有序流动何以赋能统一大市场建设——基于粤港澳大湾区建设视角分析》，载《国际经贸探索》2022 年第 11 期。

［43］王璟璇等：《全国一体化大数据中心引领下超大规模数据要素市场的体系架构与推进路径》，载《电子政务》2021 年第 6 期。

［44］曾坚朋等：《打造数字湾区：粤港澳大湾区大数据中心建设的关键问题与路径建构》，载《电子政务》2021 年第 6 期。

［45］马其家、李晓楠：《论我国数据跨境流动监管规则的构建》，载《法治研究》2021 年第 1 期。

［46］邱佛梅：《粤港澳大湾区法治建设的协同困境与路径》，载《特区经济》2021 年第 12 期。

［47］邢毓静、赵灵：《金融支持"双区"建设的实践》，载《中国金融》2020 年第 11 期。

［48］吴燕妮：《跨境金融监管的创新机制研究——以粤港澳大湾区建设为视角》，载《深圳社会科学》2020 年第 6 期。

［49］马兰：《金融数据跨境流动规制的核心问题和中国因应》，载《国际法研究》2020 年

第 3 期。

[50] 杜昕然：《湾区经济发展的历史逻辑与未来趋势》，载《国际贸易》2020 年第 12 期。

[51] 刘晶明：《私募股权投资基金退出机制法律完善研究——以防范系统性金融风险为视角》，载《法学杂志》2020 年第 2 期。

[52] 葛福婷、张卫国：《粤港澳大湾区跨境债权融资发展研究》，载《城市观察》2020 年第 6 期。

[53] 陈杰英：《粤港澳大湾区科技金融创新的逻辑——基于产业生态圈协同发展的思考》，载《科技管理研究》2020 年第 24 期。

[54] 刘佳宁：《粤港澳大湾区科技金融协同发展路径研究》，载《南方金融》2020 年第 9 期。

[55] 兴业银行广州分行课题组、金林：《粤港澳大湾区绿色债券市场国际化及其发展路径研究》，载《南方金融》2020 年第 1 期。

[56] 程钰舒、徐世长：《"软法"视角下的粤港澳大湾区跨境金融监管"，载《学术论坛》2020 年第 6 期。

[57] 赵超：《区块链+粤港澳大湾区协同创新共同体构建分析》，载《学术论坛》2020 年第 4 期。

[58] 王婧茹：《粤港澳大湾区金融合作发展的现状、问题与对策》，载《特区经济》2020 年第 10 期。

[59] 张晶杰、王志轩、雷雨蔚：《欧盟碳市场经验对中国碳市场建设的启示》，载《价格理论与实践》2020 年第 1 期。

[60] 盛春光、赵晴、陈丽荣：《我国绿色债券环境信息披露水平及其影响因素分析》，载《林业经济》2020 年第 9 期。

[61] 马勇等：《保险服务粤港澳大湾区建设研究》，载《保险理论与实践》2020 年第 10 期。

[62] 朱潜挺、常原华、朱拾遗：《国内外碳交易体系对构建京津冀区域性碳交易市场的启示》，载《环境保护》2019 年第 16 期。

[63] 陈志峰：《我国绿色债券环境信息披露的完善路径分析》，载《环境保护》2019 年第 1 期。

[64] 廖原、熊程程：《绿色债券信息披露存在的问题及应对建议》，载《债券》2019 年第 10 期。

[65] 谢浴华、林成棋：《开辟粤澳跨境发债新路径》，载《中国外汇》2019 年第 20 期。

[66] 薛晗：《中国存托凭证制度的规制逻辑与完善路径》，载《中国政法大学学报》2019 年第 2 期。

[67] 王应贵、江齐明：《粤港澳资本市场开放的监管机制与发展差异研究》，载《亚太经济》2019 年第 2 期。

［68］ 窦佳：《中资美元债市场：潜在风险与发展机遇》，载《新金融》2019 年第 8 期。

［69］ 张梁：《从"行政化"到"法治化"：中国债券市场的治理转型与进阶——基于改革开放 40 年来债券市场治理范式的考察》，载《金融法苑》2019 年第 2 期。

［70］ 龙俊鹏：《完善我国私募基金监管体制：导向、框架与对策》，载《南方金融》2019 年第 5 期。

［71］ 白鹤祥：《一流湾区需建设一流金融相匹配》，载《当代金融家》2019 年第 6 期。

［72］ 杨海波、高兴民：《粤港澳大湾区发展一体化的路径演进》，载《区域经济评论》2019 年第 2 期。

［73］ 王先庆：《粤港澳大湾区背景下贸易方式变革与贸易体系重构——基于"前店后厂"关系视角》，载广东省社会科学界联合会：《2019 年广东社会科学学术年会——粤港澳大湾区与全球化贸易学术研讨会论文成果汇编》2019 年 11 月 9 日。

［74］ 毛艳华、荣健欣：《粤港澳大湾区的战略定位与协同发展》，载《华南师范大学学报（社会科学版）》2018 年第 4 期。

［75］ 张昱、眭文娟、谌俊坤：《世界典型湾区的经济表征与发展模式研究》，载《国际经贸探索》2018 年第 10 期。

［76］ 张立真、王喆：《粤港澳大湾区：演进发展、国际镜鉴与战略思考》，载《改革与战略》2018 年第 3 期。

［77］ 王守贞：《东盟绿色债券标准及其发展趋势》，载《区域金融研究》2018 年第 6 期。

［78］ 杜莉、万方：《中国统一碳排放权交易体系及其供需机制构建》，载《社会科学战线》2017 年第 6 期。

［79］ 吴大磊、赵细康、王丽娟：《美国区域碳市场的运行绩效——以区域温室气体减排行动（RGGI）为例》，载《生态经济》2017 年第 2 期。

［80］ 杨劬、钱崇斌、张荣光：《试点碳交易市场的运行效率比较分析》，载《国土资源科技管理》2017 年第 6 期。

［81］ 周杰普：《论我国绿色信贷法律制度的完善》，载《东方法学》2017 年第 2 期。

［82］ 盛和泰：《供给侧改革视角下保险助力推动绿色转型升级》，载《清华金融评论》2017 年第 7 期。

［83］ 黄辉：《"一国两制"背景下的香港与内地证券监管合作体制：历史演变与前景展望》，载《比较法研究》2017 年第 5 期。

［84］ 张昱、陈俊坤：《粤港澳大湾区经济开放度研究——基于四大湾区比较分析》，载《城市观察》2017 年第 6 期。

［85］ 杨文、杨婧：《"一带一路"战略下的人民币国际化出路》，载《现代经济探讨》2017 年第 6 期。

［86］ 程信和：《硬法、软法的整合与经济法范式的革命》，载《政法学刊》2016 年第 3 期。

［87］郭田勇：《深港通开启能助推股市上涨吗》，载《人民论坛》2016 年第 30 期。

［88］王慧：《论碳排放权的法律性质》，载《求是学刊》2016 年第 6 期。

［89］任松彦等：《碳交易政策的经济影响：以广东省为例》，载《气候变化研究进展》2015 年第 1 期。

［90］白江：《论德国环境责任保险制度：传统、创新与发展》，载《东方法学》2015 年第 2 期。

［91］曾珠：《"沪港通"、"深港通"与中国资本市场国际化》，载《技术经济与管理研究》2015 年第 10 期。

［92］伍凤兰、陶一桃、申勇：《湾区经济演进的动力机制研究——国际案例与启示》，载《科技进步与对策》2015 年第 23 期。

［93］漆彤：《国际金融软法的效力与发展趋势》，载《环球法律评论》2012 年第 2 期。

［94］宋晓：《涉外债权转让法律适用的法解释路径》，载《法学评论》2011 年第 4 期。

［95］陈广汉：《港澳珠三角区域合作的回顾与展望》，载梁庆寅、陈广汉主编：《粤港澳区域合作与发展报告（2010~2011）》，社会科学文献出版社 2011 年版。

［96］王社坤：《环境容量利用：法律属性与权利构造》，载《中国人口·资源与环境》2011 年第 3 期。

［97］王明远：《论碳排放权的准物权和发展权属性》，载《中国法学》2010 年第 6 期。

［98］杨辉：《欧洲环境责任保险法律制度审视及启示》，载《中国保险》2010 年第 3 期。

［99］李红：《跨境湾区开发的理论探索：以中越北部湾及粤港澳湾区为例》，载《东南亚研究》2009 年第 5 期。

［100］王伟男：《欧盟排放交易机制及其成效评析》，载《世界经济研究》2009 年第 7 期。

［101］游春：《绿色保险制度建设的国际经验及启示》，载《海南金融》2009 年第 3 期。

［102］黄枝连：《试论"C>2+2+1：珠江口——粤港澳发展湾区"——全球化区域协作时代的一个"东亚发展范式"》，载《中国经济特区研究》2008 年第 1 期。

［103］罗豪才、宋功德：《认真对待软法——公域软法的一般理论及其中国实践》，载《中国法学》2006 年第 2 期。

［104］黄枝连：《用"第三制"来加强粤港澳的经济对接》，载《战国策》2003 年第 7 期。

［105］何延军、李霞：《论排污权的法律属性》，载《西安交通大学学报（社会科学版）》2003 年第 3 期。

［106］冯邦彦：《香港国际竞争力的提升与粤港经济合作的升级》，载《国际经贸探索》2000 年第 3 期。

［107］吕红兵：《建立我国外债管理的法律体系》，载《法学》1990 年第 3 期。

后　记

2019 年《粤港澳大湾区发展规划纲要》的出台，标志着大湾区发展翻开了新的篇章。以此为契机，本人将研究目光投向大湾区金融合作领域。同年，本人承担的教育部人文社会科学研究项目《粤港澳大湾区金融合作的法律研究：理念、制度与进路》立项。本专著作为项目的最终成果，总结了本人及研究团队对大湾区金融合作制度的思考。

四年来，大湾区金融合作的实践取得了引人注目的成就，回顾这一路的制度发展历程，我们见证了大湾区监管层不断根据实践需求更新监管理念和技术，通过持续迭代的试点制度对各种新问题作出有力回应。我们笃信，大湾区金融制度经验与创新精神，在进一步推进大湾区金融开放创新、助力经济社会发展的同时，也将为全国其他城市及地区的金融制度输送大湾区智慧。

四年来，本人克服了种种困难坚持着研究工作，发表十余篇阶段成果论文，在此衷心感谢参与本项目的研究生团队成员，包括陈丽仪、谭秋兰、尹颖欢、温迪、林嘉琪、陈宇轩、周雪芹、彭子盈，他们为本书的内容作出了重要的贡献。同时，感谢梁馨睿、曾晓芙和郭秋意同学细致认真的书稿校对工作。其中不少同学已经离开校园，与他们一起努力的日子，永远闪闪发光，我想那就是年轻的感觉。

当我在这个小小的咖啡馆敲下上述文字，看看外面的天空，想起了很多人和事，笑中有泪。那么，将此书献给一直爱我的人。

李莉莎

2023 年 7 月